Fenzheng De Niandai
Dangdai Xifang
Sixiang Xunzong

刘擎 ◎ 著

纷争的年代

当代西方思想寻踪
2003—2012

广西师范大学出版社
·桂林·

图书在版编目（CIP）数据

纷争的年代：当代西方思想寻踪 2003—2012 / 刘擎著. —桂林：广西师范大学出版社，2013.10（2021.1 重印）
　ISBN 978-7-5495-4364-9

Ⅰ．①纷…　Ⅱ．①刘…　Ⅲ．①思想史－西方国家－现代　Ⅳ．①B5

中国版本图书馆 CIP 数据核字（2013）第 215915 号

广西师范大学出版社出版发行

（广西桂林市五里店路 9 号　邮政编码：541004）
　网址：http://www.bbtpress.com
出版人：黄轩庄
全国新华书店经销
深圳市精彩印联合印务有限公司印刷
（深圳市光明新区白花洞第一工业区精雅科技园　邮政编码：518108）
开本：880 mm × 1 240 mm　1/32
印张：8　　字数：195 千字
2013 年 10 月第 1 版　　2021 年 1 月第 2 次印刷
印数：6 001~16 000 册　　定价：54.00 元
如发现印装质量问题，影响阅读，请与出版社发行部门联系调换。

序

如果"冷战"是指没有硝烟的意识形态对抗,那么在苏联解体之后冷战并没有终结,而是展现为新的形态,走向"内战化"与"国际化"。不同思想阵营之间的分野不再是(至少主要不是)以"国境线"为边界,而是渗透到几乎所有国家的内部,各种政治、经济、社会和文化的主张竞争并存,又在全球化的背景下各自形成跨国的话语联盟。于是,思想的世界似乎没有在沐浴新世纪的晨曦中获得片刻的安宁,而是进入了一个纷争不安的年代。

当代西方思想界的纷争在多重维度上展开,既有政治立场的交锋,又有知识论的分歧。以惯常的意识形态立场而论,宽泛意义上的马克思主义(左翼)、自由主义和保守主义是当前最具影响力的三种思潮,呈现出纵横交错的竞争格局。苏联解体之后,传统的社会主义实践面临严峻的考验,使西方左翼陷入低潮。但经过十多年的调整与集结,左翼思想再度显示出新的活力。从"9·11"事件到伊拉克战争,西方左翼时常与自由左派结盟,活跃于国际政治舞台,发出反战与反对霸权的强劲声音。而近年来欧美多国发生金融危机,又为左翼思想的复兴带来了新的契机。批判"新自由主义"的声浪从大学校园波及公共传媒,甚至扩展到广场和街道,在"占领华尔街"的运动中抵达高潮。但西方左翼在今天似乎仍然面对一个旧有的难题:长于揭露批判,而短于制度建构。左翼强有力的否定性论述("我们不要什么")若缺乏同样有力而可行的建设性方案("我们要什么"),就很可能永远奔走在"不断革命"的路途上,对未来的热烈希望被不确定性的现实感所笼罩,难以在政治实践中持久地维系对社会大众的凝聚力与感召力。

欧美主导性的思想论述仍然是自由主义。它以个人权利为哲学基础,取自由主义民主制度为政体的基本结构,致力于个人自由与社会公平正义的政治理想。但自由主义常常同时面对来自左翼与保守主义的攻击。在左翼看来,自由民主制度所造就的现实与它所期许的理想目标相距甚远,自我改良的"进步"也从未撼动"资本"的支配结构,甚至以程序的形式正义掩盖了实质的社会不公。而在保守主义看来,以启蒙理性为核心的自由主义,夸大个人自主性与理性的意义,在现代性潮流中抛弃一切高于"自我"的存在及其价值,漠视宗教的超越性、共同体的情感纽带以及关于人性、美德和政治的古典思想,最终陷入了自我瓦解的境地,成为没有根基的意识形态,导致政治上的软弱、道德上的放任以及文化上的浅薄。

面对现代性的困境,保守主义诉诸回归传统文化,期待从古典知识与宗教传统中发掘深厚的精神资源,来滋养现代人的心智与灵魂,从而驯服现代理性的张狂,重新召唤人们寻求真、善、美的和谐一致,确立真理的标准与价值的尺度,关怀共同体的忠诚与团结,寄托对超越性存在(自然或上帝)的信念。保守主义与左翼分享了对自由主义主导的现代性的不满,因此有可能形成局部的联盟。这突出地表现在许多左翼学者对"保守派"思想家(如海德格尔、施米特与施特劳斯等)"出乎意料的热忱",这种关注与青睐大多缘于学理的借鉴而非政治的认同。因为保守主义对自由主义的现代性提出了值得重视的丰富批判,但左翼的政治想象与保守主义的社会愿景相距甚远。然而,多元主义的事实已经成为现代社会的根本特征。保守主义的诉求,无论多么具有吸引力,都将面对现代性条件的难题——用汉娜·阿伦特的话来说——"不是单个人而是人们生活在世间"。万众一心的共同体即便曾经存在,也已经成为过去。而貌似"软弱无力"的自由主义正是在面对多样性的难题中显示其力量所在。

以如此简短的篇幅勾勒当代西方的思想图景,这是非常冒险的简约化描述,既不够准确,更难以反映其中的复杂性。但这张粗糙的"草图"或许有助于读者获得概观性的认识,由此开启自己更为深入的探索。

这部书稿的第一部分汇集了笔者撰写的"西方知识界重要事件综述"系列年度报告。写作缘起于2003年末,当时上海《社会科学报》的副主编段钢先生邀请我撰写"年度盘点"文章,回顾当年西方公共知识界发生的重要事件。未曾想到,这个综述工作后来成为我每年元旦前必做的功课,竟然连续写了十年。文章最初以介绍为主,后来加入了更大比重的分析评论。篇幅也逐渐扩展,从起初每篇6000字增加到近年来每篇超过15000字。发表的报刊也转到了《东方早报·上海书评》(删节版)和《学海》杂志(完整版)。

这些系列文章的期望目标,是对当年西方人文与社会科学界具有影响的公共事件和焦点论题作出回顾,所依据的资料主要来源于欧美知识界的报刊与互联网上的报道与评论。但我深知自己阅读与学识的局限,议题的选择未必平衡得当,所作的述评也远非客观公允。当初只是希望能为读者提供西方思想动态的最新资讯，为相关领域的学者提供文献参考的线索。而当十年的综述汇集起来，也多少能够反映出西方思想演变的趋势及其更为开阔的社会背景，或许具有"当代思想史"的史料价值。

本书第二部分收录了笔者对著名西方学者的访谈系列。这个系列原本计划访问十位学者，但由于各种原因未能完全实现。感谢友人徐贲教授的慷慨支持，同意将他做的一篇访谈也收录在内。四位著名政治理论家（桑德尔、贝拉米、里拉与米勒）的对话，展现出西方政治思想界的辩论焦点以及各自的立场和主张，尤其透露出自由主义在当代处境中的潜力及其面临的挑战。

最后的附录部分包括笔者对几位西方学人和作家的侧记评论，他们的名字都曾出现在综述系列文章中。在本书编辑的建议下，将这些旧文再次收入，希望能和读者分享一些背景故事和个人观感。

本书的一些相关研究受到上海市哲学社会科学课题（"后冷战时期西方政治思潮的历史变迁"，课题批准号 2005BZZ001）的资助，以及"浦江人才计划"与"新世纪优秀人才支持计划"的支持，在此一并致谢。我也要向段钢、陆灏、黄晓峰和胡传胜等编辑友人致谢，他们的邀请与鼓励促成了连续十年的系列综述写作。最后，感谢广西师范大学出版社以及范新先生为本书的编辑出版付出的努力。

刘 擎
2013年3月30日于上海

目　录

西方知识界重要事件综述（2003—2012）

2003年　　国际著名学者发出反战呼吁　/003

　　　　　　施特劳斯学派与美国右翼势力　/004

　　　　　　"华盛顿共识"引发新的辩论　/005

　　　　　　托派组织"第四国际"召开第15次世界大会　/006

　　　　　　美国著名知识分子杂志《党派评论》停刊　/007

　　　　　　《伽达默尔传》引起争论　/008

　　　　　　科拉科夫斯基获克鲁格人文与社会科学终身成就奖　/009

　　　　　　爱德华·萨义德去世　/010

　　　　　　罗伯特·默顿去世　/011

2004年　电影《华氏911》的政治风暴 /013

德里达去世的风波 /014

反对"弱智化"的文化战争 /016

围剿乔姆斯基 /017

法国知识界讨论民族的认同危机 /018

亨廷顿新作引发争论 /019

沃尔夫对布鲁姆的指控 /020

电影纪录片《多瑙河》追忆海德格尔 /021

第二届克鲁格人文与社会科学终身成就奖颁布 /021

2004年的告别：逝去的作家与哲人 /022

结语 /024

2005年　萨特百年诞辰纪念 /026

安德森批评"自由左翼"的国际政治理论 /027

新教皇对理性与宗教的看法引起争议 /028

西方公共知识分子评选 /029

保罗·利科去世 /030

女性主义风潮再起 /030

言论自由与"政治正确" /031

美国主流报刊开展阶级问题讨论 /032

英国历史学家戴维·欧文在奥地利被捕 /033

2005年辞世的文化界著名人物 /034

2006年　拉美政局与左翼思潮的复兴 /036

纪念阿伦特百年诞辰 /037

福山再度成为焦点人物 /038

漫画引发的文化战争 /040

国际知识界声援贾汉贝格鲁 /041

反击对施特劳斯的妖魔化 /042

英国"思想战役"开辟新的公共空间 /043

格拉斯迟到的自白 /045

2006年辞世的学者与作家 /046

2007年　欧盟50年：纪念与沉思 /049

宗教与政治：神学灵光的再现 /050

委内瑞拉政局引发的讨论 /052

"大屠杀工业"与学术自由 /053

《齐泽克研究国际学刊》创刊 /055

泰勒与德沃金分别获得学术大奖 /056

2007年辞世的学者与作家 /057

2008年　金融危机下的新"终结论" /060

奥巴马的意义 /062

自由市场与道德腐败 /064

1968激进运动：40周年的纪念与反思 /066

数码时代的文化愚昧 /068

关于《犹大福音》的争论 /070

2008年人文学科重要奖项 /072

2008年辞世的学者与作家 /073

2009年　柏林墙：20年后的纪念与思考　/076
　　　　新资本主义还是新世界？　/078
　　　　备受瞩目的中国模式　/080
　　　　达尔文进化论：在争议与误解中传播普及　/085
　　　　"气候门"事件与怀疑派的声音　/088
　　　　海德格尔与纳粹主义：旧问题新争论　/090
　　　　保守主义的衰落与思想多样性的危机　/092
　　　　美国著名大学的开放课程　/095
　　　　2009年人文与社会学科重要奖项　/096
　　　　2009年辞世的学者与作家　/097

2010年　维基泄密：喧哗中的辩论　/100
　　　　《经济学人》刊登中国特别报道　/105
　　　　道德与理性：跨学科的对话　/108
　　　　重新思考社会主义　/109
　　　　《流浪者》引发文化争论　/110
　　　　新视野下的罗尔斯研究　/112
　　　　2010年人文与社会学科重要奖项　/113
　　　　2010年辞世的学者与作家　/115

2011年　第四波民主化？　/117
　　　　占领运动：另一种民主化浪潮　/122
　　　　2011年：觉醒的时刻与开放的未来　/124
　　　　欧盟危机与哈贝马斯的方案　/129
　　　　苏联解体的道德根源　/131

哈维尔的遗产 /132

帕菲特的哲学巨著问世 /133

明星学者弗格森引发争议 /134

2011年人文社会科学领域的获奖者与辞世者 /135

2012年　新利维坦：国家资本主义的崛起 /138

美国衰落论的迷思 /143

科学与人文的再次交战 /147

欧洲危机的政治根源 /152

马克思主义的再兴起 /155

探索国家失败的新著引起反响 /158

2012年人文社会科学领域的获奖者与辞世者 /160

访谈录

现代民主与公民政治——桑德尔教授访谈录 /165

对自由主义的历史反思——贝拉米教授访谈录 /175

现代性的内部张力——马克·里拉教授访谈录 /185

我们可以从德国政治文化学习什么——米勒教授访谈录 /198

附录：欧美学人剪影

萨义德轶事 /211
德里达引发的争议 /215
桑塔格之于我们这个时代 /217
科拉科夫斯基与克鲁格奖 /224
领略罗蒂 /233
麦金农与美国的反色情运动 /237
卡斯特利斯教授的风格 /239
告别亨廷顿 /241

西方知识界重要事件综述
（2003—2012）

2003年

国际著名学者发出反战呼吁

今年西方知识界最为重要的事件，是针对由美英主导的攻击伊拉克的战争所发起的反战运动。其中以德国思想家哈贝马斯（Jürgen Habermas）和法国哲学家德里达（Jacques Derrida）的联署声明尤为引人注目。两位大师级的学者在知识论和思想倾向上有着长期而深刻的分歧与争议，这为学界所共知，但在反战问题上却达成了高度共识，并共同拟写了声明——《战争之后：欧洲的重生》，于5月31日同时发表在德国的《法兰克福汇报》和法国的《解放报》上。在这篇联署声明中，哈贝马斯和德里达强调，应当在欧盟（首先在以德法联盟为主轴的"核心欧洲"）形成新的认同与共同的价值理念，使欧洲能够在国际事务中发挥重要影响，以抗衡美国的单边主义霸权政策。

这个声明显然是事先策划的知识界联合行动的一部分。在同一天，欧洲主要报刊《新苏黎世报》（瑞士）、《共和报》（意大利）、《国家报》（西班牙）、《南德意志报》（德国）以及《斯塔姆帕报》（意大利）分别发表了穆希格（Adolf Muschg）、艾柯（Umberto Eco）、萨瓦特（Fernando

Savater)、瓦蒂莫（Gianni Vattimo）以及罗蒂（Richard Rorty）等五位著名学者与作家的文章，一致呼吁加强欧洲与联合国的作用，反对美国的霸权政治，在尊重多元文化的基础上寻求世界和平与发展的理念与政策。

实际上，西方知识界的反战运动早在年初已经揭开帷幕。今年2月，萨义德（Edward Said）在《异见者之声》上发表文章《伪善的纪念碑》，德国《时代》周刊更以大量篇幅发表罗蒂、巴特勒（Judith Butler）、德沃金（Ronald Dworkin）、马格里特（Avishai Margalit）和韦奇伍德（Ruth Wedgwood）等著名学者的文章，对随时可能爆发的战争就其道义和法理的正当性提出强烈质疑，对美国的全球霸权战略作出尖锐的批判。而在5月31日之后，包括齐泽克（Slavoj Žižek）在内的欧洲著名知识分子，继续对伊拉克战争所引发的政治与道德、国际秩序与欧洲前途等问题发表论述。当然，也有来自左翼和右翼知识分子对这场反战运动的理念、话语方式和实践效果提出了各种异议和批评。但毫无疑问，有如此众多的来自不同国家和不同学科领域的著名知识分子参与，这场讨论就其影响力而言，是近10年来国际知识界对公共政治问题的一次最重要的介入。

施特劳斯学派与美国右翼势力

美国政府在"9·11"事件之后的先发制人战略，以及后来的伊拉克战争，遭到知识界越来越多的批评，而且公共舆论中对政界的右翼保守势力的质疑也越来越强烈。而当传媒追根溯源以查询华盛顿前政要的思想谱系时，却发现许多强硬派政客原来都师承已故的政治哲学家施特劳斯（Leo Strauss）。话题肇始于《纽约客》资深记者赫什（Seymour Hersh）在5月6日发表的一篇文章，其中特别指出，现任国防部副部长沃尔福威茨（Paul

Wolfowitz）等布什当局的政要，在制定外交与国防战略中深受施特劳斯派思想的影响，形成了以精英主义、反民主以及单边主义政策为特征的新保守主义政治。这篇文章发表后，《波士顿环球报》和《国际先驱论坛报》等报刊紧随其后，引起了一系列的后续报道与评论，使施特劳斯派与美国保守主义的关联问题成为知识界一个争论的焦点。

此前鲜为人知的加拿大政治理论教授德鲁里（Shadia Drury），在这场讨论中成为热门人物，频频接受媒体的访谈。她曾出版了三本涉及施特劳斯的著作，其中1997年出版的《施特劳斯与美国右派》，着重分析了施特劳斯在思想渊源和师承脉络方面是如何经由智囊组织向政府机构渗透，从而促成了美国新保守主义政治的兴起，并在近年获得了支配性的地位。许多学者赞成并附和卓瑞的看法，更有少数学者进一步认为，新保守主义是一次有预谋、有组织且经过精心策划以改变美国民主政治的思想与政治运动。但也有学者认为，应当将施特劳斯本人的思想与学术研究和新保守主义政治区分开来，两者的关联完全是杜撰的，至少是猜测性的。哈佛大学政治哲学教授曼斯菲尔德（Harvey Mansfield）在国家公共广播电台（NPR）组织的讨论中，就与卓瑞存在严重分歧，批评卓瑞的观点完全建筑在对施特劳斯思想的肤浅阐释与误读曲解之上。目前这场争论还在公共知识界持续，同时，也在政治哲学领域中推动了对施特劳斯理论的专业研究。专家一般认为，施特劳斯对民主政治、现代性以及国际秩序的看法，远比公共传媒所介绍的流行意见更为复杂而深刻。

"华盛顿共识"引发新的辩论

2003年，经济与知识界的许多报刊相继发表文章，对"华盛顿共识"

（Washington Consensus）提出挑战与批判。"华盛顿共识"是以自由贸易、财经纪律和私有化为基础的经济发展模式。首先由威廉姆森（John Williamson）在1989年美国国会的一个听证会上提出，于同年11月国际经济学会会议讨论时得到世界银行支持。这份共识主要包括：实行紧缩政策防止通货膨胀、削减公共福利开支、金融和贸易自由化、统一汇率、取消对外资自由流动的各种障碍以及国有企业私有化、取消政府对企业的管制等。

哥伦比亚大学经济学教授施蒂格利茨（Joseph Stiglitz）是2001年诺贝尔经济学奖得主，曾担任克林顿经济顾问委员会主席以及1997—2000年世界银行首席经济学家。他在年初接受《世界事务》采访时，公开提出要挑战"华盛顿共识"，对国际货币基金组织、世界银行及世界贸易组织固守新自由主义政策的陈规提出批评，发出了对这一经济模式的批评新声。《财经与发展》杂志9月号发表"超越华盛顿共识"的专题讨论，许多学者认为，这一术语实际上是"市场原教旨主义"的代名词，如今已经成为对经济全球化和新自由主义政策幻灭的同义词。墨西哥银行部长奥提兹（Guillermo Ortiz）的文章持较为温和的立场，他分析了拉美国家20年来的经济改革状况，指出"华盛顿共识"并没有为改革实践提供良好的处方和一致的政策，拉美国家需要第二轮改革，必须超越"华盛顿共识"的简单纲领而采用更为复杂和多样的措施，包括建立有效的监管体制、加强政府机构的职能以及发展就业服务等。

托派组织"第四国际"召开第15次世界大会

由托洛茨基等人于1938年创立的"第四国际"，是一个世界性的革命社会主义组织,其基本纲领是主张世界工人阶级的联合,为社会平等而斗争,坚持工人民主与社会主义的立场,在与资本主义和帝国主义持续斗争的同时,也反对斯大林式的官僚专制。今年2月8日—2月14日,"第四国际"在比利时召开了第15次世界大会,有40个国家的200多名代表参加,就世界形势、全球化运动、资本主义复辟、生态运动以及同性恋解放运动等问题,发表了一系列文件和声明。

在对世界形势的分析中,"第四国际"指出,自第14次世界大会以来,世界政治形势发生了显著变化。当时世界各地的资本主义全面复辟,社会主义运动在全球范围内受到挫折。而目前反全球化运动和各个国家内的社会抵抗运动的兴起带来了新的政治理念与机遇。会议重申,"第四国际"坚持抵抗资本主义全球化的各种形式的斗争,坚持反对由官僚阶层主导、盗用社会主义名义的资本主义复辟,这实际上意味着对工人阶级的剥削,同时使新资产阶级致富。这是"第四国际"自1995年以来的第一次世界大会,在左翼学者当中引发了一些评论与反响,但在整个知识界并没有获得引人注目的关注。

美国著名知识分子杂志《党派评论》停刊

美国著名的左翼知识分子杂志《党派评论》(*Partisan Review*)于4月中旬宣布停刊。这份杂志由菲利普斯(William Phillips)和拉夫(Philip Rahv)于1934年创办,政治倾向具有托派色彩,长期致力于从左翼立场批判斯大林主义。在68年的出版历史上,其年发行量从未超过15000份,目前只有3000份左右。但在1930年代到1960年代的鼎盛时期,它是美国公共知识分子的重要论坛,撰稿人中有声名卓著的政治哲学家阿伦特,作家奥威尔（George Orwell）、鲍德温（James Baldwin）、桑塔格（Susan Sontag）、批评家麦卡锡（Mary McCarthy）、威尔逊（Edmund Wilson）、特里林（Lionel Trilling）、豪（Irving Howe）、诗人艾略特（T.S. Eliot）、洛厄尔（Robert Lowell）以及小说家贝娄（Saul Bellow）、梅勒（Norman Mailer）等。

《党派评论》编辑迪克斯坦（Morris Dickstein）认为，这样一份著名杂志的停刊主要有两个原因。首先是苏联解体之后，反斯大林主义的论题失去了原有的意义，杂志也难有焦点定位。其次是其他左翼刊物——如《纽约书评》和《壁垒》（Ramparts）等——在影响力与声誉方面已经超过了《党派评论》。迪克斯坦在其"凭吊"文章中写道，《党派评论》起初并不引人注目，作者群主要是纽约区的犹太知识分子，他们没有学院文凭，但最终都成为美国历史上最杰出的知识分子，因此《党派评论》是美国最优秀的几本刊物之一。

《伽达默尔传》引起争论

海德格尔与纳粹政权的关系曾在知识界引起热烈的争论。而最近，海德格尔的弟子、去年辞世的大哲学家伽达默尔也被质疑与纳粹有暧昧关系。今年7月，《伽达默尔传》（Hans-Georg Gadamer: A Biography）的英译本由耶鲁大学出版，立即引发了强烈的争议，这实际上是美英知识界对1999年德国讨论的延续（当时这本传记的德文版刚刚发表），其焦点问题是：伽达默尔在纳粹当政时期究竟做了什么？应该如何评价？

传记的作者格荣丁（Jean Grondin）教授以史料档案为依据，记录了1930年代和1940年代的伽达默尔，描述了他如何在纳粹统治的黑暗时期圆滑行事和提升自己的学术地位。他虽然没有正式加入纳粹党，但在发现有利于自己晋升的时候，参加了一个纳粹教导营，从而不失时机地填补了遭到清洗的犹太教授所留下的位置。而在1945年苏联红军占领德国后，伽达默尔却又常常在课堂上为"无产阶级专政"热烈辩护。不过，格荣丁也在书中为伽达默尔辩护，认为他属于那种不过问政治的老一代大学教授，只是机智地采用了实用主义的生存策略。伽达默尔曾骄傲地宣称："从不阅读历史短于2000年的书。"格荣丁甚至认为，海德格尔对纳粹的热情也只是"羞耻"而不是"罪行"。但许多学者持不同的看法，其中包括伽达默尔的学生沃林（Richard Wolin）教授，他在多篇文章中尖锐地批判了自己的老师在第三帝国时期的作为，认为德国学术界的所谓"内心流亡"的观念是华而不实的托辞，伽达默尔从来没有对自己面对艰难问题时的行为作出反省。因此，他认为格荣丁的"生存策略"的说法并没有理解哲学家作为一种职业的特质，即以原则而不是自我利益来行事。

科拉科夫斯基获克鲁格人文与社会科学终身成就奖

美国国会图书馆11月5日宣布，将首届"克鲁格人文与社会科学终身成就奖"授予哲学家科拉科夫斯基（Leszek Kolakowski），奖金为100万美元。该奖由慈善家克鲁格（John W. Kluge）资助而设立，专门针对诺贝尔奖没有涵盖的人文与社会科学领域，包括哲学、历史、政治学、人类学、社会学、宗教研究、语言学以及艺术与文学批评等学科，并期望在将来能够获得与诺贝尔奖同等的声誉与地位。候选人由相关学科的著名学者推荐产生，评选标准是：其学术研究被同行公认为对本学科具有杰出贡献、对其他学科来说具有跨学科的启示与借鉴意义，以及对公共生活产生过重要影响。本届终审评委会由阿马蒂亚·森（Amartya Sen）等五位著名学者组成。

首届获奖人科拉科夫斯基的研究领域相当广阔，包括历史哲学、宗教、现代性研究以及欧洲文化研究等。他于1927年出生于波兰，1953年在华沙大学获得哲学博士学位，毕业后留校任教，在1960年代已经是波兰马克思主义理论界最著名的代表性人物之一，后来立场倾向于人道主义的马克思主义。但由于对斯大林主义的批评而成为"持不同政见者"，于1965年被开除党籍，1968年被革除教职，随后移居国外，曾在加拿大和美国的大学担任教职。1970年起在牛津大学众灵学院（All Souls College）担任高级研究员，直至1995年退休，其间从1981年到1994年在芝加哥大学社会思想委员会与哲学系担任兼职教授。（可参见"附录"《科拉科夫斯基与克鲁格奖》）

科拉科夫斯基早在1970年代就提出，自发组织的社会团体有可能在极权体制中逐渐而平和地扩展市民社会的空间。他对波兰团结工会运动产生了重要的思想启示并予以实际的支持。科拉科夫斯基著述丰厚，发表了30多部著作及400多篇文章，其主要著作包括：三卷本的《马克思主义主潮》（1976—1978）、《宗教：如果上帝不存在》（1982）、《形而上学的恐怖》（1988）、《现代性的无尽试验》（1990）、《上帝什么也不欠我们》（1995）以及《自由，名望，谎言与背叛》（1999）。

爱德华·萨义德去世

哥伦比亚大学教授萨义德于2003年9月25日因白血病去世，享年67岁。萨义德是享誉世界的文学理论家和文化批评家，被公认为当代最有影响力的批判知识分子之一。他的逝世引起了广泛的震惊与哀悼，在几个月内世界各地有近千篇纪念文章发表，普遍认为这是学术界和公共知识界的巨大损失。(详见"附录"《萨义德轶事》)

萨义德 1935 年出生于耶路撒冷，大半生在美国度过。1957 年在普林斯顿大学获得学士学位，1960 年及 1964 年分别获得哈佛大学硕士与博士学位，长期任教于哥伦比亚大学，也先后担任耶鲁、哈佛和约翰霍普金斯等大学的客座教授。在美国国内与国际政治事务中，萨义德始终坚持批判知识分子的立场，积极参与公共领域的重要争论，在学术界内外都拥有广泛的读者。他是当今西方世界中巴勒斯坦问题的代言人，对以巴双方在和平问题上的立场与政策都提出过强烈批判与建设性的方案。他在文化批评、比较文学与英国古典文学等研究领域中的杰出学术工作，受到同行的高度评价并具有跨学科的影响，其"东方主义"论已经成为当代的经典批判论述，主要代表作有《东方主义》(1978) 和《文化与帝国主义》(1985)。也许，萨义德在获知法国著名学者布迪厄（Pierre Bourdieu）逝世的消息时所写的一段话，可以恰当地用来描述他自己的去世留给我们的精神遗产："他的去世是如此令人痛惜以至于无法在遥远的美国独自承受，他的作品与知识典范，在这个对人性缺乏支持而正统的道德与权力难以挑战的年代，对我们既是启示又是慰藉，而他的批判与反抗精神是我们必须继承和永远坚持的。"

罗伯特·默顿去世

罗伯特·金·默顿（Robert King Merton）因长期身患癌症于 2 月 23 日逝世，享年 92 岁。默顿是美国著名的社会学家、科学社会学的奠基人和结构功能主义理论的主要代表性人物，于 1910 年 7 月 4 日出生于费城，1931 年毕业于天普大学（Temple University），随后进入哈佛大学，师从著名社会学家帕森斯（T. Parsons）等攻读研究生，1936 年获得社会学博士学位，毕业后在哈佛大学任教，1939 年至 1941 年间在杜兰大学（Tulane University）任教，1941 年后一直在哥伦比亚大学任教，直到 1979 年荣休。其间曾出任哥伦比亚大学社会学系主任、应用社会研究所副所长、美国社会学协会主席（1956—1957）、美国科学社会学研究会主席（1975—1976）及社会科学研究院院长（1975）等职，主要学术著作包括《十七世纪英格兰的科学、技术与社会》（博士论文，1935）、《论科学与民主》（1942）和《科学发现的优先权》（1957）等。默顿不仅是一位卓越的学者，也是极为优秀的学术导师。他培养的学生有许多成为社会学界的重要人物，其中科尔曼（J. Coleman）、布劳（P. Blau）和科塞（L. Coser）被公认为世界一流的社会学家，而他自己的儿子罗伯特·C. 默顿于 1997 年获得诺贝尔经济学奖。

2004 年

电影《华氏 911》的政治风暴

电影纪录片《华氏 911》可能引发了 2004 年度西方公共思想界最为引人注目的事件。导演迈克尔·摩尔（Michael Moore）试图在电影中惊爆内幕：布什家族与沙特阿拉伯王室及本·拉登有密切的生意往来，而在"9·11"攻击发生前后，布什当局先玩忽职守，使美国陷入恐慌，尔后出兵伊拉克，转移民众的注意力。整个影片以辛辣的讽刺手法，激烈抨击了布什的反恐战略。今年 5 月，《华氏 911》在法国戛纳电影节获得金棕榈奖，其关于美国政府曾试图禁止影片发行的消息广为流传，反而成为最佳的促销广告。电影在美国上映的最初几周场场爆满，创下了纪录影片票房的历史纪录。摩尔本人立即出版了两本新书，并在欧美各大传媒频频亮相，还成为《时代》杂志的封面人物。他毫不掩饰自己的政治动机：借此影响年底的总统大选，把布什赶出白宫！在方兴未艾的反布什浪潮中，《华氏 911》成为知识界与大众传媒热烈讨论的话题。

在激起兴奋情绪的同时，也出现了越来越多的针对《华氏 911》的批评甚至攻击。许多评论指出，整个电影完全抛开了纪录片惯常的审慎与客观的姿态,通过诱导性与煽动性的叙事剪接策略,大量使用阴谋理论与"情状证据"(circumstantial evidence),以达到谴责与嘲弄的效果。一个名为"华氏911"的网站应运而生,专门收集对摩尔歪曲事实的批评、投诉以及各种负面报道。这部电影无疑是非常"解气"和"解恨"的,但其立场的客观性与证据的可靠性却非常可疑,因此以这种愤怒的方式介入政治讨论是否正当,便成为公共争论的一个焦点。有评论家坦言:"是的,电影是不公平的,是蛮横的,但那又怎么样呢?对不起,美国人已经没有耐心了!"摩尔本人也说,"华氏911就是自由的燃点"。而另一方面,许多评论指出,摩尔的话语策略与布什如出一辙,是"煽动性的政治宣传",是好莱坞式的娱乐。目前已经有一部名为《摩尔憎恨美国》的新纪录片面世,导演威尔逊(Michael Wilson)检讨了摩尔的纪录片制作方式,批评他的不正当操纵手段。也有揭露"摩尔真相"的新书出版。整个论战透露出美国公共舆论在政治意识和文化态度上的严重分歧。

德里达去世的风波

法国著名哲学家雅克·德里达于10月8日去世,享年74岁。10月10日《纽约时报》发表坎德尔(Jonathan Kandell)撰写的讣告,以轻佻的笔法描述了德里达的生平与学术生涯,对解构主义仅以"晦涩难懂"一言蔽之,并引称说,"许多并无恶意的人仅仅为了能减免理解解构主义的负担而期望它死去"。这篇讣告引起一场轩然大波,德里达的朋友与倾慕者们被深深地激怒了——在他们看来这篇讣告是"不公平的、无礼的、怀有偏见的"。十几位著名教授和学者分别致函抗议,认为《纽约时报》的这篇讣告是污辱性的,而将讣告的写作交给一名不学无术且心存恶意的作者,标志着《纽约时报》专业伦理的堕落。加州大学欧文校区的部分教授建立了"纪念德里达"的网站,在网上发起签名活动,目前已有来自世界各地的近4200名学人参加,形成了一场捍卫德里达的运动。

在舆论压力下,《纽约时报》做出了及时的应对,除了刊登一些言辞激烈的抗议信函之外,还在10月14日发表了马克·泰勒(Mark C. Taylor)教授的正面评论文章(《德里达究竟想说什么?》),称德里达将(与维特根斯坦和海德格尔一起)作为20世纪最重要的三位哲学家之一被人纪念。英国《卫报》在10月11日发表的长篇讣告中,对德里达做了较为全面和客观的介绍,也透露了学术界对他的非议与排斥。1992年5月,当剑桥大学决定授予德里达荣誉哲学博士学位的时候,以巴里·史密斯(Barry Smith)教授为首的18位著名哲学家联名致书剑桥大学表示反对。他们认为,德里达的写作虽然具有原创性,或许在电影或文学等领域也有一定的意义,但作为"哲学家",他的作品没有达到专业学术所要求的基本的"清晰与严谨"。为此,剑桥大学最后不得不启动特殊的投票表决程序来解决这场争端,结果以336票对204票通过了荣誉学位的授予。著名文学理论家特里·伊格尔顿(Terry Eagleton)随后在10月15日的《卫报》发表《不要嘲弄德里达》,批评英国知识界的保守人士对德里达的嘲弄,并认为多半是出于无知与误解。

德里达注定是个充满争议的人物,身前死后都是如此。除去意识形态的原因,德里达的讣告风波或许也反映出欧陆与英美的学术传统之间,以及所谓"后现代"与"正统"学派之间的争议冲突仍在继续。

反对"弱智化"的文化战争

对当代文化"平庸化、粗俗化和弱智化"倾向的抨击，是保守主义者的老生常谈，在公共知识界也不是一个新鲜话题。但今年9月英国出版的一部新书——《知识分子都到哪里去了？对抗21世纪的庸俗主义》——仍然引起了热烈反响。作者弗兰克·菲雷迪（Frank Furedi）是英国肯特大学的社会学家，多少令人意外的是，菲雷迪本人属于"激进的左派"阵营，曾在1981年参加创立英国"革命共产党"。这本著作的基本论题是，那些以追求真理和介入公共事务为使命的知识分子正在英国消失，结果是日益增长的庸俗主义（philistinism）弥漫于整个社会生活（从学术、艺术到文化等）的各个领域。但菲雷迪攻击的目标并不是平庸的大众，而是所谓"文化精英"及其主导的文化体制。他认为，在一种时尚而肤浅的文化多元主义以及后现代主义的影响下，文化精英越来越倡导"容纳"精神和政策，一方面使得大学向那些曾被排斥的边缘和弱势群体开放；另一方面，对学生的"迎合"代替了严谨的知识要求，导致整个教育自上而下的平庸化。当今的大学（甚至包括牛津和剑桥这样的英才重镇）教育标准严重沉沦，"为知识而知识"或"为艺术而艺术"的纯粹追求已经成为一种耻辱，浅薄的工具主义和实用主义政策使整个年轻一代陷于"弱智化"（dumbing down）的文化氛围之中。

著作出版后，左翼理论家伊格尔顿在《新政治家》上发表书评，称这是一部"极为重要的著作"（vitally important book）。保守派哲学家斯克鲁顿（Roger Scruton）在《泰晤士报》发表的文章也支持菲雷迪的观点，虽然对他"知识分子"一词的含义有所保留。《卫报》《观察家》《高教纪事》以及许多网络杂志也都纷纷评论，参与了这场所谓反"弱智化"文化的辩论。有批评者指出，菲雷迪具有反民主的精英主义倾向。对此，菲雷迪在接受采访中声辩说："民主不仅仅是包容多数，而且是为了包容在有价值的目标之中；而'弱智化'的文化将使我们都被包容在一种共同的庸俗之中。"

围剿乔姆斯基

麻省理工学院语言学教授乔姆斯基（Noam Chomsky）是美国最为激进和著名的"反对派"知识分子。他矢志不移地指控美国公共舆论受到权力与资本高度垄断，而他本人却由于在公共舆论界极为活跃而名声大噪。许多人因此认为乔姆斯基的批评显得有些故作矫情，甚至有著名学者称他为"知识骗子"。而且，右翼人士对他更怀着意识形态的敌视。这种积蓄的不满情绪终于形成了对乔姆斯基的围剿行动——《反乔姆斯基读本》(The Anti-Chomsky Reader) 的出版。

这部文集由柯利尔（Peter Collier）和霍洛维茨（David Horowitz）编辑，汇集9篇文章，着重分析了乔姆斯基的知识生涯和反美思想的演进，论及他和大屠杀之间奇异的关联、对红色高棉独裁者波尔布特（Pol Pot）的辩护、对以色列的仇恨以及对"9·11"事件沾沾自喜的评判，并指责他长期、大量地"捏造事实"与"篡改数据"。文集的结论可以用一句话概括：乔姆斯基是不可信的！但攻击的领域还不只是这些。在西方知识界，很多学人会将乔姆斯基的学术贡献与他的政治写作区别开来，前者是里程碑而后者则多半是义愤。这部文集中最令人不安的一章出自语言学家波斯塔尔（Paul Postal）和莱维纳（Robert Levine），他们重新评估了乔姆斯基的语言学研究，发现其品质与他的政治言论相当一致："对真相的严重轻视、掩盖内在矛盾以及对不同意见的辱骂。"与此同时，一个名为"反乔姆斯基日志"的网站收集了大量"黑材料",宣称乔姆斯基的面具已被一劳永逸地揭穿了。在当今美国保守主义复兴的局势下,对乔姆斯基的围剿也许并不出人意料。

法国知识界讨论民族的认同危机

今年夏季,法国主要媒体《费加罗报》(Le Figaro)发起了题为"成为法国人意味着什么"的大讨论,从 6 月到 8 月,有 40 多位哲学家、政治家、学者和作家陆续发表文章。在此之前,已经有几本反思当前法国危机的著作(如巴夫瑞兹[Nicolas Baverez]的畅销书《没落中的法国》)在读书界引起关注,成为触发这场讨论的一个契机。许多文章弥漫着一种悲观的基调,透露出知识界对民族现状和前途的深重忧虑,并讨论列举了法国衰落的症状:在全球势力中失去了原有的地位,在欧盟中角色的削弱,衰败的经济和高失业率以及难以整合的移民族群等。其中,哲学家德尔索(Chantal Delsol)的一句话被许多传媒广为摘引:"一个如此辉煌的民族怎么会变得如此平庸、如此沉闷、如此禁锢于自己的偏见……在今天做法国人就是去悼念我们不再拥有的品质。"她还表示,某些精英人士企图掩盖这种衰落,使人民得以生活在虚幻的自得之中,她对此感到羞耻。语言学家海格戈(Claude Hagège)认为法语正在走向衰落,而这与法国民族的衰落是不可分的。

这场讨论充满了对往昔伟大时代的怀旧情绪,对当前民族认同的危机感,以及深切的自我怀疑与批判精神。讨论的发起者《费加罗报》编辑主任在总结中写道,过去 20 年的欧盟计划被看作法国走向复兴与繁荣的独特道路,但这一承诺并没有兑现——"2004 年的法国是一个处在疑问中的民族"。

一些欧美报刊对这场讨论做了报道。有评论认为，这是法国人过于内省和自恋的征兆，"法国是处于危机之中，但从来都是如此"。也有评论赞赏这种自我反思的精神，指出欧洲的许多国家实际上都出现了衰落，但唯有法国人能够这样坦白地讨论，而也只有在法国，这样的文章才会拥有广泛的读者。

亨廷顿新作引发争论

今年5月，哈佛大学著名政治学家亨廷顿（Samuel Huntington）出版了一部新作——《我们是谁：对美国民族认同的挑战》，可以看作"文明冲突论"国内演绎版：来自南美的大量西班牙裔移民与其他外来人口不同，他们与故国具有很强的文化纽带，难以融入美国的"大熔炉"，这使美国日益分化为两种文化、两种语言和两个民族，对美国的民族认同构成了严峻的挑战。在亨廷顿看来，美国文化的核心就是英国新教徒的价值观念，这种文化包括职业道德规范和个人主义、英国的语言、法律制度、社会制度和习俗。他在接受《纽约时报》采访时坦率地表示，如果最初在美国定居下来的人不是英国人，而是法国、西班牙和葡萄牙的新教徒，美国将不会是这样一个国家，而可能是魁北克、墨西哥或者巴西。

亨廷顿的新论点受到了广泛的关注与评论。有人赞赏他不顾"政治正确"教条的威胁，公然讨论商界和政界出于自身利益而不敢触及的问题。有人指出他将盎格鲁-新教主义（Anglo-Protestantism）作为美国正统文化的代表，有偏颇与狭隘之处。也有评论认为，亨廷顿的观点表明了他自己对美国文化固有的包容与宽容能力缺乏信心。还有一些更为激烈的批评，认为这是一种"戴着面具的种族主义"论调。对于这本书的争论，目前还在持续展开。

沃尔夫对布鲁姆的指控

今年 2 月的一起"性骚扰指控"由于涉及两位文化名人，一时成为美国知识界的热门话题。指控者沃尔夫（Naomi Wolf）曾出版《美丽神话》(*The Beauty Myth*) 一书，揭露资本和男权如何在瘦身美容工业中合谋，制造出美丽的流行标准，然后反过来统治女性自身。该书成为女性主义批评的畅销著作，沃尔夫也因此声名鹊起。而被指控者布鲁姆（Harold Bloom）是美国经典文学理论的泰斗和耶鲁大学的明星教授，著有《西方正典》(*The Western Canon*) 等 20 多部学术专著。沃尔夫在《纽约》杂志发表文章，声称在 1983 年就读耶鲁期间，布鲁姆教授有一次在她的住处与她共进晚餐，曾把手放在她的大腿内侧，这对她造成了精神创伤。但她同时言明，重提 20 年前的旧事并不是要提出法律诉讼，也不是针对布鲁姆本人，而是出于道义来敦促耶鲁大学确立严格的投诉保护机制。而布鲁姆回绝了所有传媒的采访，一直保持沉默，不予置评。

然而，沃尔夫并没有赢得舆论的多少同情。许多报道和评论对她指控的动机与可信性提出质疑。更重要的是，一些学者借此批评了美国女性主义的走火入魔。英国著名女性主义者威廉姆斯（Zoe Williams）在评论中写道："男女同工同酬的问题永远不会过时。但是，将每一个暧昧的身体姿态都加以政治化，还好像我们都在肩并肩地反对心怀恶意的男人——这绝不是女性主义。"

电影纪录片《多瑙河》追忆海德格尔

继 2002 年迪克（Kirby Dick）制作的关于德里达的纪录片获得成功后，今年两位澳大利亚电影人罗斯（Daniel Ross）与巴里松（David Barison）合作完成了一部新的"思想家纪录片"：The Ister。"Ister"是多瑙河的古罗马名称，也是著名诗人荷尔德林一首诗的标题。影片取材于海德格尔 1942 年的"荷尔德林系列课程"。海德格尔极为推崇荷尔德林，称他是"诗人中的诗人"，课程不仅只是对荷尔德林的哲学阐释，同时贯穿着对时空、存在、艺术、技术和政治等主题的广阔思考。《多瑙河》长达三个小时，以海德格尔对荷尔德林的解读为主线，伴随着多瑙河从黑海直至其源头黑森林的影像画面，其中穿插了对三位哲学家的深度采访，他们分别讲述了海德格尔思想与生涯的不同侧面。

今年 1 月，这部影片在鹿特丹国际电影节上首映便获得好评，此后在世界十多个城市参加影展，并在法国和加拿大等电影节中获奖。虽然这类"极小众电影"不可能获取"大片"的高额票房收入，但赢得了许多知识界人士浓厚的兴趣，也获得了电影批评家的高度赞赏，有评论称之为"奇迹"和"里程碑式的电影纪录片"。

第二届克鲁格人文与社会科学终身成就奖颁布

美国国会图书馆去年在克鲁格资助下设立了"克鲁格人文与社会科学终身成就奖"，奖金为 100 万美元，旨在成为"人文领域的诺贝尔奖"。去年首届克鲁格奖授予波兰裔哲学家科拉科夫斯基。今年 11 月 29 日，国会图书馆宣布了新一届的获奖者，分别是 80 岁的美国历史学家嘉斯拉夫·帕利坎（Jaroslav Pelikan）和91岁的法国哲学家保罗·利科（Paul Ricœur），他们分享了100万美元的克鲁格奖金。

帕利坎是耶鲁大学荣休教授，曾出任美国科学与艺术学院（American Academy of Arts and Sciences）的院长。他在芝加哥大学获得博士学位，精通基督教的全部历史，发表了30本著作，其中有对马丁·路德著作的翻译和研究，而五卷本的《基督教传统：一部教义发展史》是其代表作。帕利坎在研究中援用了9种不同语言的资料，处理了基督教文学、音乐和教义等方面的问题。美国国会图书馆馆长詹姆斯·比林顿（James H. Billington）说："帕利坎关注的是宗教及其教义与信条的两千多年的历史与实践。"

利科是蜚声世界的哲学家，曾任教于哈佛大学、哥伦比亚大学、耶鲁大学、芝加哥大学、比利时鲁汶大学、巴黎大学以及法国其他的学院，著有《什么使我们思考》和《记忆、历史与遗忘》等大量学术作品。比林顿在描述利科的工作时说："他汲取了西方哲学的全部传统来探索和解释普遍的问题：什么是自我？记忆是如何被运用和滥用的？责任的本质是什么？他是一位矢志不移的探询者，总是促使我们去理解构成我们人类的性质与限制。"

2004年的告别：逝去的作家与哲人

12月28日，苏珊·桑塔格的辞世，成为2004年西方思想界讣告栏上一个格外沉重的句号（笔者另文对桑塔格生平及思想遗产作出综述，详见本书"附录"《桑塔格之于我们这个时代》）。在这份伟大亡灵的名单上，同样醒目的是雅克·德里达的名字（参见"附录"《德里达引发的争议》）。

值得纪念的还有哲学家汉普希尔爵士（Sir Stuart Hampshire），其于6月13日在英国去世，享年89岁。汉普希尔常被人与伯林（Isaiah Berlin）和威廉姆斯相提并论，被看作最重要的牛津哲学家之一。他从对斯宾诺莎的深入研究中获得启示，形成了对自由问题与道德哲学的独特见解。二战前曾在牛津大学任教。1963年至1970年在普林斯顿大学担任哲学系主任，此后回到牛津大学担任沃德姆学院院长，1984年至1991年在斯坦福大学教授哲学。汉普希尔发表过《思想与行动》《个人的自由》和《道德与冲突》等十多部哲学著作，影响了二战后道德哲学的发展方向。早年汉普希尔与哲学家艾耶尔的妻子蕾妮（Renee）的外遇，曾在牛津成为沸沸扬扬的丑闻。后来，蕾妮离婚，并在1961年与汉普希尔结婚，1980年去世。1985年汉普希尔与伦敦政治经济学院哲学教授卡莱特（Nancy Cartwright）结婚，育有两个女儿。

著名历史学家布尔斯廷（Daniel J. Boorstin）于2月28日去世，享年89岁。他是俄罗斯犹太移民的后代，曾在哈佛大学和牛津大学学习，1944年始在芝加哥大学任教，出版20多本著作，其中以"美国人三部曲"和"人类文明史三部曲"最为著名。1975年担任美国国会图书馆馆长。

还有杰出的波兰诗人、1980年诺贝尔文学奖获得者米沃什（Czesiaw Miiosz）于8月14日去世，终年93岁。他的文学与人生饱含着人道主义的诉求。米沃什曾在纳粹德军占领下的波兰从事地下工作，从1951年开始在法国和美国流亡近30年，其间曾在加州大学伯克利分校讲授斯拉夫文学。他反抗苏联对波兰的控制，曾发表批评斯大林主义的文集《被禁锢的头脑》，对西方知识界具有相当的影响。冷战结束后返回波兰定居。米沃什精通多种语言，也加入了美国国籍，但始终坚持以波兰语写作。

在2004年去世的还有两位战后亚文化运动的标志性人物——法国女作家萨冈（Françoise Sagan）和美国作家赛尔比（Hubert Selby Jr.）。萨冈在 18 岁时就以小说《你好，忧愁》一举成名，后来创作了 30 多部文学作品。她在"五月风暴"中极为活跃，也是萨特等巴黎左岸知识圈子的核心成员。这位迷恋麻醉剂、赌博和飙车的作家，其生活与写作同样备受争议，有评论家称她为"奢华酒店中的存在主义者"。然而，她对迷茫而叛逆的"爱情、孤独与激情"的独到感受与刻画，最终使她跻身于最知名的法国作家行列。萨冈于 9 月 24 日去世，终年 69 岁。

赛尔比的名望开始于 1964 年的小说《布鲁克林的最后出口》。因为被视作淫秽出版物，先后在美国和英国遭到起诉和查禁，但却在地下发行，成为"垮掉的一代"的经典作品。诗人艾伦·金斯伯格（Allen Ginsberg）称其犹如"一颗炸弹"，将会流传 100 年。还有人将他比作当代的亨利·米勒（Herry Miller）。但赛尔比自己的生活风格与他小说中的人物相距甚远。他后来还创作过多部小说和电影，去世前在南加州大学任教。赛尔比 4 月 26 日去世，享年 75 岁。

在告别 2004 年的时刻，我们向这些逝去的思想者与作家致意。因为他们的生命、他们的精神存在，世界仍然可以在雨后期待彩虹。

结 语

2004 年西方的思想景观似乎没有露出新世纪的晨曦。纷乱的言说仍延续着 20 世纪的基本纷争，保守主义的顽强勃兴，伴随着激进话语的日趋昂扬。这种两极化的冲突又同时在双重轴线上展开：一面是意识形态谱系中左右两翼的冲突，一面是知识立场中"前卫派"与"传统派"的对峙，彼此纠结缠绕，难解难分。那么，自由主义在哪里？著名史学家约翰·卢卡奇（John Lukacs）在 12 月发表文章指出，今天大多数美国人已经明确地将"自由主义"用作一个贬义词。还记得弗朗西斯·福山（Francis Fukuyama）的"历史终结论"吗？他宣告自由主义的最终胜利还不到15年，但自由主义的柔声细语已经被激进主义的昂扬嘶鸣与保守主义的"神圣"呐喊所淹没。或许，自由主义的根本困局在于其自反性：它借助对传统的反叛而兴起，却又不得不依傍着某种传统来维系。如果说政治哲人施特劳斯当年被"魏玛的幽灵"所困扰，最后对纳粹政权的起源做出了完全不同于流行见解的判断，那么类似的幽灵在当代又再度显现，这个幽灵就是可以被多样阐释的"9·11"事件。对于美国，甚至对于整个西方，这个阴魂不散的幽灵正在向思想界敲诈勒索一个极端的方案，一个非此即彼的最终解决：要么以独断的神圣真理统治全球，摆平世界，要么解放全人类，让每一个人获得彻底的平等与自由。而自由主义不可能给出如此决断的解决，也因此，所谓自由主义的胜利可能只是一种幻觉，不过是另外两种极端势力此起彼伏之间的一个短暂假期。

2005 年

萨特百年诞辰纪念

今年 6 月 21 日是让-保罗·萨特的百年诞辰，法国国立图书馆举办了大型纪念展览，欧美各地也为此举行了许多讨论会，出版了关于萨特的新书或是特辑，报刊媒体也纷纷发表文章，纪念这位 20 世纪影响卓著的哲学家、作家和公共知识分子。英国《独立报》称，萨特在去世 25 年之后迎来了影响力的"第二波"，因为他的著作与政治生涯对于当代仍然具有高度的相关性，他的思想也仍然会引发争论和新的理解。美国学术纪念讨论会的主席麦克里米（Scott Mclemee）指出，如果说萨特的思想遗产曾一度被视为因冷战而衰落，那么，现在它显得与我们所生活的世界越来越相关。萨特的著作中对于系统性的暴力、寻求解放的斗争以及恐怖主义的论述现在重新回到了人们的视野之中。当然，萨特的思想总是具有争议。美国著名作家诺曼·梅勒认为，萨特倡导的政治理想由于缺乏道德或宗教的指南而陷入了永无根基的虚无病症之中，最终将会走向危险的死胡同。《国际先驱论坛报》的文章指出，法国在萨特去世之后出现了几位重要的思想家，似乎早已取代了萨特的地位，今天人们之所以仍然怀着极大的热忱纪念萨特，这是由于他的著作涉猎的领域极为广泛，今天的年轻人总是可以从中找到与自己相关的思想线索，而更为重要的，是萨特思想所处理的一个重要问题——我们的生活是自己选择的结果，还是被我们不可控制的环境所决定的？这仍然是当代人类精神中一个最令人困扰却又是最富有感召力的问题。

安德森批评"自由左翼"的国际政治理论

新左派首席理论家佩里·安德森（Perry Anderson）在他主编的《新左派评论》（2005年第1期）上发表了长达15000字的论文，题为《武器与权利——战争年代中的罗尔斯、哈贝马斯和博比奥》。这篇文章明确针对当代西方三位最重要的自由左派理论大师——美国的罗尔斯（John Rawls）、德国的哈贝马斯和意大利的博比奥（Norberto Bobbio），讨论他们在冷战之后的10年中对国际秩序和正义问题的论述，对他们试图继承康德的"永久和平"理想而重建当代国际秩序的理论学说作出了尖锐的批评。安德森的文章主要在政治哲学的理论层面（比如康德的理想与当今世界权力结构之间的矛盾）展开，同时也分析了三位理论家各自的成长历史对其世界观形成的影响，认为他们的理论建构工作不仅无法实现永久和平与国际正义秩序的理想，反而掩盖了美国以及国际强权对地域冲突和非正义的干涉，因此，他们的努力在无意之中可能会沦为国际霸权的理论工具。安德森的这篇文章可能显示了新左派理论发展的一个动向，表明批判的对象不只限于右翼的保守派和自由派思想，而且也要揭露那些被称为具有左翼倾向的自由主义论述。我们至今还未读到哈贝马斯对此作出的任何直接回应（罗尔斯和博比奥已经去世），且这篇文章发表之后也没有引起广泛的讨论。英国政治哲学教授伯特拉姆（Chris Bertram）在网络上撰文对此文提出批评，并引述具体文本指出安德森对罗尔斯的误读与曲解，认为这篇文章是傲慢而充满偏见的，妨碍了他对三位重要的哲学家作出任何内在的具有同情性的解读。

新教皇对理性与宗教的看法引起争议

《逻各斯》(Logos) 期刊今年春季号发表了新教皇本笃十六世的一篇文章。这篇文章为纪念二次大战盟军诺曼底登陆60周年而作，在"寻求自由"的标题下抨击了"堕入病态的理性"与"被滥用的宗教"。他在论及西方民主与伊斯兰恐怖主义的冲突时指出，重要的问题是重建理性与宗教的关系。启蒙理性反对原教旨主义的狂热宗教信念，但目前理性与宗教两方面都出现了病症，一面是伊斯兰世界对宗教的滥用威胁着世界和平，另一面是西方的病态的理性瓦解了信仰。在此，教皇明确批评了德里达的"解构主义"思想，认为德里达解构"好客"（hospitality）、民主和国家，最终也解构了恐怖主义的概念，剩下的只有理性的消散，使所有确定的有效价值和所有坚持理性真理的立场都变成了原教旨主义。在教皇看来，理性和宗教的两种病症都妨碍了我们寻求和平与自由。《逻各斯》在同期刊登美国政治学家布朗纳（Stephen Eric Bronner）教授的反驳回应文章，认为教皇的论点表达了重新肯定欧洲"基督教之根"的愿望，这反映了许多保守主义者和原教旨主义者的观点。而教皇所期望的"重建理性与宗教之间的平衡"实际上是在提议：要在东方世界多一些世俗理性，在西方世界多一些宗教信仰。布朗纳指出，妨碍自由与和平的原因并不是所谓的"文明的冲突"，真正的冲突也不在西方与非西方之间，而是发生在那些世俗自由国家以及多元公共领域的支持者与那些意欲将自己的宗教信条强加于他人的原教旨主义者之间。

西方公共知识分子评选

今年，美国《外交政策》(Foreign Policy)与英国《展望》(Prospect)联合发起了"当今世界最重要的公共知识分子"的读者评选活动，具体办法是读者通过网络投票，最终在100位候选人中选出5位。候选名单中有多位华人上榜：经济学家樊纲、外交政策分析专家王缉思和政治学家郑必坚等。评选活动收到20000多张选票，于今年10月公布了评选结果。当选前5位的知识分子是：语言学家乔姆斯基（4827票），学者兼作家艾柯（2464票），生物学家道金斯（Richard Dawkins，2188票），捷克前总统、作家哈维尔（Václav Havel，1990票）和英国作家希钦斯（Christopher Hitchens，1844票）。希钦斯曾是左翼的托洛茨基主义者，而近10年来转向攻击西方左派在巴尔干半岛、阿富汗和伊拉克问题的立场，并强烈支持布什的"反恐战争"。在前20位的名单中，思想大师哈贝马斯以1639票名列第7，经济学家阿马蒂亚·森以1590票名列第8，历史学家霍布斯鲍姆（Eric Hobsbawm）以1037票名列第18。评选结果公布之后，欧美许多报纸发表评论，认为评选一定程度上代表了知识大众的选择，但有颇多偏差，特别是非英语世界的人物被严重低估，比如法国就只有一位知识分子——鲍德里亚（Jean Baudrillard，名列第22）——进入了前40位的名单之中。

保罗·利科去世

法国哲学家保罗·利科于5月20日与世长辞，享年92岁。这位20世纪伟大的思想大师的足迹遍及欧洲和北美的一流大学，曾任教于巴黎大学、耶鲁大学、芝加哥大学等，去年去世的德里达曾担任他的助教。利科一生共发表了30多本著作和500多篇论文，在哲学领域的代表作有《意志哲学》《解释的冲突》和《接受现象学的熏陶》等。利科把现象学和诠释学相结合，开创了意志现象学，强调人的意识中的自愿活动与非自愿活动之间的联系；他还以历史哲学家的身份对历史进行研究，著有《历史与真理》《记忆、历史与遗忘》等书；他的《活的隐喻》赢得了学术界的高度赞赏，所提出的"隐喻的真理"概念为修辞学提供了深刻的思考方式；他还以《恶的象征》《思考〈圣经〉》等书开辟了宗教诠释学的全新视野。2000年，利科获得了享有盛名的京都奖（Kyoto Prize）；2004年11月，他被美国国会图书馆授予有"人文领域的诺贝尔奖"之称的克鲁格奖。

女性主义风潮再起

2005年初，美国哈佛大学校长劳伦斯·萨默斯在一次经济学会议上发表演讲，其中提到了一个"科学假说"：性别之间的先天性差别妨碍了女性在数学方面获得杰出的成就。这番言论立即引起轩然大波。来自麻省理工学院的南希·霍普金斯当场退席，随即美国各大报纸纷纷发表评论，指责这是性别歧视的言论，甚至有人要求萨默斯引咎辞职。萨默斯起初接受采访时仍坚持自己的观点：男女之间存在先天性差异，这是可能的，可是人们宁愿相信男女表现不同是社会因素造成的。但他也承认，他的这一观点需要进行更深入的研究。在舆论压力下，他发表道歉声明，保住了校长的职位。但也有评论持不同看法。哈佛著名政治哲学家曼斯菲尔德撰文指出，这场风波完全没有涉及任何科学证据和理性的争论，而只有女性主义的"政治正确"主导了一切，使得女性主义者丝毫不愿意考虑是否存在某种可能——女性在数学方面有先天的弱势，对此，任何要求证据的人已经被看作对女性构成了伤害。曼斯菲尔德认为，我们需要女性主义，但不是这样脆弱和具有虚假独立性的女性主义，而是一种更爱好自由的新的女性主义。类似地，南加州大学著名法学与政治学教授苏珊·艾斯瑞奇（Susan Estrich）发动50名妇女联署签名，抗议《洛杉矶时报》发表的《女性思想家到哪里去了》一文，并在电子邮件中以威胁性口气，要求评论版主编迈克尔·金斯雷（Michael Kinsley）发表这份抗议书，在金斯雷以不接受讹诈（blackmail）为由拒绝之后，艾斯瑞奇投书其他报刊，随后报刊公布了艾斯瑞奇与金斯雷之间有关的全部电邮通信，其中艾斯瑞奇咄咄逼人的言辞令人惊讶。《洛杉矶时报》的一位女性专栏评论家发表文章，称这是美国"女性主义的歇斯底里"。

言论自由与"政治正确"

与言论自由问题相关的另一风波，涉及美国科罗拉多大学种族研究系主任沃德·丘吉尔（Ward Churchill）教授。他在三年前发表的一篇文章对"9·11"事件作出评论，其中将纽约世贸中心的遇难者与纳粹战犯艾希曼（Adolf Eichmann）相提并论，称他们是"小艾希曼"，认为他们是美国政策的一部分，而正是这种政策导致了仇恨以及恐怖袭击的报复。而且他说这些"小艾希曼"自愿地服务于这个政体，但没有对它的行动及其后果担负责任,因而并不是无辜的。这篇文章本来并不引人注目,但今年1月他受到纽约州汉密尔顿学院的演讲邀请,遭到数百名"9·11"袭击遇难者亲属和消防队员的抗议。1月31日,他辞去了种族研究系主任的职务。他在辞呈中写道,目前的政治氛围让他无法代表种族系、文理学院和科罗拉多大学。校方接受了他的辞职,并表示:依照宪法,丘吉尔教授拥有表达政治观念的权利,但他的文章"让我们和公众都感到震惊"。媒体在此风波中又披露了他的某些更为偏激的论调,他曾在去年接受一家杂志采访中说,美国可能需要更多的"9·11"袭击。科罗拉多大学是公立学校,在许多市民要求下,州长欧文斯要求科罗拉多大学考虑解雇这名教授。许多知识分子就此展开发表文章,辩论自由权利及其限度的问题。

美国主流报刊开展阶级问题讨论

今年夏季,《纽约时报》和《华尔街日报》就美国当代的阶级问题和社会流动问题发表了一系列讨论文章。讨论围绕教育、医疗、社会保障、移民、宗教、婚姻和文学等方面展开,使"阶级意识"重新成为热门话题。有作者在讨论中指出,社会阶层的自由流动一直是美国的一个神话,而旧的阶级界线似乎也已经被消费生活的表象所抹去,美国的阶级意识和阶级语言开始消退,但阶级的差别没有消失。实际上,近30年来美国社会的阶层流动不是更自由而是更困难了,美国人正生活在一个不平等性急速加剧的时代。也有论者指出,财富与阶级是事关权力的问题,阶级与其说是关于生活方式或消费时尚,不如说是事关"谁有权做决定"的问题,这包括决定大多数无权者的生活。富有者使用自己的各种权力维护他们的特权生活,让社会为此付出代价。软弱的民主反对派所鼓吹的"自我成就"的神话只能使普通百姓吞咽右翼的苦果。因此，阶级是重要的，阶级意识也同样重要，必须认识到，社会的、政治的和经济的权力是阶级问题的关键。

英国历史学家戴维·欧文在奥地利被捕

戴维·欧文（David Irving）毕业于伦敦大学，是英国最受质疑的历史学家，其著作与译作多达30多种，主要集中于有关纳粹德国与二次大战历史研究的领域。欧文自己以及少数新纳粹主义者将他标榜为"我们时代最为勇敢的"的反潮流历史学家，而大多数人认为他的所谓研究著作充斥着对历史事实的蓄意歪曲。他长期以来否认纳粹大屠杀的暴行，声称奥斯维辛集中营的毒气室完全是虚构的。在《希特勒的战争》一书中，他认为希特勒直到二战后期都不知道对犹太人的大规模迫害，也没有证据显示曾施行过所谓的"终极解决"方案。所有迫害行为都是下属所为，而且其规模远比现在主流看法要小得多。1994年欧文曾起诉控告美国历史学教授黛博拉·利普斯塔特（Deborah Lipstadt）和企鹅出版社，因为利普斯塔特在其《否认大屠杀——对真相与记忆的挑衅》一书中称欧文是"否认大屠杀的最危险的代言人"，因而诋毁了他的学术声誉，也损害了他的职业生涯。经过长达六年的司法诉讼和审理，伦敦高等法院在2000年4月判决欧文败诉，认定他出于某种目的对历史进行了歪曲。欧文于1989年在维也纳等地公开演讲，法庭曾为此签发逮捕令，但直到今年11月欧文再次访问奥地利时，他才落入法网。与英国的情况不同，在奥地利（以及法国和德国）有相关法律将否认纳粹罪行视为非法，刑期最高可达20年。据英国广播公司（BBC）报道，历史学界对欧文声誉有很大的争议，一些史学家认为他在挖掘和收集历史档案的工作中有很强的钻研精神，但他从中作出的阐释和结论是非常可疑甚至是荒谬的。

2005年辞世的文化界著名人物

被称为"现代管理学之父"的经济学家彼得·德鲁克（Peter Drucker）于11月11日在美国洛杉矶附近的家中辞世，享年95岁。德鲁克出生于奥地利，1931年在法兰克福大学毕业获法学博士学位，1933年移居英国，4年之后又迁居美国。曾在纽约大学商学院任教20多年，担任许多政府与机构的高级顾问，发表了近40部学术著作，其中《管理实践》标志着管理学的诞生，《卓有成效的管理者》以及《管理：任务、责任、实践》被称为管理学的"圣经"。

另一颗陨落的巨星是美国著名剧作家阿瑟·米勒（Arthur Miller）。他继承了易卜生的创作传统，致力于在舞台上构筑美国真实的社会图景。后又将表现主义的心理描写技巧吸收到现实主义题材中，被誉为心理现实主义戏剧。曾两次来华访问的阿瑟·米勒是影响中国戏剧界的重要人物，他的《推销员之死》为中国观众所熟知，可谓20世纪话剧的里程碑。2月10日，阿瑟·米勒去世，享年89岁。

4月5日，同样89岁的美国作家、诺贝尔文学奖得主索尔·贝娄去世，其生前著有《赫索格》《莫斯比的回忆》和《雨王亨德森》等，大都以知识分子为主人公，反映都市中产阶级的生活方式和情感困惑，思索人类社会的价值和终极意义。

另一位著名作家约翰·福尔斯（John Fowles）于11月5日逝世，享年79岁。他是英国最受欢迎的小说家之一，善于描写自由意志与社会约束之间的冲突，其中流传最广的作品有《法国中尉的女人》《收藏家》和《魔术师》。

2月20日，《滚石》杂志的特约记者亨特·汤普森（Hunter S. Thompson）自杀，终年67岁。他擅长第一人称的纪实写作，将亲身感受写入新闻，挑战了传统的新闻写作方式。他也是一位多产的作家，笔下的主人公几乎都是传奇人物，最著名的作品是已改编为电影的《拉斯维加斯的恐惧与厌恶》。

还有一位值得纪念的文化人物是1月25日逝世的美国建筑大师菲利普·约翰逊（Philip Johnson）。他设计的建筑历经现代主义、后现代主义与解构主义的变化，1979年获得普利茨克建筑奖，最为知名的作品是坐落于康涅狄格州的"玻璃屋"。

4月9日，颇受争议的女性主义法学家安德烈娅·德沃金（Andrea Dworkin）逝世，享年58岁。她在《淫秽出版物：男人拥有女人》一书中指出，色欲出版物建构了女性性行为的模式。随后，她将一切异性性行为归纳为强奸，成为一名强硬的反性女性主义者。1985年，她与凯瑟琳·麦金农（Catharine Mackinnon）在全美发起反对淫秽出版物的运动，最终促使地方法院颁布法案，允许女性对淫秽出版物的作者提出民事诉讼。

2006年

拉美政局与左翼思潮的复兴

对左翼知识分子来说，振奋人心的激励来自中南美洲的政局变化：近年来具有鲜明左派或中左翼倾向的政治领袖在大选中获胜或连任，包括巴西的卢拉、厄瓜多尔的科雷亚、智利的巴切莱特、玻利维亚的莫拉莱斯、尼加拉瓜的奥尔特加以及委内瑞拉的查韦斯。虽然美国的主流舆论对拉美的这场"红色革命"持怀疑和批评态度，认为这是"政治强人"煽动民粹主义所导演的选举闹剧，会将拉美的经济发展引向灾难。但左翼力量终于突出重围，开始在主流媒体中发出自己的声音。去年11月，《时代》周刊和《洛杉矶时报》等就曾发表文章，严厉批评布什当局在拉美国家推行的政策。今年4月，《国家》杂志发表文章，更为激烈地抨击主流舆论对拉美局势的妖魔化，指出拉美的"左转"宣告了"华盛顿共识"的破产，标志着过去20年"新自由主义"模式在拉美的失败。著名"世界体系"理论家沃勒斯坦在《新左派评论》（2006年7—8月号）上发表文章，分析了世界格局的现状与发展趋势，认为美国霸权在2001—2025年间进入了不断衰落的时期，而布什的国际政策加速了这一衰落。托派社会主义同盟"第四国际"主办的"世界社会主义网站"（WSWS），今年1月在澳大利亚召开"国际编委会"会议，编委会主席戴维·诺斯（David North）在开幕发言中指出，虽然资本主义在1990年代获得了全球性的扩张，但其危机在不断地加深。美国最大的左翼知识分子联盟会议"社会主义学者大会"（SSC）在历经了2004年的分裂之后，似乎在今年获得复苏。分裂出的一支"左翼论坛"（The Left Forum）于今年3月在纽约举行主题为"全球抵抗与帝国的衰落"的大会，从开幕式的"挑战帝国"到闭幕式的"前进"主题，显示出高歌猛进的势头。冷战结束之后，西方左翼思潮与社会运动曾面临严峻考验，也一直在探索中寻求突破的契机。2006年，左翼力量似乎聚集了新的能量，出现了某种复兴的转机。但是，"新自由主义"遭遇的挫败并不天然地意味着社会主义的胜利。对于西方社会主义的复兴而言，当下的转机仍然还是朦胧的曙光。

纪念阿伦特百年诞辰

今年10月14日是汉娜·阿伦特的百年诞辰纪念日。当天，柏林"阿伦特的思想空间"现代艺术展开幕，美国国家公共广播电台（NPR）播出了对阿伦特的学生、传记作者和研究者杨-布吕尔（Elisabeth Young-Bruehl）的访谈。而世界各地的纪念活动早在年初已经开始，学术界重要的演讲与国际会议迄今有30多次。歌德学院预告了明年1月召开的研讨会日程，表明相关的活动还在持续……这样广泛而隆重的纪念并不是心血来潮的仪式，而是最近20年以来阿伦特的思想影响持续增长的结果。正如杨-布吕尔新著的书名《为什么阿伦特很重要》（Why Arendt Matters）所提示的那样，阿伦特对于我们的时代仍然至关重要。作为20世纪极为独特而复杂的思想家,阿伦特的作品蕴含着多重阐释的可能。比如对极权主义问题的研究,阿伦特在《极权主义的起源》(1951)一书中认为,狂热极端的意识形态俘获了处于孤独焦虑之中的病理性"大众社会",从而导致了极权主义的兴起。而后来在《艾希曼在耶路撒冷》(1963)中,她所揭示的极权主义的秘密在于艾希曼的那种"恶之平庸"(the banality of evil)。于是,面对今天的世界风云,许多人借用阿伦特的思想对当下极权主义的可能作出不同的诊断。有人在谈论所谓"伊斯兰极权主义",比如德国前外交部长(哈贝马斯的弟子)菲舍尔(Joschka Fischer)将此称作(纳粹和斯大林主义之后的)"第三种极权主义",而另有作者比如拉宾(Corey Robin)最近在《伦敦书评》上发表的文章却认为,当今美国的帝国主义政策具有极权主义的危险,这恰恰源自阿伦特所说的那种"仕途主义"(careerism)的平庸之恶。拉宾还提醒我们要注意阿伦特对于极端犹太复国主义的忧虑。她在1960年就指出,犹太人从几个世纪"不惜代价求生存"转向了"不惜代价维护尊严",但"在这种虚假的乐观主义背后潜伏着对一切的绝望而准备自杀的心态",她看到了许多犹太人宁愿与敌人同归于尽,也不愿妥协。因为生怕妥协会将他们带回到那些在欧洲沉默受难的屈辱日子。阿伦特的许多洞见(比如她对"阿拉伯问题"的关切)还有待于我们深入探讨。的确,阿伦特之于我们的时代仍然重要,她的思想遗产也将继续在争议性的阐释中给予我们启迪。

福山再度成为焦点人物

1989年以"历史终结论"闻名世界的日裔美籍学者弗朗西斯·福山在2006年再次成为公共知识界关注的焦点人物。他为今年再版的《历史的终结与最后之人》新写了后记《"历史终结"之后》，试图澄清人们对"历史终结论"的误解，并回应17年来有关这一论题的争论。但这篇"再版后记"又引发新一轮的争论。批评的重点仍然在于质疑"历史终结论"是否成立，以及福山自己的立场是否前后一致等。今年8月"开放民主"网站汇集了十多篇相关文章，组织了一次（网络）专题研讨会，福山为此撰写了《对批评者的回应》，试图再次澄清自己的观点，并解释自己观点的变化。而更受人关注的是福山在3月出版的新著《处在十字路口的美国》，其中严厉批评了美国对伊拉克的战争，宣告了与"布什主义"的决裂。由于福山当年曾支持布什当局对伊拉克开战，并长期同被称为"新保守主义"的高层官员与智囊人物交往丛密，这本著作被看作福山政治立场的"戏剧性转向"，在舆论界引起强烈的反响。但是，从福山自己的论述逻辑来看，他的变化与其说是告别了新保守主义，还不如说是"布什主义"背叛了新保守主义。福山自己所主张的基本论点并没有改变：他仍然坚持"自由市场经济与民主政治制度"是（黑格尔-科耶夫意义上）"历史终结"的现代性形态，认为这个终结已经在全球范围内展开，并最终将获得普世性的胜利。他所做的修正只是"时间表"意义上的：认为自由民主需要更长的时间才能在"边缘地区"（特别是阿拉伯世界）实现，而实现的方式也可能不同于迅速而和平的"东欧模式"。福山与"布什主义"的根本分歧在于，他不相信一个国家的民主转型可以通过使用外部武力来强迫完成。在福山看来，这是一种激进的"社会改造工程"。而新保守主义的传统（在其对斯大林主义的批判中）留下的一个重要思想遗产就是反对这类社会改造工程。实际上，福山是主张以经济发展和渐进改革为前提，促成对于民主的内在需要，从而实现走向民主的"和平演变"。而与此相比，布什推行的单边主义、先发制人以及武力变更政权的政策恰恰是一种激进的霸权主义。不幸的是，"新保守主义"这个名称已经被滥用了，福山也就不再愿意以此自称。

漫画引发的文化战争

　　2005年9月，丹麦《日德兰邮报》刊登了几幅将穆罕默德描绘成恐怖分子的漫画，从而引出一场风波。这场"漫画风波"在今年愈演愈烈。1—2月，法国、德国、意大利、西班牙的多份报纸相继选登了部分漫画，加剧了穆斯林的不满，示威游行、暴力冲突不断发生。《日德兰邮报》编辑的回应是，丹麦有着自由表达的传统，对于任何宗教都一视同仁。而转载漫画的相关欧洲报纸编辑则表示，他们只是在捍卫言论自由。虽然丹麦首相在阿拉伯电视台发表讲话，就漫画引起的冒犯向穆斯林致歉，但他同时强调，政府无权干涉报社的言论自由。欧洲境内的伊斯兰教徒的抗议示威不断升级，英国政府担心此事将引发一场"新圣战"。2月8日法新社报道，一名塔利班高级指挥官宣称：塔利班将悬赏100公斤黄金追杀那个把先知画成"炸弹客"的漫画家；对于任何杀害丹麦人、挪威人或德国士兵的人，塔利班也会奖赏5公斤黄金。这一消息促使美国首次对漫画风波公开表态，布什说，美国主张新闻自由，反对因强烈不满而采取的暴力活动。国务卿赖斯则直接指责叙利亚和伊朗借漫画事件煽动穆斯林对西方的仇视。在公共知识界中，有评论者指出，西方"自由社会"可以容忍或接受类似于"炸弹客穆罕默德"的自由表达；而穆斯林的暴力抗议暴露出他们守旧专制的宗教理念。另一些评论则认为，西方的言论自由从来就有其限制与边界，许多国家都有禁止种族歧视与"仇恨言论"的相关法律，漫画以言论自由为名冒犯了宗教情感，是一种西方霸权的体现。

国际知识界声援贾汉贝格鲁

伊朗著名哲学家与作家贾汉贝格鲁（Ramin Jahanbegloo）在4月27日从印度讲学回国时，在德黑兰机场遭到逮捕，随后被关入德黑兰埃文（Evin）监狱。贾汉贝格鲁在巴黎索邦大学获得博士学位，曾在哈佛大学做过博士后研究，目前担任德黑兰文化研究局当代研究部主任。他曾担任加拿大多伦多大学政治学系兼职教授，拥有加拿大和伊朗的双重国籍。贾汉贝格鲁发表过20多部著作（其中《伯林谈话录》有中译本出版），论及黑格尔与法国大革命以及甘地、泰戈尔、伯林、萨义德等。他对西方哲学和现代性的研究致力于探索不同文化之间建设性对话的可能。5月6日伊朗情报部长对外确认了贾汉贝格鲁被捕的事实，暗示原因在于"他与外国人的接触"。在学术同行看来，贾汉贝格鲁是"政治上极为温和"的学者，他的被捕令人感到意外，也引起了国际社会的强烈反应。5月15日欧盟委员会发表言论，表示对此事件的"严重关注"。5月24日世界各地432名学者与作家联合签署一封"致伊朗总统内贾德的公开信"，公开信中高度评价贾汉贝格鲁的学术贡献及其国际影响，指出对他的关押未经过任何司法程序，违背了伊朗的法律和相关国际公约，敦促内贾德总统亲自干预此事，尽快释放贾汉贝格鲁。公开信的签署名单几乎囊括了所有当今最为著名的学者和知识分子，包括2003年诺贝尔和平奖与文学奖得主艾芭迪和库切，以及不同专业领域和持不同政治立场的学者：诺姆·乔姆斯基、伊曼纽尔·沃勒斯坦、安东尼·内格里、恩内斯特·拉克劳、查塔尔·墨菲、斯拉沃热·齐泽克、尤尔根·哈贝马斯、查尔斯·泰勒（Charles Taylor）、希拉里·普特南、罗纳德·德沃金、理查德·罗蒂、齐格蒙·鲍曼、安伯托·艾柯、莱谢克·科拉科夫斯基、迈克尔·沃尔泽（Michael Walzer）、理查德·伯恩斯坦等。另有"国际伊朗研究协会"等学术团体也为此发表了公开声明。8月30日贾汉贝格鲁被释放。他随后在接受"伊朗学生通讯社"的采访中解释说,他在国外讲学期间,有来自"敌对国家"的情报人员参加了他的研讨会,试图将他的学术研究(特别是他对东欧与伊朗市民社会发展的比较研究计划)用作颠覆伊朗政权的目的。他对此感到遗憾,并建议伊朗学者在国内举办学术活动,以免在出国访问的活动中学术成果遭到滥用。他还表示,自己在监狱中得到了完全人道的待遇。目前,贾汉贝格鲁的个人网站已经关闭。

反击对施特劳斯的妖魔化

近年来,西方报刊(包括在知识界声誉良好的《卫报》《纽约时报》《纽约书评》《国家》《纽约客》《波士顿环球报》和《国际先驱论坛报》等)发表了许多文章,"发掘"政治哲人施特劳斯的思想与美国极右政治势力之间错综复杂的关系。其结果是施特劳斯已被公众看作"美国新保守派的教父",是反自由民主的精英,并鼓励政客用谎言来欺骗大众。在许多严肃的学者看来,这完全是对施特劳斯"妄想狂"式的妖魔化。的确,施特劳斯的不少弟子(或隔代弟子)在布什当局的高层或智囊机构担任要职,但政界"施特劳斯派"的立场并不等于施特劳斯本人的思想,也并不为学院中的施特劳斯派所认同。今年,施特劳斯学院派的弟子们相继推出三部著作:史密斯(Steven B. Smith)的《解读施特劳斯》(*Reading Leo Strauss: Politics, Philosophy, Judaism*,芝加哥大学出版社,2006年5月),潘格尔(Thomas L. Pangle)的《施特劳斯导论》(*Leo Strauss: An Introduction to His Thought and Intellectual Legacy*,约翰·霍普金斯大学出版社,2006年7月),以及扎科特夫妇(Catherine and Michael Zuckert)

的《施特劳斯的真相》(*The Truth about Leo Strauss: Political Philosophy and American Democracy*，芝加哥大学出版社，2006年9月)。这些著作通过对施特劳斯作品的严肃解读和阐释，致力于探索施特劳斯真正的思想遗产。三部著作的一个共同的看法是：施特劳斯是自由民主的朋友而不是敌人。史密斯教授解释说："朋友"意味着施特劳斯本人并不是自由民主主义者，但他的思想对现代自由民主最有益处，因为他"理解政治的方式不是出于左的或右的立场，而是来自俯瞰的上方"。如果说有什么"施特劳斯的政治"，那么这种政治更接近于他同代的以赛亚·伯林和雷蒙·阿隆等自由主义者，而不是当时任何一个保守主义的主将。扎科特夫妇认为，施特劳斯对现代性的危机有着深刻洞察，正因为如此，他才是自由民主清醒冷静的辩护者，能够同时意识到它的力量与弱点。而潘格尔的著作探索了施特劳斯的哲学思考对民主公民的复兴以及对我们文化批判性的自我理解所作出的贡献。这三部著作的出版已经受到知识界的关注，在客观上反击了对施特劳斯的妖魔化解释。

英国"思想战役"开辟新的公共空间

2006年10月的最后一个周末，来自世界不同国家的政界、商界、学界和传媒界的近200名"重量级人物"汇聚于伦敦的皇家音乐学院，就当代"紧迫而重大的思想问题"，面对近千名听众展开公开和激烈的交锋。这个名为"思想战役"(The Battle of Ideas)的年度活动是一种新颖而特殊的跨行业、跨学科的文化节，由英国独立的"思想研究所"(Institute of Ideas)于2005年创办。今年第二届"思想战役"更为引人注目，发言者争论之尖锐激烈，现场听众参与之热烈踊跃达到令人惊叹的程度。活动的形式也精彩多样（从正式的"主题争辩",到半正式的"沙龙辩论"和自由随意的"咖啡对话",以及影视展映等等),涉及的主题包括文明冲突与西方文化危机、21世纪的认同、环境保护与反环保话语、心理治疗工业与教育问题以及艺术创造自由与大众消费等等。活动受到参与者与观察家的极高赞誉,被认为是一次绝对令人难忘的、罕见的"思想盛宴"。

也许更值得关注的是"思想战役"的诉求与潜力。三位召集人当中,有的以社会评论家为职业,有的是牛津大学的青年教师,但都是活跃于公共领域的年轻一代知识分子。他们共同感到,在传媒机制和学院规训的制约下,当代的文化氛围变得越来越因循保守。这种"遵从主义"压抑了真正的民主讨论,封闭了政治想象与文化创造的空间。由此,他们致力于"打破一切思想禁忌"（包括所谓"政治正确"以及"顾忌直接的现实后果"所造成的限制）,提倡"无限制的自由讨论"。正如"思想研究所"在其创建宗旨中明确告白的那样,他们继承的是康德式的"大胆而公开地使用理性"的启蒙主义精神传统。他们声称,在"思想战役"中每个人都具有"完全自由表达的权利,但没有免于被冒犯和批评的权利"。他们的诉求不是要以"达成共识的名义"来寻求时代的"镇痛剂",而是要以开放而强劲的思想交锋来反思时代的大问题,为创造真正民主的公共空间开辟新的道路。同样引人注目的是英国这些新一代知识分子的创新与活动能力,他们往往兼备作家、学者、编辑家和活动家的品质,具有罕见的跨行业、跨学科的知识和交流才能。这使2006年"思想战役"得以筹集足够的民间资金,汇集具有公共影响力的著名人物,并获得BBC、《泰晤士报》、《卫报》和著名网络杂志《尖刺》（*Spiked*）的全程报道。活动之后,"思想战役"及时出版多种文集,同时在学院刊物中发表讨论专辑。他们远大的抱负和卓越的才能,蕴含着重新塑造欧洲公共文化的巨大潜能。

格拉斯迟到的自白

小说《铁皮鼓》使德国作家君特·格拉斯（Günter Grass）成为1999年诺贝尔文学奖得主。瑞典文学院给他的评语是："嬉戏般的黑色寓言揭露了历史被遗忘的面孔。"然而，今年8月12日，格拉斯公开揭示出自己曾是纳粹党卫军人的身份，由此引发了一场席卷德国、欧洲乃至全球的黑色风暴。德国联邦议员要求收回格拉斯的一切荣誉奖赏，包括诺贝尔文学奖。总理安格拉·默克尔委婉地指责格拉斯坦白得太晚。许多批评者认为，格拉斯年轻时的选择可以原谅，而不可饶恕的错误在于其"长达61年之久的缄默"。最激烈的抨击来自格拉斯的出生地，现属波兰的格但斯克（原名但泽）。格但斯克市议会决定要求格拉斯放弃"但泽荣誉市民"的称号。此外，《纽约时报》也刊登评论，题为《格拉斯：一个非常的德国耻辱》。与此同时，格拉斯的作家同行们则纷纷为其辩护。美国作家约翰·欧文在《卫报》上刊文赞扬格拉斯的勇气与道德。葡萄牙作家、诺贝尔文学奖得主若泽·萨拉马戈怀疑那些批评者在没有扪心自问的前提下表达了"伪善"的想法。《法兰克福汇报》则提供事实证据：二战一结束，格拉斯在战俘营中就向美军方承认自己是纳粹党卫军人，相关材料现存于柏林国防军问讯处。更有力的辩护在于格拉斯的作品本身，合称为"但泽三部曲"的《铁皮鼓》《狗的岁月》及《猫与鼠》都充满了历史的厚重感，深刻反映了纳粹时期社会的扭曲与荒谬，其中也蕴含了对自身经历的反思与忏悔。另，格拉斯的自传体新作《剥洋葱》于8月16日出版。

2006年辞世的学者与作家

11月16日,诺贝尔经济学奖(1976)获得者米尔顿·弗里德曼(Milton Friedman)与世长辞,享年94岁。他被称为与凯恩斯、萨缪尔森齐名的"自由市场经济"的教父,反对政府对市场的干预,倡导依靠个人责任感的自由竞争,认为控制货币供应是政府唯一可以使用的经济杠杆。他在理论上有三大贡献,即现代货币数量论、消费函数理论以及自然率假说理论,著有《实证经济学论文集》《自由选择》等。弗里德曼在芝加哥大学的课堂上结识了罗斯·戴瑞克特,六年后两人结为终身伴侣,1998年他们合著的回忆录《两个幸运的人》问世,其中有相当大的篇幅回顾了弗里德曼的三次访华经历。他曾近距离地观察中国走向市场经济的变迁过程,向中国介绍关于自由市场的思想,对中国经济学的发展产生了特殊而富有争议的影响。

9月15日,享誉世界的记者兼作家奥丽娅娜·法拉奇(Oriana Fallaci)在家乡佛罗伦萨去世,终年77岁。作为记者,她以罕见的尖锐与犀利采访了霍梅尼、基辛格、邓小平和布托等世界政坛最为重要的领袖人物。法拉奇说,她每次采访经历里都"倾注了心和灵魂",一如她对于一生仅有的一次爱情(与希腊抵抗运动领袖帕纳古利斯)和她未出生的孩子。《人》与《给未出生的孩子的信》两书满载着她对生命的礼赞和热爱。在2001年"9·11"灾难之后,沉默已久的法拉奇发表八万言的《愤怒与自豪》,猛烈抨击伊斯兰文化的"野蛮",由此招致"种族歧视"的指控。而她的回答是:"你们想对我做什么?你他妈就做你的,我就是要说出我想说的。"无论人们对她的言论有多少争议,她的离去让世界少了一个桀骜不驯的女性声音。

10月30日,文化人类学领域杰出的学者克利福德·格尔茨(Clifford

Geertz）因病骤逝，享年80岁。格尔茨从1970年开始任职于普林斯顿大学高等研究院，在社会文化理论上贡献卓著，不仅体现在他的符号人类学理论，而且延伸到地理学、政治学和历史学等领域。他的《文化的解释》《爪哇的宗教》《地方性知识》等著作影响深远，被公认为20世纪学界的一位"具有原创力和刺激力的前沿人物"。

4月29日，哈佛大学著名经济学家约翰·加尔布雷思（John Galbraith）于98岁高龄逝世。除了《1929年大崩盘》《富足社会》等经济学名著之外，他还留下了包括自传、小说在内的50余部书。曾获得美国总统颁发的自由勋章。

8月1日，著名政治学家、"差异政治"理论的主将艾丽斯·玛丽昂·杨（Iris Marion Young）于家中病故，年仅57岁。她2000年开始在芝加哥大学执教政治学，在女性主义理论、正义理论、民主理论等领域都有卓越贡献，而使她获得国际声誉的著作是1990年出版的《正义与差异政治》。杨不仅是杰出的思想家，也是草根行动的积极参与者，对妇女、劳工等弱势群体有切实的关怀，著有《包容与民主》《论女性身体经验》等。

7月1日，社会学家菲利普·里夫（Philip Rieff）辞世，终年84岁。早在1950年，当时在芝加哥大学担任讲师的里夫与苏珊·桑塔格闪电结婚，并维持了10年的婚姻。多年来，桑塔格的声誉似乎遮蔽了里夫的光芒，而里夫仍是20世纪不容忽视的一位弗洛伊德研究者，著有《弗洛伊德：道德主义者的头脑》和《治疗主义的胜利》，并富有洞见地提出：西方文明从罗马时代到20世纪初先后受到"政治人""宗教人"和"经济人"的统治，如今则由"心理人"主宰，接受一些精神领袖关于"自我"的信念。

6月16日，《纽约书评》的主编之一芭芭拉·爱泼斯坦（Barbara Epstein）死于肺癌，终年77岁。爱泼斯坦毕业于哈佛大学，曾负责编辑轰动全球的《安妮日记》。1963年加入《纽约书评》之后，她负责文学、文化方面的组稿与校订，与这本刊物一同走过了43年。如今《纽约书评》已成为知识界声誉卓著的书评期刊。本年度美国国家图书奖把"终身成就奖"授予《纽约书评》的两位创始人和两位联合总编。

4月30日，法兰西学院院士让-弗朗索瓦·勒维尔（Jean-François Revel）因心脏病逝世，享年82岁。他也是一位政论家，曾担任法国《快报》社论作者15年，后又成为《观点》周刊的专栏作家。在他一生出版的30多本书中，最著名的有《无马克思，无耶稣》《极权趋势》以及《和尚与哲学家》。其中，《和尚与哲学家》一书是他与皈依佛教的儿子马蒂厄·里卡尔在山顶上的一场西方哲学与佛教之间的对话，拷问人类生存的基本问题。

2007年

欧盟50年：纪念与沉思

　　1849年8月法国作家雨果在巴黎和平大会的开幕词中，想象了未来欧洲"将会来临的那一天"："到那时……所有欧洲的民族，在保持各自独特品质和光荣个性的同时，将会紧密地融合在一个更高的整体之中，将形成一个欧洲的兄弟同盟……到那时，仅有的战场是展开贸易的市场以及开发思想的心灵。到那时，子弹和炸弹将被选票所取代、被各民族人民的普选投票所取代、被一个伟大主权议会的庄严裁判所取代。"在历经了20世纪更为惨痛的战争创伤之后，欧洲的发展似乎走向了雨果所梦想的前景。1957年3月25日《欧洲经济共同体条约》在罗马签署，这一年也被视为欧盟的诞生之年。今年是欧盟成立50周年，欧洲各国举办了难以计数的各种纪念活动与学术讨论。

　　5月9日是"欧洲日"，当天十多位欧洲的诺贝尔奖获得者聚集在布鲁塞尔的欧洲议会大厅，在欧洲议会主席珀特林（Hans-Gert Pöttering）的主持下，对欧盟的过去、当下和未来展开讨论。他们普遍赞赏欧盟是人类解决冲突与和平合作之文明成就的典范，但同时分别指出了欧盟在未来发展中需要认真对待的问题，包括欧洲内部的语言壁垒、欧洲精神世界受到物质主义的冲击，以及欧盟与世界其他地区的关系。

3月14日，英国伦敦政治经济学院（LSE）与《金融时报·商业》（FTB）等联合举办了主题为"欧盟：未来50年"的大型讨论会，邀请了欧盟27个成员国的50位著名政治家、学者、教育家、艺术家和商业领袖，就欧盟的未来展开辩论，会后出版了文集《欧盟：未来50年》，由德国总理默克尔和欧盟委员会主席巴罗佐作序，伦敦政治经济学院院长戴维斯爵士（Sir Howard Davies）撰写导言，收录的文章大多极其富有洞见和启发性。

3月23日，哲学家哈贝马斯接受德新社记者的访问。在这篇题为"欧洲现在需要什么？"的访谈中，哈贝马斯对欧盟发展的现状进行了审慎的分析，认为当务之急并不是确立更为雄心勃勃的目标，而是在欧盟内部完善治理和发展政治行动的能力。他指出，《欧盟宪法条约》被法国和荷兰这两个欧盟创始成员国的全民公决所否决，但这并不意味着欧盟深化发展的阻力来自人民。实际上，在大部分成员国中存在着支持巩固欧盟的"沉默的大多数"，因此，哈贝马斯建议，在2009年的欧洲议会选举中，应该以全民公决的方式让公民来决定：欧盟是否要有直选的总统？是否要有欧盟自己的外交部长和金融基地？与此同时，这种全民公决应该只对那些国内多数公民已经投票支持欧盟改革的成员国具有约束力。如果全民公决获得通过，将会打破目前那种由最保守迟缓的国家来限定整个欧盟发展步伐的僵局。

宗教与政治：神学灵光的再现

马克·里拉（Mark Lilla）的《上帝的政治》一文发表在8月19日的《纽

约时报杂志》，当期的封面以大号字体摘录了文章的要义："神学的思想仍在燃烧着人们的心灵，鼓动起能将社会置于毁灭的救世之激情——这在我们西方人看来是不可思议的。我们已经认定这不再成为可能，认定人类已经学会了将宗教问题与政治问题相分离，认定政治神学在 16 世纪的欧洲已经死亡。但是，我们错了。我们才属于那种脆弱的例外。"这篇文章选自里拉 9 月份出版的新著《夭折的上帝》(*The Stillborn God*)。其核心命题可以被称为"西方例外论"，认为在人类文明的大部分历史和大部分地域中，神学是政治秩序的基础。而以政教分离和宪政为基础的西方现代政治是一种历史的偶然和例外，始于欧洲在历经惨痛的宗教战争之后的一种应对抉择，即所谓政治与神学的"大分离"(Great Separation)，其基本理念源自霍布斯的政治哲学，《利维坦》将变换政治的主题，着眼于"心理学"而放弃政治神学。但政治哲学从来没有驯服政治神学。政教分离的共识不仅是脆弱和不稳定的，而且是一个特例。西方人如果以为自己的现代世俗政治具有普世性的效力，并向非西方文明推广将是灾难性的错误。文章和著作发表之后立即引起热烈的争论，里拉本人也在报刊与广播媒体上频繁接受访问。马克·里拉在芝加哥大学社会思想委员会任教八年之后，今年开始在哥伦比亚大学担任人文与宗教学教授，重返作为美国思想文化中心的纽约（他曾在纽约大学政治学系执教十年），再度活跃于公共思想界的辩论。

几乎同时出版的，还有哲学家查尔斯·泰勒长达近 900 页的新著《世俗时代》(*A Secular Age*)，通过浩瀚而复杂的思想史考察，探讨"世俗化"（信仰上帝不再是唯一的生活方式）作为一种新的"社会想象"是如何在历史中形成的，其中也以大量的篇幅处理了政治世俗化的问题。今年年初，拉辛格（Joseph Ratzinger）大主教（如今已是教皇本笃十六世）与哈贝马斯合著的《世俗化的辩证法：论理性与宗教》英文版出版，这与其说是哲学与宗教之间的争论，不如说是两者之间的合作。哈贝马斯呼吁"世俗社会要获得对宗教信念的新的理解"已经不再让人惊讶。早在三年前他在与拉辛格对话之后所写的文章中就语出惊人："基督教（而不是别的什么）才是自由、良心、人权和民主的最终基础，是西方文明的基准。"随着"9·11"事件之后世界格局的变换，欧美公共讨论中宗教话语日渐活跃与强劲，政治与宗教的关系也成为当今西方思想界最为关注的主题之一。

委内瑞拉政局引发的讨论

拉美持续几年的"红色风暴"今年遭遇新的挑战。查韦斯的修宪提案在委内瑞拉国内引起巨大争议，甚至导致了以青年学生为主体的十多万人的示威抗议。12月2日全民公决的结果否决了查韦斯的提案，委内瑞拉的局势与未来变得扑朔迷离。11月30日耶鲁大学"拉美与伊比利亚研究会"举办"委内瑞拉的玻利瓦尔革命"国际研讨会，会议由耶鲁大学和纽约大学的两位著名历史学家发起组织，邀请了来自不同国家的学者、政治家（包括委内瑞拉驻美大使）和社会活动家，旨在对委内瑞拉问题展开独立的学术性讨论。有学者高度肯定了草根性社会运动在确立玻利瓦尔革命的道路中所发挥的重要作用。也有学者指出，委内瑞拉的经济过度依赖国际市场的石油价格，这本身使这场社会主义运动陷入了与资本主义生产和消费模式的紧密纠葛之中，暗含着巨大的风险。这次会议展示了真正具有思想性的辩论，揭示出玻利瓦尔革命所包含的可能与局限，与主流媒体的危言耸听形成了明显的反差。

西方左翼学者对委内瑞拉的局势更为关注。齐泽克在11月15日《伦敦书评》上发表文章，批评当今"后现代左翼"的所谓抵抗策略倾向于放弃争夺国家权力，实际上是一种"投降"。他高度赞赏查韦斯夺取国家权力的革命运动，认为这虽然具有风险，却开启了一种新形式的政治可能。英国新左派领袖人物阿里（Tariq Ali）在委内瑞拉全民公决之后立即撰写文章，指出当下对修宪的辩论过多地集中在取消总统连任限制的争议上，而没有足够重视修宪提案中"走向社会主义国家"的问题，特别是没有在草根层面上对此展开辩论，公民没有充分参与讨论来界定什么是一个社会主义国家，如何界定社会主义经济和社会主义民主，这恰恰是修宪流产的经验教训。但阿里坚信，查韦斯是一个真正的战斗者，只要总结经验把握时机，在他任期结束的2013年之前一定会有新的转机。显然，对西方左翼来说，查韦斯革命代表了一种希望——在冷战之后第一次诞生一个新的社会主义国家的希望，因而对此寄予了热忱的期许。

"大屠杀工业"与学术自由

芬克尔斯坦（Norman Finkelstein）于1988年在普林斯顿大学获得政治学博士学位，20年来的学术生涯一直处于争论的漩涡之中，因为他的研究著述对大屠杀历史的主流论述提出了尖锐的挑战。芬克尔斯坦并不像少数右翼人士（如英国的戴维·欧文）那样否认历史上发生过纳粹对犹太人的大屠杀（他本人是犹太裔，其父母就是大屠杀的幸存者），但他认为大屠杀的真实历史在主流媒体的叙事中已经被篡改和编造，成为他所谓的"大屠杀工业"（Holocaust Industry），被犹太精英权力集团所利用，服务于以色列的犹太复国主义意识形态和美国的中东政策。芬克尔斯坦通过大量著述和公开演讲长期致力于揭露批判"大屠杀工业"的骗局，其主要论敌是哈佛大学法学院资深教授兼律师德肖维茨（Alan Dershowitz）

等作者，而著名学者和异见知识分子乔姆斯基一直是芬克尔斯坦最强劲的支持者。

芬克尔斯坦曾在几所大学任教，今年已经 54 岁却仍未获得终身教职（tenure）。今年初他在任教已 6 年之久的德保罗大学（DePaul University）提出终身教职申请，虽然获得院系一级的多数支持，却遭到大学"晋升与终身教职委员会"的否决，其主要理由是芬克尔斯坦的著述对其他学者进行了言辞激烈的个人攻击，将学术问题变成简单的立场对立，不符合专业的学术标准。芬克尔斯坦坚持认为校方受到了外界压力的干涉，是对学术自由的严重侵犯，表示要以"公民不服从"的方式予以抗议，校方则取消了他原本在下一学期开设的课程。这立刻引发了学术界激烈的反应与辩论，成为所谓"芬克尔斯坦事件"。在经过两个多月争论与谈判之后，德保罗大学与芬克尔斯坦之间达成协议解决方案。在一项联合声明中，双方表述了各自的立场，协议以芬克尔斯坦的辞职而告终，但未公布学校给予他的赔偿。芬克尔斯坦事件究竟意味着什么？在乔姆斯基等人看来，这无疑是美国精英势力打压异端思想、践踏学术自由的又一例证。10 月 12 日芬克尔斯坦与乔姆斯基和英国新左派主要代表阿里等一起参加了在芝加哥大学召开的"保卫学术自由"会议，继续反思在保守派精英集团的压制下如何维护学术自由的问题。而另有一些学者对芬克尔斯坦著述的学术品质有相当的保留。早在《大屠杀工业》一书刚刚出版的 7 年之前，布朗大学著名欧洲史家巴托夫（Omer Bartov）就在《纽约时报书评》发表文章，批评芬克尔斯坦恰恰与他所指控的"大屠杀工业"的媒体制造者一样，在论述中充满了刺激性的修辞、自鸣得意的道德和知识优越感，同样是对历史事实的漠视以及混乱与可疑的阐释。巴托夫最后指出："现在可以说，芬克尔斯坦已经创建了他自己的大屠杀工业。"

《齐泽克研究国际学刊》创刊

齐泽克如今无疑是国际学术界最耀眼的明星之一。两年前，名为《齐泽克》的纪录片在文化知识界引起相当的关注。今年1月由英国利兹大学传媒学院主办的《齐泽克研究国际学刊》(International Journal of Žižek Studies) 正式创刊。为一位仍然在世的学者创建一份专业性的研究刊物，这在学术界虽然不是首创（鲍德里亚曾享有过此殊荣），却也是极为罕见的。这份刊物由保罗·泰勒（Paul A. Taylor）担任主编，编委会中包括著名学者詹姆逊（Fredric Jameson）等，而齐泽克本人也名列其中。编委会的构成在地域分布和专业分布上体现出高度国际化与跨学科的特征。学刊沿用学术界常规的公开投稿和同行评审的编辑方针，但发布方式却是新颖的网络在线期刊（http://zizekstudies.org/），内容完全对读者开放。在线期刊的方式更适合齐泽克的作品特征，也创造出一种学术讨论空间来避免主流媒体对其批判锋芒的收编。目前已经出版了第一卷的4期，包括"齐泽克与巴迪欧（Alain Badiou）""齐泽克与电影""齐泽克与黑尔格"等专题讨论，少部分文章已翻译为多种语言文本（虽然中文译稿的质量似乎有待改进）。在第1期中的开篇文章《为什么是齐泽克？为什么是现在？》中，保罗·泰勒指出，从事这样一份刊物既是机会又具风险，因为它所研究的是这样一个思想家的作品：他不仅是健在的，而且他向世人保证他自己不是所谓齐泽克派。因此要坚持完整公正地对待齐泽克的不可复制之独特性总是要面对艰巨的压力。但作者认为值得承担这个风险，以进一步增强齐泽克作品对现已建制的学科所提出的挑战。文章还借用佛家"以指示月，愚人观指不观月"的类比，形容"齐泽克的理论努力在于顽强地审问那些执迷于观指而不观月的学者的刚愎自用"，这就是为什么人们被齐泽克吸引并继续保持对他的兴趣。

泰勒与德沃金分别获得学术大奖

3月14日,加拿大哲学家查尔斯·泰勒被授予2007年坦普尔顿奖,获得80万英镑(约为150万美元)的奖金。此奖是由约翰·坦普尔顿(John Templeton)于1972年创建,旨在鼓励通过各种不同的方式来探索和扩展人对神性的感知,包括对爱、创造性、智慧、宗教等的研究,以促进科学与宗教之间的对话关系。坦普尔顿基金会现任总裁在授奖时说:"在泰勒的学术生涯中,他经常是孤独地坚守在精神维度的研究领域,对公共政策、历史、语言、文学以及人文社会科学所有其他侧面展开跨文化、跨学科的深入讨论。"泰勒在获奖感言中提到:"自然科学和宗教的分离对两者均无益处,而同样真实的情况是,人文社科的文化也往往出人意料地无视精神层面。"他认为需要对"人类的暴力趋向"予以新的洞察,这可能包含着要对人类寻求意义和精神方向的努力(在其中对暴力的诉求是某种颠倒和歪曲)作出一套完整的阐释。坦普尔顿奖设立至今30多年间,早期的获奖者多是显赫的宗教界人士,例如格雷厄姆牧师和特蕾莎修女,后来该奖被授予更多的哲学家、神学家、伦理学家和科学家等,例如神学家迈克尔·诺瓦克、物理学家约翰·巴罗。

挪威议会于2003年设立的路德维格·霍尔堡(Ludvig Holberg)国际纪念基金,每年专门授予一位在人文、社科、法律和神学领域中成就斐然的学者。今年霍尔堡国际纪念奖(Holberg International Memorial Prize)由罗纳德·德沃金捧得,奖金为75万美元。在最近30年间,德沃金在法律哲学领域中留下了个人独特的印记,几乎每一个对该领域的贡献都直接或至少间接地与他的工作相关联。评委会对他的评语是:德沃金发展出了一套富有原创性且极具影响力的法律理论,这一理论将法律植根于道德,并表现出独一无二的特征——将抽象的哲学观点同那些与具体的对法律、道德与政治的日常关切相关的论辩相结合。在德沃金之前获过此奖的有朱莉娅·克里斯蒂娃、尤尔根·哈贝马斯和舍穆尔·艾森斯塔特。

2007年辞世的学者与作家

2月28日，美国当代史学家阿瑟·施莱辛格（Arthur M. Schlesinger, Jr.）因病逝世，享年89岁。施莱辛格一生都维持着一个自由主义卫士的形象，28岁时就以《杰克逊时代》获得普利策奖，1957年至1960年他先后出版三卷《罗斯福时代》，被认为是他最重要的史学成就。施莱辛格曾担任肯尼迪总统的特别助理，1965年在肯尼迪过世后，他发表了《约翰·肯尼迪在白宫的一千日》，被先后授予美国国家图书奖和普利策奖。1962年他辞去哈佛大学历史学教授职务，潜心写作。1978年的《罗伯特·肯尼迪和他的时代》再次使他获得美国国家图书奖。施莱辛格的最后一本书《战争与美国总统》于2004年面世，他在书中对布什总统发动的伊拉克战争作出了激烈的批评。今年11月，施莱辛格1952年至2000年的日记得以编辑出版，使读者看到跨度48年的美国历史及其风云人物的一些面貌，也能从中了解到美国在冷战与后冷战时代中政治与文化的部分图景。

3月6日，法国哲学家、文化理论家、摄影家让·鲍德里亚因病逝世，享年77岁。这位凭借对媒介模式和技术传播的独到分析而蜚声于世的批评者，始终思考着技术进步对社会发生影响的方式，广泛涉及各个领域或主题，从消费主义到性别关系，从对历史的社会理解到关于艾滋病、克隆、鲁西迪事件、海湾战争和"9·11"袭击的新闻评论。鲍德里亚最著名的《消费社会》从现代社会中人与物的关系入手，以特殊的需求理论来解读消费、媒介、信息和技术。他的思想受到结构主义符号学的影响，并创造性地与马克思主义政治经济学和消费社会学相结合,代表作包括《符号政治学批判》《生产之镜》《象征交换与死亡》《仿真与仿像》等。鲍德里亚认为,20世纪后期的"全球"社会中,符号和意义的过剩导致了一种对现实的消融作用,而在这个世界里,无论是自由主义的还是马克思主义的乌托邦都不再被信仰;当全球化世界在符号和日用品交换的水平上不断运转,人们对象征行动(例如恐怖主义)也会越来越熟视无睹。鲍德里亚及其著作总是与"后现代""后结构主义"相连,他的写作也(与许多后现代思想家一样)被归入深奥晦涩之列。

6月8日,当代西方最具影响的思想家之一理查德·罗蒂因病逝世,享年75岁。早年的著作《哲学和自然之镜》汇集了罗蒂对杜威、维特根斯坦和海德格尔哲学思想的研究,随后他在《实用主义的后果》和《偶然、反讽和团结》中提出新实用主义主张,确立了反本质主义立场,被视为"反哲学的哲学家"。不同于许多哲学家的观点,他相信,不是启蒙主义开启的民主与自由使人类面临虚无主义困境,而是执着于柏拉图主义和康德主义的说教使职业哲学家自己误入歧途。罗蒂说,"我的哲学观点在多大程度上冒犯了右派,那么我的政治学观点就在多大程度上冒犯了左派"。罗蒂在西方学界的政治谱系中属于"自由左派"。他曾表示自己在社会政治立场上与哈贝马斯、罗尔斯、泰勒、德沃金等人分享着基本相同的社会理想,即"社会民主主义"的某种版本,而那些更激进的学院左派,在他看来,始终没有给出任何有效的政治方案。罗蒂独特的思想给予我们的重要启示是,道德与政治生活的改善不可能也不需要一个普世的理性主义基础,寻求政治原则的共识是一种永恒的实践,只有在不断面向实际问题的具体应对中才可能获得,这也就是罗蒂所说的"后形而上学希望"。(参见"附录"《领略罗蒂》)

11月10日,美国最知名也颇具争议的作家之一诺曼·梅勒因病逝世,享年84岁。梅勒的作品始终将矛头对准美国的社会与政治，挖掘其深层的病状，视角奇特，言辞犀利，他因此被称为美国的"文学良心"。梅勒的成名作《裸者与死者》在他个人从军经历（毕业于哈佛大学后在太平洋战区服役）的基础上，不仅揭示出战争的真实面目，而且剖析了更为深广的社会与历史问题。1968年与1979年，梅勒先后凭借《夜间的军队》和《刽子手之歌》两次获得普利策奖；2005年被授予美国文学杰出贡献奖。无论在写作上，还是生活中，梅勒都维持着桀骜不驯、特立独行的个性与风格，直到生命的终止。

11月13日，美国著名法学家、哈佛大学荣休教授哈罗德·伯尔曼（Harold J. Berman）辞世，享年89岁。他是比较法学、国际法学、法史学、社会主义法学以及法律与宗教关系领域的先驱人物，著有《法律与革命》《信念与秩序》等。伯尔曼对中国当代法学界影响最大的是他的演讲集《法律与宗教》，其中"法律必须被人信仰，否则它将形同虚设"这句话被频频援用。伯尔曼以此作为对韦伯的"祛魅"命题的某种回应，提出在所有的文明里，法律与宗教共享着四种要素——仪式性、传统性、权威性和普世性，法律不仅包含人的理性和意志，也包含情感与信仰。他在对当代法律祛魅化作出批判的同时，也在宗教中寻求法律的渊源以保持人们的法律情感，从而克服理性的僵化。

2008年

金融危机下的新"终结论"

2008年的金融危机如海啸般从美国波及全球，对西方思想界也产生了强烈的冲击，各种新的"终结论"席卷而来：新自由主义的破产、"美国世纪"与全球化的终结、资本主义体系正在走向灭亡……由此，一场思想争论的风暴正在兴起。无论是倍感兴奋还是心怀忧虑，许多欧美知识分子都试图探讨这场危机更深层的意义：它是否暴露出资本主义社会内在的根本矛盾？是否预示着某种历史巨变的来临？

约瑟夫·施蒂格利茨（哥伦比亚大学教授、2001年诺贝尔经济学奖得主）7月发表的《新自由主义的终结？》[1]一文被广泛转载，他批评指出"市场原教旨主义的辩护者力图将对市场失灵的谴责转向政府的失误"，但新自由主义在经济与政治上造成的危害是明确无疑的。施蒂格利茨断言，"新自由主义的市场原教旨主义一直是为特定利益服务的一种政治教条，它从未受到经济学理论的支持，也没有获得历史经验的支持"。美国《新闻

---

[1] Joseph E. Stiglitz, "The End of Neo-liberalism?". (http://www.project-syndicate.org/commentary/stiglitz101)

周刊》10月发表雅各布·韦斯伯格（Jacob Weisberg，著名网络杂志《页岩》[Slate]的主编）的文章，宣告"自由放任主义（libertarianism）的终结"。[1]作者指出，自由放任主义的辩解者给出了种种复杂的解释，却回避了一个更简洁、更有说服力的解释，那就是金融崩溃证明了其意识形态的失败。自由放任主义者在思想上是幼稚的，他们难以接受市场可能是非理性的、可能会误判风险、可能会错置资源。他们看不到金融体系如果没有强劲的政府看管和实际干预，那就是在制作"灾难的处方"。韦斯伯格声称，自由放任主义"破产了，而这一次将不会有救"。然而，著名学者理查德·爱泼斯坦（Richard A. Epstein，胡佛研究中心高级研究员、芝加哥大学法学教授）持有不同观点，他在福布斯网站发表回应文章[2]，认为韦斯伯格对自由放任主义的批评是粗糙的，完全无视其精微之处。他试图澄清，坚持"有限政府"的自由放任主义者并不是无政府主义者，他们不仅强调市场竞争的好处，也深知非对称信息、公共产品以及因徒困境所造成的挑战。困难的问题不是要不要政府管制，而是什么样的管制才是适当的。爱泼斯坦认为，韦斯伯格的指控过分强调了市场失灵，却低估了政府失灵。

对于资本主义未来前景的判断，埃德蒙·菲尔普斯（Edmund S. Phelps，哥伦比亚大学资本主义与社会研究中心主任、2006年诺贝尔经济学奖得主）显得更为谨慎。他在《资本主义会有前途吗？》[3]一文中分析指出，人们在谈论"资本主义的终结"时，似乎忘记了它曾经历过的历史危机，而在1980年代才开始在少数国家复苏。对许多欧洲人来说，资本主义被简单地看作放任的"自由市场"，但资本主义意味着开放与彻底创新。的确，"资本主义造成了破坏和不确定性。但我们不应该忽视这枚硬

---

[1] Jacob Weisberg, "The End of Libertarianism", *Newsweek*, October 28, 2008.
[2] Richard A. Epstein, "The Libertarian: Strident and Wrong", Forbes.com, October 28, 2008.
[3] Edmund S. Phelps, "Does Capitalism Have a Future?", *The Guatemala Times*, December 21, 2008.

币的另一面"。资本主义在激发企业家创新和消费者热情的方面是独一无二的，而其最大的成就在于将工作转变为挑战、解决问题、探索和发现。尽管 2008 年世界经济充满挑战，菲尔普斯相信"对那些重视创新的国家，明智的建议是保持资本主义"。

新的"终结论"热潮究竟意味着什么？或许把握了深刻的历史动向，或许（如 20 年前的"历史终结论"一样）不过是过眼云烟的喧哗。在过去一个半世纪中，资本主义灭亡的丧钟曾几度敲响，这一次会不同于以往吗？也许，一切宣告"终结"的论断现在仍然为时尚早而失之草率。但无论如何，金融危机再度发出了强有力的警告："自由市场经济"必须考虑自由的限度及其政治与社会后果。正如哈贝马斯在 11 月接受德国《时代》周刊记者采访时所指出的那样，"我的希望是，新自由主义议程不再因其表面价值被接受，而是会被悬置起来。让生活世界听命于市场指令的整个方案要接受严密的审查"[1]。

奥巴马的意义

奥巴马角逐 2008 年美国总统大选并最终获胜，成为当年传媒的一个焦点，也引起了知识界的热烈反响。《纽约时报》发表评论文章指出，这场大选更深层的意义在于恢复美国人民的自尊。八年以来，美国理想的崇高语词被拙劣无能的政治掏空了意义，这导致了恐惧与失落，也剥夺了美国人的自尊。而奥巴自始至终都在努力唤起美国人的信心和希望。

---

[1] "Life after bankruptcy", interview conducted by Thomas Assheuer, the English translation by Ciaran Cronin. (http://www.signandsight.com/features/1798.html) Originally published as "Nach dem Bankrott" in *Die Zeit* (November 6, 2008).

奥巴马的胜利来自"理念的力量":美国能够比过去更好,美国能够超越"9·11"之后的愤怒与恐惧。只要相信美国人民基本的正派、文明和判断力,那么就能够铸造新的政治并且获胜。[1]著名左翼学者艾伦·沃尔夫(Alan Wolfe,波士顿学院政治学教授)在《新共和》上发表文章,认为奥巴马的胜选开启了"美国政治历史的新篇章"——不仅标志着争取种族平等的斗争走向胜利,而且终结了某些共和党政客煽动的"两极化政治"和文化战争。[2]美国作家玛丽·阿拉纳(Marie Arana)在《华盛顿邮报》撰文指出,传媒大肆渲染"奥巴马是美国第一位黑人总统",这不仅是不确切的说法,而且是误导性的。在她看来,奥巴马是第一位"双种族的"和"二元文化的"(biracial and bicultural)总统,而这具有更重要的意义:他是种族之间的桥梁,是宽容的象征,是必须抛弃"严格种族分类"的信号。[3]哈佛大学法学教授劳伦斯·特里布(Laurence Tribe)曾是奥巴马的老师。他自己在1960年代经历了对民主政治的激情与幻灭,而40年之后又在奥巴马身上看到了民主政治的新希望。[4]

左翼刊物《异议》在大选结束不久组织专题讨论,十多位学者发表评论。[5]著名哲学家查尔斯·泰勒分享着人们的欢庆喜悦,因为"我们避免了民主之精华被民主手段所掏空的那种恐怖局面"。但他同时告诫人们,每当不可想象的新事物要成为现实,其反对力量将会更为猖獗地予以抗拒。因此我们必须提防"松懈"的诱惑——这也是奥巴马在胜选当晚的演讲之深意所在。在迈克尔·沃尔泽(《异议》共同主编)看来,奥巴马无疑是"魅力型"人物,但要实现其政治抱负仅有魅力是不够的。沃尔泽认为,

---

[1] Roger, "Cohen, Perfecting the Union", *The New York Times*, November 5, 2008.
[2] Alan Wolfe, "Dixie Shtick", *The New Republic*, November 19, 2008.
[3] Marie Arana, "He's Not Black", *The Washington Post*, November 30, 2008: B01.
[4] Laurence H. Tribe, "Morning-After Pride", *Forbes*, November 5, 2008.
[5] "The Day After", Dissent Up Front Online Argument and Commentary. (http://dissentmagazine.org)

奥巴马的政治诉求具有内在的紧张：一方面他反对党派分裂、倡导团结，另一方面他主张的政策具有激进左翼的倾向。这可能迫使他不得不变得更为激进，或许需要通过（1930年代和1960年代的）社会运动模式来寻求广泛的支持。沃尔泽相信，在这个潜在的政治转型时刻，左翼知识分子是大有可为的。

自由市场与道德腐败

在过去十多年中，市场经济及其对人们的习惯、信仰与制度的全球性影响已经受到广泛关注，而最近的金融危机使这一问题变得更为迫切。以雄厚资金赞助科学与宗教问题研究而闻名的约翰·坦普尔顿基金会，今年将其"大问题"（The Big Questions）系列论坛聚焦于市场与道德的关系问题，邀请13位著名学者和公共人物就"自由市场会侵蚀道德品格吗？"这一问题各抒己见，汇编为一部30页的文集在秋季发布。[1] 随后，又在伦敦举办了相关的研讨会，引起热烈的反响。就基本倾向而言，绝大多数作者为自由市场作了道德上的辩护，或者有所保留的辩护。当然，重要的不是他们的立场，而是各自的论述。

贝尔纳-亨利·莱维（Bernard-Henri Lévy，法国哲学家、著名公共知识分子）以他惯用的曲折笔法作出回应。他首先指出，那种以金钱和物质主义作为衡量万物的标准、免除了所有规则而只是被贪婪所支配的自由市场，当然会败坏我们的灵魂。历史上许多哲学家和宗教思想家都表达过类似的观点。但转而指出，需要警觉的是，这也是每个时代的法西

---

[1] "Does the Free Market Corrode Moral Character? Thirteen Views on the Question", John Templeton Foundation. (www.templeton.org, Autumn 2008)

斯主义和其他极权主义的一个核心论题。因此,这个问题实际上要比表面上看起来复杂得多。我们不能(绝不能)将"市场就是并只能是腐败的"看作一个确定的真理。首先,如果市场是腐败的,那么各种对市场的否定也绝对是腐败的。其次,如果这些腐败必须被划分等级,那么通过否定市场而生成的法西斯主义、极权主义的腐败则明显地更为深重和致命、更加无可挽回。最后,自由市场仍然保有一种促进社会化和相互承认的因素,这也是与腐败对立的因素。他的结论是,自由市场并不侵蚀道德,相反会强化人们的道德防卫,但前提条件是,必须服从规则和拒绝那种不受驯服的资本主义的诱惑。

杰格迪什·巴格沃蒂(Jagdish Bhagwati,哥伦比亚大学经济学与法学教授)是经济全球化的坚定辩护者,他认为全球化的自由经济不仅创造了财富的扩展蔓延,而且在伦理上具有积极意义,增进了人们的道德品格。首先,改变贫困本身就具有伦理意义。其次,全球化在男女平等、儿童就学方面具有正面的效果。最后,他用世界各地对中国汶川大地震的强烈反应这一事例表明:全球化在原本遥远而陌生的人们之间建立了感情纽带,人们因此而更多地倾向于彼此关怀和同情。

约翰·格雷(John Gray,伦敦政治经济学院荣休教授)认为,自由市场一方面侵蚀了某些传统美德,但在另一些方面增进了新的道德(尤其是个人的自由选择)。在总体上的利弊判断与文化相关,取决于一个人对"良善生活"的想象。格雷指出,没有任何一种经济体系能够促进所有类别的道德,因此不能以理想模式作为评价标准,而要比较各种现实可行的经济体系,它们各自所张扬的道德品格各有不同。自由市场存在道德危险,这一事实并不意味着其他经济体系能做得更好。实践中的计划经济更严重地瓦解了道德。因此,真正的选择并不是在自由市场和中央计划这两种抽象的模式之间抉择,也不是选择市场与管制的某种特定的混合,而是在不同的历史状况下,选择不同的混合。但无论如何,一种现代市场经济不能置道德问题于不顾。

迈克尔·沃尔泽(著名政治哲学家、普林斯顿高等研究院终身研究员)指出,民主政治与自由市场都会产生巨大的竞争压力,人们在这种压力下都可能无视行为规则并为此辩解,从而侵蚀道德品格(从"水门事件"到"安然公司丑闻"都证实了这一点)。但竞争也会促进合作、友谊、尊重和团结等美德。政治竞争和经济竞争一样,都无法完全排除道德上的风险。但在西方国家,这两种竞争表现出相当不同的道德状况。目前公共生活最严重的腐败不是来自政治领域,而是发生在经济领域。宪政民主成功地制止了最恶性的政治腐败,因为公众对政治精英具有高度的警觉,并能依靠制度化的机制不断地与政治违规行为斗争。但是,在目前的经济生活中,市场行为没有受到类似的宪法制约。最近几十年以来,经济精英的傲慢达到了惊人的地步,几乎可以为所欲为。这样一种不受约束的经济权力(正如阿克顿所指出的)当然会导致极度的腐败。

1968 激进运动:40 周年的纪念与反思

1960 年代是激进政治与文化反叛的狂飙时代,新左翼运动在 1968 年达到高潮,随后开始走向衰落。在 40 年之后,欧美知识界与传媒对 1968 年的纪念活动再度活跃。BBC 第四频道推出系列纪录片,从多个角度讨论 1968 年运动。[1] 其中 4 月 30 日播出的《1968:哲学家走上街头》(*1968:*

---

[1] 这个系列包括:*1968: It's Not Just about the Music*; *1968: Day by Day*; *1968: Day by Day Omnibus*; *1968: Notes from the Underground*; *1968: Philosophy in the Streets*; *1968: Rivers of Blood*; *1968: Sex, Telly and Britain*; *1968: The Sixty-Eighters at Sixty*; *1968: The Year of Revolutions* 等。

Philosophy in the Streets）采访了阿兰·巴迪欧、艾蒂安·巴利巴尔（Étienne Balibar）、西蒙·克里奇利（Simon Critchley）和斯拉沃热·齐泽克等著名左翼学者，回顾"五月风暴"期间哲学家如何走出象牙塔参与运动，思想革命的风潮从巴黎传向世界。6月19日—22日在芝加哥召开的"2008社会主义大会"（Socialism 2008）上，来自世界各地的左翼活动家热烈讨论如何继承1968年的革命传统，在当下的资本主义危机中复兴社会主义的政治运动。[1]

2008年春季号的《异议》推出"1968专题讨论"[2]，邀请十位著名左翼作家和知识分子探讨1968年的遗产。罗宾·布莱克本（Robin Blackburn，《新左派评论》前主编、纽约社会研究新校教授）指出，当时的运动虽然遭到挫败，但表面上获胜的反动势力（戴高乐、尼克松和勃列日涅夫）已经成为行尸走肉，而"变革精神的觉醒"作为1968年的重要遗产留存下来。今天与40年之前的不同之处在于，当年高喊的"革命"实际上意味着"变革"，而今天呼吁"变革"的力量可能会让正义立于世界之巅。迈克尔·卡津（Michael Kazin，乔治敦大学教授）认为，在美国，1968年后的左翼力量基本掌控了好莱坞和大学这两大堡垒，通过传媒和教育界，对公共文化产生了巨大冲击，最近的美国总统大选反映了这种影响。米切尔·科恩（Mitchell Cohen，《异议》共同主编）通过对运动历史的反思，主张当代左翼要学着同时成为"六八年一代"和"妥协的社会民主派"，这意味着结合抗议性的社会运动和制度性的民主参与，来推动进步的政治事业。迈克尔·沃尔泽（《异议》共同主编）指出，左派在今天与40年前面对一个同样的挑战，那就是如何"坚持反潮流的观点且

---

[1] "Socialism 2008: A Weekend of Revolutionary Politics, Debate and Discussion".(http://www.socialismconference.org/)

[2] "Symposium 1968: Lessons Learned", *Dissent*, Spring 2008.

同时与人民大众保持联系"。他认为正确的战略是着眼于日常政策问题。而拉尔夫·菲克斯（Ralf Fuecks，德国绿党前主席）也认为，在日常实践中发现政治，从内部和底层着手切实改善社会，也是1968年的重要遗产。

"1968年的意义"之所以一言难尽，是因为这场运动从来不是统一同质的现象，而具有多样复杂的面向，在世界范围也存在地域的差异。1968年的教训和成就同样明显。一方面，这场革命并没有如其所愿地根本改变资本主义世界的政治和经济制度，甚至在1968年之后出现了保守主义势力的强劲回潮，主导了近40年来的西方政治和经济生活。另一方面，"六八年一代"在文化变革方面获得了巨大成就，始终在公共领域的民主辩论中发出"批判性的异见"，在种族、人权、社会正义与平等、女权、同性恋和身份认同等问题上改写了主流价值观念。

数码时代的文化愚昧

最新一轮的技术革命（电脑、互联网以及各种多媒体数码通信技术）与人类历史上曾有过的科技突破一样，正在改变我们的文化。但是，知识界对这场"文化范式转换"造成的文化衰落却一直存在忧虑。2008年出版的几部著作则发出更为迫切的警告："E时代"的青年可能正在走向新的文化愚昧。这些著作引起广泛而热烈的讨论。

美利坚大学语言学教授娜奥米·巴伦（Naomi S. Baron）的《总是开着：在线与移动世界中的语言》[1]，以长达10年的研究，揭示了网络和短信文体对书写语言的冲击。数码时代强化了年轻人对语言规范"无所谓"

---

[1] Naomi S. Baron, *Always On: Language in an Online and Mobile World*, Oxford University Press, 2008.

的态度，结果削弱了学生写作正规文本的能力。而且，越来越多的人以"虚拟关系"代替直接交往，使人变得隔绝、专注于自我。而最有危害的是，由于"总是开着"（各种设备）而同时分心忙于多种事情，这种"一心多用"习惯降低了思维、反省和表达的品质。作者的告诫是，要学会"关掉"，而不要总是"开着"。知名作家尼古拉斯·卡尔（Nicholas Carr）的《大转换：重连世界，从爱迪生到谷歌》[1]是今年《华尔街日报》评选的畅销书，《大西洋月刊》以"封面故事"推荐了他的相关文章——《谷歌正在让我们变得愚蠢吗？》[2]。卡尔的著作具有一种历史视野，阐述每一次技术革命都对既有的文化方式产生了冲击。他认为，互联网正在给我们的大脑"重新布线"，让我们适于"快速浏览"而不是持续的专注（认真阅读、听讲或写作长文）。我们在"谷歌"中丧失了专注和沉思，甚至没有耐心读完网络上的长文章，更不用说书籍。埃里默大学英语教授马克·博伊尔莱因（Mark Bauerlein）的著作有一个骇人听闻的书名：《最愚笨的一代：数码世代如何麻痹了年轻的美国人并危及我们的未来（或，不要相信任何30岁以下的人）》。[3]作者以统计数据表明，目前美国大学生的整体素质下降：语言能力减弱、专注力丧失，学业规范意识淡薄而且知识贫乏。美国的年轻一代变得执迷于同伴的娱乐和时尚。他们愚笨而无知，自尊心却很强，因此无法接受批评。作者认为，这是整个大众文化与数码技术合谋造成的结果。著名作家苏珊·雅各比（Susan Jacoby）的《美国的无理性时代》[4]成为今年《纽约时报》评选的畅销书，其主题延续了理查德·霍夫施塔特（Richard Hofstadter）在1963出版的经典著作《美国生活中的反智主义》。

---

[1] Nicholas Carr, *The Big Switch: Rewiring the World, From Edison to Google*, W. W. Norton, 2008.
[2] Nicholas Carr, "Is Google Making Us Stupid?", *The Atlantic*, July-August 2008.
[3] Mark Bauerlein, *The Dumbest Generation: How the Digital Age Stupefies Young Americans and Jeopardizes Our Future, or Don't Trust Anyone Under 30*, Tarcher/Penguin, 2008.
[4] Susan Jacoby, *The Age of American Unreason*, Pantheon, 2008.

雅各比认为，当今美国的反智主义达到了史无前例的高峰，突出体现在对无知毫无羞耻感，并完全漠视理性和客观真理。她的分析批判涉及广泛的政治与流行文化（包括庸俗化的大众科学、追逐明星的媒体、"政治正确"的观念、大学教学水准的衰落、原教旨主义以及道德相对主义等），其中也指出了新技术对反智主义文化起到的推波助澜作用。针对这些讨论，美国《高教纪事》连续两期发表长篇评论文章《论愚蠢》[1]。作者指出，每一次技术革命都会有所丧失，年轻一代的"数码原住民"正在适应新的"文化范式转换"，这个过程会产生许多困扰，必须以有效的新教育方式（包括合理利用新技术和媒体）来对抗文化的衰败。

关于《犹大福音》的争论

近两年来，关于《犹大福音》（Gospel of Judas）的翻译和阐释工作在西方学界、宗教界和公众当中引起广泛关注，也激发了热烈的争论。2008年5月《高教纪事》发表长篇采访报道，详细披露了关于《犹大福音》争论的来龙去脉。[2]

《犹大福音》是一部失传已久的古经，目前这个抄本以古埃及的科普特文（Coptic）写在莎草纸上，于1970年代末在埃及的洞穴中被一位农夫发现。经多种方法做年代测定，证实为公元280年（误差±50年）的抄本。经过多年的辗转周折，最终被美国"国家地理学会"以及两家基金会购买，获得共同保存以及鉴定和研究的使用权（研究结束之后要归还给埃及的博物馆收藏）。国家地理学会组织了以马文·迈耶（Marvin

---

[1] Thomas H. Benton, "On Stupidity", *The Chronicle of Higher Education*, August 1, September 5, 2008.
[2] Thomas Bartlett, "The Betrayal of Judas", *The Chronicle of Higher Education*, May 30, 2008.

Meyer）教授为首的专家研究团队，在 2006 年初完成了 26 页（原文共有 66 页）的修复、重组和翻译工作，并在 4 月 6 日召开发布会，报告了他们的翻译研究成果，其令人震惊之处在于完全改写了以往的犹大形象以及他与耶稣的关系。根据他们对《犹大福音》的研究，犹大不是教会正统教义所描述的那个出卖耶稣的叛徒，而是耶稣忠实的门徒、亲密的心腹和朋友。所谓"出卖"耶稣其实是耶稣授意所为。发布会立刻引起轰动，世界各大报刊传媒竞相报道，国家地理电视频道还于 4 月 9 日播出了一部长达两小时的纪录片，收看观众多达 400 万人，随后研究小组成员出版的相关书籍也极为畅销，由此引发了为犹大"平反昭雪"的热潮。与此同时，许多教会人士纷纷出面告诫，《犹大福音》是异端的经文，不足为信。

然而，平反热潮和警告反驳似乎都过于匆忙了。因为那些所谓"异端"内容可能并非《犹大福音》的文本原意，而是来自那个（被称为"梦幻团队"）专家小组在研究中的失误和过度阐释。一些宗教学家和圣经学者开始质疑迈耶等人对文本翻译和阐释的权威性，其中莱斯大学的圣经学研究教授阿普丽尔·德科尼克（April DeConick）提出了严厉的批评，指出在耶稣对犹大评价的关键段落中，迈耶等人的译文甚至与文本原意完全相反。她在《纽约时报》上公开了她的鉴定和批评，引起同行之间的争论。多数学者认为目前的译文存在错误，但对于错误的性质和严重性尚有分歧。迈耶仍然在为自己辩护，但他的团队内部也出现了批评的声音。无论如何，目前专业学者（包括迈耶本人和他的团队成员）都不再支持或者热衷于所谓"英雄犹大的新发现"。《犹大福音》所引发的热烈喧哗可能会慢慢平息。

2008年人文学科重要奖项

美国国会图书馆12月3日宣布,彼得·布朗(Peter Robert Lamont Brown)和罗米拉·塔帕(Romila Thapar)共同获得2008年"克鲁格人文与社会科学终身成就奖"。[1] 布朗1935年出生于爱尔兰,在牛津大学获得博士学位,目前是普林斯顿大学历史系教授。他是一位卓越的教师和学者,能阅读15种语言的文献,早年受到法国年鉴学派的影响。他的研究开阔了学术界对晚期古代历史的理解,重新书写了地中海世界2世纪到11世纪的历史,特别是对罗马帝国的终结、基督教的出现以及伊斯兰教在地中海内外的兴起等方面的研究作出了杰出贡献。塔帕现年77岁,是印度尼赫鲁大学(Jawaharlal Nehru University)古印度史的荣休教授。她的学术研究通过细致考察印度文明两千年的演进过程,探寻其历史意识,从而开辟出关于印度文明的一种全新的更为多元的视野。对于这两位历史学家毕生的工作,国会图书馆的詹姆斯·比林顿评价说:"布朗是我们这个时代最具文学性和可读性的历史学家之一,把基督教一千年间一些鲜为人知的魅力人物,活生生地呈现在我们面前……塔帕则运用大量的远古资源和各种语言,全面介绍着现代社会科学,帮助我们更好地理解传统印度文化的丰富性和多样性。"布朗和塔帕是克鲁格奖的第六位和第七位获奖者,他们分享了100万美元的奖金。

2008年度坦普尔顿奖授予72岁的波兰宇宙学家、物理学家、哲学家及天主教牧师迈克尔·海勒(Michael Heller)。[2] 兼具科学家与神学家双重身份,海勒提出并始终关切的一个根本主题是:宇宙是否需要具有涵义?在其30部论著中,这个主题在相对论、量子力学、几何学以及科学

---

[1] http://www.loc.gov/today/pr/2008/08-225.htm.
[2] http://www.templetonprize.org/news.html.

历史等领域获得充分展开。对于海勒的贡献，坦普尔顿基金会总裁小约翰·坦普尔顿说："他的创造性工作显示出物理学、哲学与神学这三个人文领域能够彼此关联；科学与宗教的相互影响可以取得丰硕的成果，却不会对科学的自主性造成丝毫破坏。"海勒获得了82万英镑（约为160万美元）的奖金。

2008年度霍尔堡国际纪念奖授予美国杜克大学比较文学教授弗雷德里克·詹姆逊，他获得450万挪威克朗（约75万美元）的奖金。[1] 颁奖词赞誉他"对理解社会构成与文化形式的关系作出了杰出的贡献"。詹姆逊是当代世界最重要和最有影响的文化理论家之一，也为中国学术界所熟知。他的许多著作被翻译为中文出版，对于中国学者理解文化批判、马克思主义和后现代主义理论产生了深远的影响。此前的获奖者包括朱莉娅·克里斯蒂娃（2004）、尤尔根·哈贝马斯（2005）、舍穆尔·艾森斯塔特（2006）和罗纳德·德沃金（2007）。

2008年辞世的学者与作家

被称为"俄罗斯民族良心"的诺贝尔文学奖获得者亚历山大·索尔仁尼琴（Aleksander Solzhenitsyn）于2008年8月3日辞世，享年89岁。从《伊凡·杰尼索维奇的一天》到《第一圈》《癌症楼》，再到惊世之作《古拉格群岛》，这位始终持不同政见的作家揭露和抨击了斯大林主义。这使他大半生都流亡异乡。在美国的20年间，索尔仁尼琴继续记录俄国革命历程，著书《红轮》。然而在他心中，美国并非自由的化身。在1978年哈佛大学

---

[1] http://www.loc.gov/today/pr/2008/08-225.htm.

毕业典礼的发言中,他对美国精神之脆弱性予以批判,指出美国人正在丧失勇气和刚毅,而陷于鄙俗的物质主义泥沼。苏联解体后,他于75岁的高龄回到祖国俄罗斯;2007年与普京会面,并获得俄罗斯联邦国家奖。

2008年2月27日,美国保守主义奠基人威廉·巴克利(William F. Buckley)病逝,终年82岁。1951年,年仅25岁的巴克利就进入公众视野,在耶鲁大学建校250周年之际发表著作《上帝与耶鲁人》(God and Man at Yale),批判自己的母校已经背离其最初的教育使命,一时激起知识界的热烈辩论。1955年,他创建了《国家评论》(National Review),成为20世纪美国保守派运动的重镇。巴克利主张将传统的美国政治保守主义与放任政策及反共产主义相融合,这一思想奠定了以前总统里根等为代表的现代美国保守主义的基础。1991年,老布什将总统自由勋章授予巴克利。2004年,巴克利指出新保守派"高估了美国的力量与影响力"。

法国文学巨匠阿兰·罗伯-格里耶(Alain Robbe-Grillet)于2月18日去世,享年85岁。罗伯-格里耶著有《橡皮》《窥视者》《嫉妒》等书,以其"非正统叙事"闻名于世,被公认为1960年代"新小说派"的先驱人物。他的剧本创作《去年在马里昂巴德》由法国新浪潮大师阿伦·雷奈拍成电影,获得奥斯卡最佳原创剧本奖提名和威尼斯电影节金狮奖。此后,罗伯-格里耶亲自执导电影,代表作有《不朽的女人》《撒谎的男人》等。

约翰·莱昂纳德(John Leonard),美国著名文学、影视及文化评论人,美国国家图书评论终身成就奖获得者,11月5日病逝,终年69岁。莱昂纳德曾担任《纽约时报书评》主编,为《新共和》《华盛顿邮报》等报刊撰稿。他是首位向美国引介诺贝尔奖获得者托妮·莫里森和加西亚·马尔克斯的书评人。

12月24日,美国著名政治学家塞缪尔·亨廷顿与世长辞,享年81岁。亨廷顿在纽约出生,16岁考入耶鲁大学,1951年在哈佛大学获得博士学位（当时还不到24岁）。从1950年开始，他在哈佛大学政治系任教，直到2007年荣休。亨廷顿的主要研究领域是美国政治、比较政治学和政治发展理论，发表了17部著作和90多篇学术论文。代表作包括：《变化社会中的政治秩序》(1968)、《难以抉择：发展中国家的政治参与》(1976)、《第三波：20世纪后期民主化浪潮》(1991)、《文明的冲突与世界秩序的重建》(1996)以及《我们是谁：对美国民族认同的挑战》(2004)。他的研究著述被广泛引用，也引起许多争议。（参见"附录"《告别亨廷顿》）

12月24日圣诞前夜，哈罗德·品特（Harold Pinter）因患癌症逝世，享年78岁。品特被认为是英国继萧伯纳之后最重要的剧作家。他深受贝克特和尤奈斯库的影响，是荒诞派戏剧的代表人物。早年曾就读皇家艺术戏剧学院。27岁时发表处女作《房间》，引起关注。代表作包括《生日聚会》《看门人》《情人》《回乡》以及电影剧作《法国中尉的女人》等。他的写作具有高度独创性，使得"品特式风格"（Pinteresque）一词被收入正规英文词典。瑞典皇家科学院2005年授予品特诺贝尔文学奖，在颁奖公告中赞誉"他的戏剧发现了在日常废话掩盖下的惊心动魄之处，并强行打开了压抑者关闭的房间"。

2009 年

柏林墙：20 年后的纪念与思考

柏林墙不只是一幢建筑。它是分割东西德国的铁幕，也是冷战两大阵营对垒的超级象征物。它并没有自行"倒塌"而是被人们"拆毁"，是意志行动的结果。于是，1989 年被铭记为一个历史时刻，柏林墙的拆毁被视作一场革命的标志。20 年过去了，那个历史时刻再一次成为举世瞩目的中心。从今年初开始，相关的纪念活动、学术研讨会、书籍、文章以及影像作品纷至沓来。11 月 9 日在柏林墙原址举行了一场盛大的庆典，当 1000 块巨型的"多米诺骨牌"相继倒下，欢呼的声浪掠过柏林的夜空。12 月 1 日，欧盟新条约《里斯本条约》正式生效。但是，"完整而自由的欧洲"只是故事的一部分。东欧的剧变既带给人欣悦与希望，也让人不安、疑虑甚至幻灭。因此，"20 年之后的思考"比庆典更值得关注。

牛津大学欧洲史家阿什（Timothy Garton Ash）以研究"东欧剧变"而蜚声学界。他在今年发表多篇文章，对最新的相关研究作出分析评论，并提出自己的见解。1989 年剧变的一个重要特征是其突发性，当时几乎无人预料。但事后却有不少人作出一种"后知之明"的判断，认为这是注定要发生的革命。阿什反对这种决定论式的解释，指出当时的局势实际上存在着多种可能的走向，而各种力量的交汇互动，以及某些偶然性的因素（甚至包括媒体的错误报道），促成了形势急转直下，直到不可逆转的时刻。在对剧变之成因的探究中，目前的研究各有侧重，有些注重领导人（戈尔巴乔夫、里根、老布什以及教皇约翰·保罗二世等）的作用，有些则强调"公民运动"（波兰的团结工会、捷克的公民论坛以及各种民间抗议活动）的力量。阿什坚持主张，各地人民的集体行动是1989年革命的主导力量。他反对所谓"西方阴谋论"的主张。的确，西方或明或暗地卷入其中，但在任何一场当地的抗议运动中西方势力都没有决定性的影响。实际上，"宣称西方阴谋本身就是当地政治斗争的组成部分，力图在反西方的公共舆论中剥夺反对派领袖的资格，以叛国的理由封锁他们"[1]。阿什认为，整个东欧的剧变当然具有国际背景，但在1989年的最后几个月中，美苏两国领导人对时局的反应是消极被动的，而他们谨慎克制的主要原因是出于对形势的误判——他们不相信会有重大的变局，他们"低估了小国寡民之作为的意义"。大国由于误判而做出了正确的决定，"通过无所作为'创造'了历史"。[2]

在阿什看来，这场剧变的第二个特征是以和平方式完成的，即所谓"二月事件"。"如果1789年式的革命图腾是断头台，那么1989年革命的标志是圆桌。"它的行动主体不是阶级联盟，而是广泛的社会大联合；运动的高潮不是恐怖暴力，而是妥协谈判。[3] 抗议运动所追求的目标不是全新的乌托邦，而是在世界其他地方已经存在的政治法律制度和社会经济安排，甚至是指向当地曾经的传统（所谓"重返欧洲"）。阿什相信，"二月事件"

---

[1] Timothy Garton Ash, "Velvet Revolution: The Prospects", *The New York Review of Books*, Vol. 56, No. 19, December 3, 2009.

[2] Timothy Garton Ash, "1989！" *The New York Review of Books*, Vol. 56, No. 17, November 5, 2009.

[3] Timothy Garton Ash, "Velvet Revolution: The Prospects".

作为一种范式具有深刻的启示，但它并不普遍适用。其适用性取决于每个国家的具体国情，也取决于国际关系的形态。

究竟应当如何看待1989年的遗产？捷克前总统哈维尔在最近的一次访谈中总结说，"当时的基本理想实现了，这包括自由选举、民主程序、言论自由等。我们没有放弃或背离这条道路。但是，一切都比我们当初设想的要困难得多，一切都需要更长的时间"[1]。也许，值得探讨的还不只是"道路有多么曲折"，更重要的问题是"前途是否光明"或者"方向是否正确"。这正是左翼明星学者齐泽克关注的主题。[2] 许多人或许相信，剧变之后没有真正的民主，是因为他们还没有生活在真正的资本主义之中。但齐泽克认为这是一种幻觉。人们所谴责的并不是什么"变态的伪资本主义"，它就是资本主义的现实。

新资本主义还是新世界？

距离"二月事件"不到20年，世界经济出现了严重的危机。今年5月，著名法律经济学家波斯纳（Richard Posner）发表新著，其书名点出了他对这场经济危机的诊断：这是"资本主义的一场失败"（中译本将书名做了更为耸动的修饰，译作"资本主义的失败"）[3]。反讽的是，1989年的幻灭感似乎在20年后再度出现，却是以"命运逆转"（reversal of fortune）的方式指向"资本主义"——这个许多人曾天真而热烈地寄予的希望。在历经了双重幻灭之后，未来的希望何在？人们是否会像20年前"拥抱资

---

[1] Susan Glasser, "The FP Interview: Vaclav Havel", *Foreign Policy*, December 9, 2009.
[2] Slavoj Zizek, "20 Years of Collapse", *The New York Times*, November 9, 2009.
[3] Richard Posner, *A Failure of Capitalism*: *The Crisis of '08 and the Descent into Depression*, Harvard University Press, 2009.

本主义"那样热切地投身于对社会主义的期望？

2009年的西方思想界，既有"复兴社会主义"的呼吁，也有"改造资本主义"的诉求。但是，无论是"复兴"还是"改造"，都必须面对曾经的历史教训。左翼（托派）理论家伍兹（Alan Woods）认为，当前的危机显示，人民需要的不是资本主义而是社会主义，但不是过去那种官僚集权式的社会主义——这种歪曲版的社会主义导致了1989年的剧变，最后演变为一场"反革命运动"。我们需要返回"真正的民主社会主义——马克思、恩格斯、李卜克内西和罗莎·卢森堡的社会主义"[1]。同样，许多资本主义的辩护者，也诉诸"理想的"而非"现实存在的"（也是陷入危机的）资本主义。在新的思想辩论中，每一方都将现实中的失败归咎于（社会主义或资本主义的）不良"变种"，而其"纯正的"版本似乎永远立于不败之地。"冷战思维"作为一种认知模式与政治想象，并没有随着柏林墙的崩塌而消失，甚至深藏在许多冷战思维指控者自身的批判意识中。但我们仍然需要这类标签吗？或者，我们应当给旧的标签赋予新的意义？

2009年1月，巴黎举办题为"新资本主义、新世界"高峰论坛。欧洲许多政要（包括法国总统萨科奇、英国前首相布莱尔和德国总理默克尔）以及一些国际著名学者参加了这次论坛。政要们竞相发表改良资本主义的各种见解，但与会的阿马蒂亚·森提出了更切中要害的问题："我们应当寻求一种'新资本主义'还是一个'新世界'？"在他看来，"资本主义这一理念在历史上确实具有重要的作用，但到了今天，其有效性很可能基本耗尽了"。他通过对亚当·斯密的重新解读发现，斯密等早期思想家所主张的市场观念与当代流行的资本主义模式，具有两个重要的区别：他们"没有将纯粹的市场机制当作一种独立的最优运行者，也没有将利

---

[1] Alan Woods, "The Fall of the Berlin Wall: 20 Years Later". (http://www.marxist.com)

润驱动当作所需的一切"。森主张，我们必须同时把握斯密的两个思想要义：一是对市场运作有限度的肯定，一是对市场自足性和唯利润主义的批判。这意味着我们所寻求的不是一种新的资本主义，甚至不是经过凯恩斯主义平衡的资本主义。因为凯恩斯主要关注的仍然是稳定市场波动，而很少论及公共服务和社会公正。我们必须基于对市场、社会和国家各种机制的清醒认识，来寻求一种新的更正派的经济世界。[1] 森的言下之意是：如果仍然信奉市场自足性与利润最大化是资本主义的核心要旨，那么资本主义的任何改良版都不是我们所寻求的"新世界"。

备受瞩目的中国模式

在柏林墙纪念活动的"多米诺骨牌"表演中出现了意味深长的一幕：相继倒下的999块骨牌，最后停在一块没有倒下的汉字石碑上（上面刻着陆游的《钗头凤》）。这或许是暗示或象征了中国是社会主义最后的中流砥柱，屹立不倒。中国30年来的持续高速发展也许是冷战后最出乎西方预料的一个现象。中国似乎摆脱了非此即彼的选择：它是社会主义的，又是市场经济的，它是全球化的，又是中国特色的，超出了二元对立的视野。在2009年，西方知识界对中国崛起的讨论更趋热烈。

2月下旬，温室论坛（Glasshouse Forum）在巴黎郊外举办了一个学术高峰会议，邀请十多位中西著名学者聚集讨论"存在一个中国模式吗"。有学者认为，以中国所处的发展阶段以及目前存在的各种问题而论，现在就宣布存在所谓"中国模式"为时过早。而大多数学者都承认，无论

---

[1] Amartya Sen, "Capitalism Beyond the Crisis", *The New York Review of Books*, Vol. 56, No. 5, March 26, 2009.

是否称得上"模式",中国独特的发展经验值得高度重视,而且具有全球性的影响。许多与会者对中国经验的示范意义以及未来的前景仍然存在分歧。[1]

美国《国家利益》杂志今年两次刊登有关中国崛起的辩论。在《龙来了》的标题下,弗里德伯格(Aaron L. Friedberg)与罗斯(Robert S. Ross)就"中国是一种军事威胁吗?"展开辩论。文章的引言如是写道:"一种威胁在东方隐约迫近。中国的军事力量正在前所未有地增长,或许不久就会使我们失去太平洋霸主的地位。但北京真的怀有统治世界的幻想吗?罗斯认为,美国的创新和同盟关系将阻止中国的进展,而弗里德伯格则相信,华盛顿在21世纪的这场军备竞赛中危险地落后了。"整个讨论透露出"中国威胁论"的气氛,双方关切的焦点在于中国是否会在军事上领先美国,而很少考虑中国军事的强盛对促进世界的可能。[2] 在另一次题为《中国的颜色》的讨论中,裴敏欣和乔纳森·安德森(Jonathan Anderson)就中国经济的前景展开激烈辩论。裴敏欣持较为悲观的态度,他认为环境的恶化、民众的难以掌控、大规模基础建设的隐患、发展的社会成本过高以及发展失衡等等因素,会造成严重的负面效应,对此不可低估。他的基本判断是:"如果中国不做必要的变革,将会面对远比低速增长要严重得多的后果……"而安德森则相信,中国GDP势不可挡的增长力量会继续走强,甚至会打破世界纪录。在未来10到20年内,中国出现经济滑坡的可能性要比大多数人的预计低得多。他在回应中写道:"要想证明中国的崛起终将失败,仅仅含糊地指出发展的失衡或断言其经济不能完全维持原先的增长是远远不够的。这需要发生一场能将中国推出

---

[1] 此次讨论会制作了视频记录:http://www.glasshouseforum.org/news_film_chinamodel_complete.html。

[2] Aaron L. Friedberg and Robert S. Ross, "Here Be Dragons: Is China a Military Threat?", *The National Interest*, September/October Issue, 2009.

发展轨道很长时间的、明确的、根本性的危机，而且危机还要及时发生，在5到10年之内。"安德森确信，虽然裴敏欣指出了中国经济在长程发展中面临的种种挑战，但完全没能证明存在那个正在迫近的危机。[1]

日本《中央公论》今年9月号刊登日裔美籍学者福山关于中国问题的演讲和访谈。福山指出，中国的政治文明具有独特的传统，并对亚洲地区的现代化发展产生了深远的影响，"这是支撑了第二次世界大战后的东亚经济奇迹的宝贵传统"。他相当重视中国30年来的发展经验，认为其长程的结果是检测"历史终结论"的重要案例。同时，他也强调指出，"真正的现代政治制度除了强大的有能力的国家机构外，还需要同时具备法治和问责"。建立这种现代政治秩序会经历挫折，过程也会是漫长的。但从长远看来，这个过程是必需的。[2]

马丁·雅克（Martin Jacques）今年的新著《当中国统治世界》格外引人注目。在6月发行英国版后，11月又推出美国版（副书名略有改动）。[3] 著名史学家霍布斯鲍姆为其背书，重要的西方报刊纷纷发表了书评和讨论。作者本人受邀在世界各地的许多机构演讲，频频接受媒体（包括中国中央电视台）访谈。有评论注意到书名的用词：使用"当"而非"如果"，意味着"中国统治世界"已经不是"会不会"的问题，而是迟早要来临的现实，其结果将是（副书名中的）"西方世界的终结"。雅克承认，之所以使用有些"耸动"的书名，是针对流行的观念发出告诫与警醒之声：西方人久已习惯用自己的认知框架来理解中国，而且想当然地将自身的

---

[1] Minxin Pei and Jonathan Anderson, "The Color of China", *The National Interest,* March/April Issue, 2009.
[2] "日本よ中国の世紀に向き合え"（《中央公论》2009/09号）。此文由东京大学王前先生翻译为中文，供笔者参考援引，特此感谢。
[3] Martin Jacques, *When China Rules the World: The Rise of the Middle Kingdom and the End of the Western World,* Allen Lane, 2009; *When China Rules the World: The End of the Western World and the Birth of a New Global Order,* Penguin Press, 2009. 英国版的副书名为"中央王国的兴起与西方世界的终结"，美国版的副书名改为"西方世界的终结与一种新全球秩序的诞生"。

历史发展看作普遍必然的现代性模式，但这完全是误解和幻觉。他指出，中国不是西方所熟悉的"民族国家"（nation state），而是一个"文明国家"（civilization state）。中国独特的传统历久弥新，随着目前难以阻挡的迅猛发展态势，将在2050年成为主导世界的最强大的国家。他预言，如果说英国曾是海上霸主，美国是空中和经济霸主，那么中国将成为文化霸主，会开创一种不同于西方的现代性模式，并根本地改变目前的世界格局。到那个时候，"人民币将取代美元成为世界的储备货币；上海作为金融中心的光彩将使纽约和伦敦黯然失色；欧洲国家成为昔日辉煌的遗迹，与今天的雅典和罗马类似；全球公民使用普通话会多于（或至少等于）使用英语；孔子的思想将变得和柏拉图思想一样为人熟知"。那么，所谓"中国统治世界"或者"西方世界的终结"究竟意味着什么呢？雅克的论述似乎在"中国主宰"与"世界多元化"这两种景象之间摇摆不定。一方面，"时间不会使中国更西方化，而会使西方以及世界更中国化"。而另一方面，彼此竞争的多种现代性模式仍然共存，西方人可能会看更多的中国电影、学习汉语、阅读更多的孔夫子，而中国人会更多地学习莎士比亚。[1]

雅克的著作也遭到许多尖锐的批评。英国评论家赫顿（Will Hutton）[2]在《卫报》发表书评，题为《中国处于危机而不是在上升》。与雅克的观点完全相左，赫顿认为，由于认同的不确定性以及经济中隐含的脆弱性，中国无论在硬实力还是软实力方面都不可能获得霸权地位，其威权体制不是力量的源泉而是弱点的根源。"中国同时是巨大而贫穷的、强有力而弱小的，在没有发生根本的政治变迁之前，它将仍然保持这个状况。"[3]

---

[1] "Enter the Dragon", *The Economist*, Vol. 392, Issue 8639, July 11, 2009, pp. 83–84.
[2] 赫顿在两年前曾发表颇有影响的著作《不祥之兆：21世纪的中国和西方》：Will Hutton, *The Writing on the Wall: China and the West in the 21st Century*, Little, Brown Book Group Limited, 2007。
[3] Will Hutton, "China is in Crisis, not in the Ascendant", *The Guardian*, June 21, 2009.

美国政治学家黎安友（Andrew J. Nathan）在评论中指出，雅克的著作是一部危言耸听之作，其中充满犹豫不定的论述。作者说"中国最终注定要成为首要的全球性强国"，又说中国形成的挑战是"文化的"而不是政治或军事的，"在未来 20 年中，中国实质上仍然是维持现状的力量"。但最终，"中国将以它自己的形象重新塑造世界"，"迫使其余世界默许它的行事方式"。而对于中国的民主化前景，雅克告诉我们可以"合理地期望"这种可能，又说"儒家正统学说的力量会使民主化更为困难"，但"从长远来看，中国似乎不太可能阻止民主化的过程"。黎安友认为，雅克论述混乱的根本原因，在于他企图传达某种实际上不存在的东西——中国所特有的"中国性"。黎安友反对这种夸张的特殊主义立场，指出在讨论政治与外交事务的抽象层面上，中国文化与俄国、法国或美国没有多少根本的差异——"所有这些国家都为自身历史感到骄傲、都注重家庭的价值、都偏爱社会秩序和寻求国家安全"。而中国传统也不是铁板一块，其文化内部并不比其他文化更为统一。与其他社会的民众一样，中国人之间也存在对根本价值的分歧和争议。[1] 在另一篇题为《当中国成为第一》的文章中，黎安友指出，"就历史意义而言，中国将成为一种新类型的首领（第一）。中国的支配地位既不是基于技术上的优势，也不是基于殖民其他国家的能力，而主要是基于其人口状况：中国成为最大的经济体只是因为它有最多的人口。就人均水平而言，中国在可预知的未来仍然是相对贫穷的国家"[2]。

---

[1] Andrew J. Nathan, "The Truth about China", *The National Interest*, January/February Issue, 2010.
[2] Andrew J. Nathan, "When China Is No. 1", in *What Matters: Ten Questions That Will Shape Our Future*, McKinsey & Company, 2009, pp. 152–154.

达尔文进化论：在争议与误解中传播普及

在近代科学历史上，查尔斯·达尔文的贡献几乎无可匹敌。进化论具有世界性的、经久不衰的深远影响，它不仅是关于整个生物界生存演化的自然科学，而且对社会科学、宗教和文化领域以及公众的世界观，都产生了难以估量的冲击和启示。今年，适逢达尔文200周年诞辰（2月12日）与《物种起源》发表150周年（11月24日），世界各地纷纷举办纪念活动。英国自然历史博物馆、《自然》杂志、剑桥大学、BBC等机构联合开办了"达尔文200"网站。剑桥大学以"达尔文节"为名，组织多场有关《物种起源》的辩论与研讨活动。进化论与神创论（Creationism）之间的长久辩论今年再度活跃，而梵蒂冈教廷开始抛出新的"调和论"，声称进化论与神创论是相互兼容的。[1] 难以计数的展览会、主题演讲和研讨会、著作与文章以及影视作品，令人目不暇接。

进化论，这个150年前的革命性异端思想，如今已经深入人心。但是，进化论的传播史也是一部受争议、被误解的历史。特别在社会文化领域中，对达尔文思想的普及运用，也一直交织着危险的甚至灾难性的误用和滥用。借助纪念活动掀起的达尔文热潮，许多学者致力于澄清对进化论的误解。

科学史学者谢尔默（Michael Shermer）在《科学美国人》杂志上发表的文章中指出，对于"自然选择"与"适者生存"这两个流行短语，至今仍然存在很深的误解，成为"公众的迷思"。首先，自然选择（"天择"）常被理解为"自然"似乎具有（如人类一般的）选择意向，使"进化"按照既定的方向展开。但实际上，进化是一种过程而不是推动这一过程

---

[1] Chris Irvine, "The Vatican Claims Darwin's Theory of Evolution is Compatible with Christianity", *Telegraph Daily*, February 11, 2009.

的力量，也没有谁在"选择"适合生存的生物——无论是温和的（如养鸽人的优选品种）还是残暴的（像纳粹在集中营挑选牺牲品）。自然选择没有既定方向，也无法预期怎样的变化会对未来的生存有益。其次，更危险的滥用是"适者生存"的口号，常常被解释为"生存完全由你死我活的竞争优势所决定"。实际上，所谓"适者"并非指由力量大小来界定的"强者"。流行的"迷思"以为，"更高大强壮、更敏捷迅速、更能残酷竞争的有机体才会更成功地繁衍后代"，或许如此，但同样可能的是，"更小、更弱、更慢而更善于社会合作的有机体也能同样成功地繁衍"。俄国无政府主义者克鲁泡特金（Peter Kropotkin）在1902年发表的《论互助》（*Mutual Aid*）一书中写道："如果我们问大自然，'谁是最适合的生存者？是那些不断彼此争斗厮杀的，还是那些互相支持帮助的？'我们马上就明白，那些习得了互助习性的动物无疑是最适合的生存者。"因此，谢尔默认为，进化论的正确理解应当同时包括两个论题：自私与无私，竞争与合作。[1]

如果把握这种双重性，我们甚至会在达尔文的洞见中发现对理解当下经济危机的启示。康奈尔大学经济学教授弗兰克（Robert H. Frank）撰文指出，亚当·斯密著名的理论"看不见的手"与进化论中的竞争论题相兼容，但只是整个进化论学说的一种特例。斯密认为，出于自私动机的竞争常常会提升群体的利益，但在达尔文看来，这种竞争依照个体成功的原则展开，未必能提高物种或群体层面上的生存适应性，有时甚至是对群体有害的。在经济活动中，我们会发现竞争增进整体利益的例子（比如企业之间的竞争会有利于整个消费群体），但也可以找到相反的案例。比如，父母都想让子女就读好的学校，纷纷购买好学校附近的住宅，于是导致优质学校周边的房价飞涨。父母们为此更加辛苦地工作挣钱，来

---

[1] Michael Shermer, "Darwin Misunderstood", *Scientific American,* February 2009.

提高自己家庭的购买力。但是，当众多家庭都卷入这场竞争，最终付出的努力会相互抵消，仍然只是少数人能进入优质的学校，而整个群体却付出了高昂的代价。类似地，运动员为争夺奖牌而服用兴奋剂，或者国家之间展开军备竞赛，都同样属于两败俱伤的恶性竞争。对于这类个案，达尔文（关于性别选择）的学说比斯密（"看不见的手"）的理论提供了更好的解释：如果竞争是导向奖赏个体的相对表现优势，那么往往会与群体利益相冲突。弗兰克指出，"通过关注个体利益与群体利益之间的冲突，达尔文已经为现代社会我们所熟知的许多规则确定了基本原理，这些规则包括：在体育比赛中禁用类固醇，在工作场所制定安全和工时规范、产品的安全标准以及施加于金融界的诸多限制"。今天的经济学家通常会将亚当·斯密看作这个学科的奠基人，但弗兰克预言，在100年之后这个位置会被达尔文取代。[1]

片面强调"自私"与"竞争"是对进化论的误解与滥用。但这种迷思主要不应归咎于大众的蒙昧无知。进化论的一些著名捍卫者都倾向于将"适者生存"解读为"弱肉强食"和"优胜劣汰"，其中包括达尔文的亲戚高尔顿（Francis Galton），以及赫胥黎（Thomas Henry Huxley）和斯宾塞（Herbert Spencer）等人。甚至达尔文本人的另一部著作，1871年出版的《人类的由来》(The Descent of Man)，也有多种解读的可能。在历史上，从令人忧虑的"优生学"、粗俗版本的社会达尔文主义，到纳粹德国骇人听闻的"种族净化论"，以及当今世界盛行的极端自利、无情竞争的"生存铁律"迷思，这一切都意味着，进化论在社会和道德意义上的影响是毁誉参半的。因此，我们仍然有必要继续研究和全面理解达尔文的思想，特别是他对于道德生活与意义世界的洞见。[2]

---

[1] Robert H. Frank, "The Invisible Hand, Trumped by Darwin?", *The New York Times*, July 11, 2009.
[2] Brian Boyd, "Purpose-Driven Life", *The American Scholar*, Spring 2009.

"气候门"事件与怀疑派的声音

"抑制全球气候变暖"已经成为人类的共同关切和努力——从 1988 年联合国建立"政府间气候变化专门委员会"（IPCC），到 1997 年《京都议定书》问世；从 2007 年 IPCC 与美国前副总统戈尔（Albert Gore）分享诺贝尔和平奖，到今年年底的哥本哈根气候峰会。"拯救地球"行动的必要性和紧迫性，据说是依据科学界的三项共识：（1）全球气候正在变暖；（2）这在很大的程度上是人为因素造成的"异常"趋势；（3）这会给人类生存环境带来灾难性的后果。但在科学家当中，也一直存在着对"主流共识"的批评者与反对者，他们形成了少数"怀疑派"（其中包括一些声誉卓著的专家学者）。他们的支持者致力于揭露"被压制的真相"——气候异常变暖造成环境危机的说法，完全是一种误解或编造的神话。但怀疑派的声音在媒体舆论中非常微弱，公众甚至闻所未闻。

然而，恰逢哥本哈根峰会召开期间，一个突发事件使局面出现了戏剧性的变化。11 月 20 日，有黑客攻入英国东安格利亚大学气候研究中心（CRU）的服务器，盗走了 60 多兆的数据（包括 1000 多封电子邮件和 3000 多份文件），并在网上陆续公布。其中有迹象表明，气候研究领域的一些著名学者涉嫌伪造和操纵数据，夸大全球变暖的证据，党同伐异，可能误导政府和公众。CRU 是气候研究方面的权威机构，并在 IPCC 第四次评估报告中承担了重要工作，而这份报告成为目前制定全球应对气候变化政策的重要依据。消息传出后，西方各大媒体竞相报道，公众哗然，被称为"气候门"（climategate）事件。CRU 的负责人琼斯（Phil Jones）教授坚决否认存在造假行为，却很快在舆论压力下宣布辞职。事件还暴露出许多相关机构阻碍气候信息数据的公开化。[1]

"气候门"事件的爆发变成了怀疑派及其支持者的节日。欧美许多电视和报刊媒体邀请主流派和怀疑派科学家展开辩论,怀疑论的声音第一次得到如此广泛的传播,其影响力已经在最新的民意调查中有所显示。英国《每日电讯报》专栏作家布克(Christopher Booker)等人声称,气候变暖论是"我们时代最大的科学丑闻","气候门"事件将"给变暖派的棺材钉上最后一枚钉子"。[2] 但实际上,所谓怀疑派并不是意见一致的群体。其中,有人认为 IPCC 气候方案的准确性是可质疑的;有人相信气候的异常变暖没有发生或已经停止;有人主张全球变暖的确在发生,但主要是自然而不是人为因素所致,或是原因不明;还有人坚持全球变暖并不会造成环境危机。多种怀疑论的观点或许有不同的证据支持,但任何一种观点都没有被科学界普遍接受。而且,个别怀疑派"推手"的历史并不清白,曾受到石油巨头公司等特殊利益集团的操纵而卷入丑闻。

科学界权威刊物《自然》发表社论,敏锐地警觉到"气候门"事件可能带来的政治后果,指出在明年美国国会的辩论中它会被某些议员所利用,来抵制"清洁能源工作及美国能源法案"(Clean Energy Jobs and American Power Act)的通过。社论指出,"气候门"事件的真相还有待调查,但目前并没有伪造数据的确凿证据;即使发现个别科学家有"不规范"的行为,也不足以改变科学界根据大量数据和多种机构广泛研究而达成的结论性共识。[3] 这也是目前许多官方机构和主流派科学家在回应"气候门"事件中的基本立场。很难想象"气候门"事件会使怀疑派获得主导地位,

---

[1] "The Tip of the Climategate Iceberg: The Global-warming Scandal Is Bigger than One Email Leak", *The Wall Street Journal*, December 8, 2009.

[2] Christopher Booker, "Climate Change: This Is the Worst Scientific Scandal of Our Generation", November 28, 2009. (http://www.telegraph.co.uk/comment/columnists/christopherbooker)

[3] Editorial, "Climatologists Under Pressure", *Nature*, December 3, 2009, p.462, p.545.

但却是一次天赐良机,使得他们的声音获得公众的关注。

与此同时,一些政要和国际组织纷纷呼吁对事件展开调查,许多科学家和公共舆论都要求对"气候异常变暖"理论做出更为公开和严格的评估考察。更为重要的问题是,当代科学研究对公共事业甚至人类命运正在发生越来越深刻的影响,但科学证据与结论却只能由少数专业人士支配掌握,公众对此基本无从判断。因此,公众完全有正当的理由督促政府、科学机构和科学家更严格地遵守公开透明的问责规范,承担其重大的伦理责任。

海德格尔与纳粹主义:旧问题新争论

海德格尔与纳粹的关系是欧美学界反复争论的一个问题。有些人主张,这种肤浅的"政治正确"问题根本不值一提。更多的学者(出于不同的理由)倾向于将海德格尔的学术与政治区分开来:充分肯定他的哲学贡献和影响,而对其亲纳粹的政治立场或做出批判清理或置之不顾。但这种"分离论"并没能平息争论,因为分离论本身的依据和涵义都是有些含混不清的。首先,将一种具有内在伦理维度和政治含义的哲学思想与政治分离究竟是什么意思?根本理据何在?深究起来,"政治正确"的讥讽者未见得比其标榜者更为清醒、更有说服力。其次,就海德格尔的具体个案而言,在何种意义上做如是分离才是可能的和正当的?这或许取决于他的政治理念在多大程度上与他的哲学思想互为贯通。有论者(比如汉娜·阿伦特)似乎相信,投身纳粹不过是海德格尔的偶然失误,与他的哲学思想基本无关;而另有论者(比如海德格尔曾经的学生卡尔·洛维特[Karl Löwith])则主张,海德格尔对纳粹国家社会主义的支持内在于他的思想理路。[1]两派之间的争议与纠葛并没有了结，也继续成为一些学者的研究课题。

今年11月，耶鲁大学出版社推出一部英译新著——《海德格尔：将纳粹主义引入哲学》[2]，被视作一枚"重磅炸弹"。作者是巴黎大学哲学副教授费伊（Emmanuel Faye），他根据大量的档案和文本材料（包括此前未曾公开的1933—1935年研讨班讲稿），并对文本、事件与历史背景做出细致的语境化分析，试图表明海德格尔的纳粹主义"远比至今为人所知的情况恶劣得多"：他的所谓"政治失误"完全不是那种书呆子式的天真或一时糊涂，而是动机明确的自觉担当——自命为纳粹主义的"精神向导"。与惯常的见解相反，海德格尔在1934年4月辞去弗莱堡大学校长一职之后，他的纳粹主义倾向并未收敛而是更为激进，甚至在二战之后仍未放弃。他的思想发展既从纳粹主义中吸取灵感，又自觉地为其提供哲学基础，主旨是高扬国家和民族（Volk）的绝对至上性，以"血与土地"的神圣名义要求个体的忠诚与牺牲，以此诉求一个"新开端"以及重归"德国民族的命运"。由此，费伊提出了相当极端的结论——纳粹主义和种族主义的理念如此之深地交织在海德格尔理论的整个机体之中，以至于他的理论具有毁灭人道与伦理的可能，"不配再被称作哲学"，他的著作应当从图书馆的"哲学类"编目转到"纳粹史"的类别。[3]

这部著作的法文原版早在2005年出版，曾在法国学术界引发热烈争议。而此次英译本在正式面世之前就卷入了激烈论辩的漩涡。10月，《高

---

[1] 相关的重要文章参见专辑讨论："Special Feature on Heidegger and Nazism", *Critical Inquiry*, Vol. 15, No. 2, Winter 1989。
[2] Emmanuel Faye, *Heidegger: The Introduction of Nazism into Philosophy in Light of the Unpublished Seminars of 1933–1935*, Yale University Press, 2009.
[3] 更多讨论参见Patricia Cohen, "An Ethical Question: Does a Nazi Deserve a Place Among Philosophers?", *The New York Times*, November 8, 2009; Damon Linker, "Why Read Heidegger?", *The New Republic*, November 1, 2009; Tim Black, "Why They're Really Scared of Heidegger?", *Spiked*, November 27, 2009; Ron Rosenbaum, "The Evil of Banality", *Slate*, October 30, 2009。

教纪事》发表了宾夕法尼亚大学哲学教授、著名批评家罗马诺（Carlin Romano）对此书的介绍评论（题为《哈哎，海德格尔！》）。[1] 该评论以讥讽的文体抨击海德格尔，将他称作"黑森林的聒噪者"，"过高估计自己崇高性"，"至今还被其信徒离奇崇敬"的骗子。文章的网络版发表后引发170多条"在线回应"，许多海德格尔的拥戴者被这篇文章所激怒。《纽约时报》《新共和》等报刊和网络也纷纷发表文章介入争论。但所有这些公共讨论或许都不及荷兰哲学家菲利普斯（Herman Philipse）的分析来得细致、中肯和富有洞见。他早在2008年就对此书的法文版发表过一篇书评，认为费伊的研究是独特而卓越的，对海德格尔"将纳粹主义引入哲学"的论证也是确凿有力的。但由于费伊没能真正成功地把握"纳粹论题在海德格尔整个哲学中占有多么核心的位置"，因而得出了过于极端的结论。这遭到了法国海德格尔派的激烈攻击，这种情绪化的争吵反而令人遗憾地转移了重点，错失了作者原本提出的真正值得深思的问题。[2] 英语世界中的这场争论似乎正在重蹈法国学界的覆辙。

保守主义的衰落与思想多样性的危机

加州大学伯克利校区，这个昔日的激进文化运动重镇，在今年3月宣告成立一个"右翼运动比较研究中心"（Center for the Comparative Study of Right-Wing Movements），这多少有些出人意料。[3] 哥伦比亚大学教授

---

[1] Carlin Romano, "Heil Heidegger!", *The Chronicle of Higher Education*, Vol. 56, Issue 9, October 23, 2009: B4–B5.
[2] Herman Philipse, "Emmanuel Faye's Exposure of Heidegger", *Dialogue*, XLVII (2008): 145–153.
[3] Patricia Cohen, "New Political Study Center? Turn Right at Berkeley", *The New York Times*, March 25, 2009.

马克·里拉借题发挥，撰文呼吁"认真对待右翼"，引起多位学者的热烈回应，主要论及如何理解保守主义在当今学术界遭到的冷遇及其对思想多样性的影响。

里拉早年曾在著名保守派刊物《公共利益》担任编辑，后来从保守主义转向亲自由派的立场，但他警觉到当下美国学术界对保守派的排挤与打压日益严重，为此深感忧虑。他指出，名牌大学的课程几乎被左派所支配，从"身份政治"到"后殖民主义"等等不一而足，甚至细致到讨论男同性恋与女同性恋之间的差别，但几乎没有多少以保守主义思想为主题的课程。保守派的教师在校园处于少数，也相当孤立，而持保守立场的博士生如果不掩藏自己的政治倾向就很难找到教职，以后也难以获得终身职位。这种"自由派压制学术自由"的氛围，正威胁着大学的思想多样性。里拉强调，保守主义是严肃的思想流派和重要的政治传统，而不是一种"病灶"（pathology）。"将20世纪的美国保守主义简约化为冷战政治，这是方便宜人的左派伎俩。"实际上，在1930年代，美国保守派更"纠结"于罗斯福的国内新政而不是斯大林。所谓反共事业首先也是由冷战自由派而不是保守派所构想发起的。伯克利的这个研究中心，如果要像自我期许的那样，展开"对20世纪和21世纪美国与海外右翼运动的学术比较研究"，那么首先要认清一个重要的事实：美国的保守派与欧洲右翼不同，他们接受宪政自治政府的合法性。主流的美国保守主义（基本上也就是所谓"美国右派"）完全不同于海外的那些亲法西斯主义的右翼分子——比如法国的勒庞（Jean-Marie Le Pen）和现居于奥地利的杜克（David Duke）。里拉强调指出，保守主义是一种独特的看待人类生活的方式，是一种值得研究的传统。但现在年轻人并不真正理解保守主义传统，许多年轻的保守派也只是轻信地依赖从福克斯电视节目中听来的只言片语。因此，在学术界认真对待并重新展开对保守主义思想的教学和研究，将有助于抵制反智主义，推动真正自由和开放的辩论和思考，这对左右两派都有重要意义。[1]

艾伦·沃尔夫教授认为，美国大学的思想多样性要比里拉所说的状况充分些，但仍然相当不足。学术界没有赋予其高度的优先性，结果使思想生活遭受损害。但排斥多样性的倾向既存在于自由派和左派，也存在于少数保守派。当保守派会聚在校园，他们就把自己看作被围困的少数派，由此造成一种保守主义的宗派性和受害感，很难形成多元化的政治，也导致了保守派的封闭性——他们在自己的刊物上发文章，召开自己的学术会议，引用其他保守派的作品，使用自己的术语发言。的确，对自由主义而言，如果能更多地介入与保守主义的对话会强化自己，但反过来对保守派也是如此。史密斯（Bruce Smith）教授指出，美国大学面临的问题不仅仅是保守派的观点受到压制，而且是缺乏任何严肃的政治讨论。教授们不喜欢发生冲突，也认为这种辩论没有多少学术价值。但他希望在课堂内外能认真地辩论有关政治理论和宪政秩序的经典问题，并认为"核心课程"能相当好地发挥这个作用。在其他的回应中，有学者指出，保守派的学生精英大多都奔向金融界、商界和企业界谋职，这才导致了他们在校园中的颓势；也有人认为，真正的分歧不是政治立场的左右之争，而是发生在那些认真思考与写作的人同那些对学术敷衍轻慢者之间；还有论者指出，保守主义既向往那种有序而神圣的自由，又屈从于那种瓦解自由教育的资本主义激流，保守派的失败在于无法在这两者之间调和，这是严肃的保守主义研究需要充分重视的问题。[2]

---

[1] Mark Lilla, "Taking the Right Seriously", *The Chronicle Review* (online edition), September 11, 2009.
[2] "Intellectual Diversity and Conservatism on Campus", *The Chronicle of Higher Education*, Vol. 56, Issue 9 ,October 23, 2009: B21–B22.

美国著名大学的开放课程

今年秋季,哈佛大学开始启动系列课程公开化项目,首先推出的是其名牌通识课程——迈克尔·桑德尔(Michael Sandel)主讲的"正义"(Justice)。桑德尔是美国著名的政治哲学家,他从1980年起为本科生讲授这一课程,一直深受学生的欢迎,连续多年名列课程注册人数之榜首(2007年秋季选课学生达到1115人,创下了哈佛的历史记录),20多年来,已经有14000多名学生修读了这门被称作"传奇"(legendary)的课程。哈佛大学与波士顿公共电视台合作,将原来的24节课通过多机位拍摄和精心编辑,制作为12集(每集片长1小时的)教学片,在全美多个公共电视台同步播出,并在互联网上开放视频和辅助材料,获得热烈的反响。[1](日前已有中国网友将整套教学视频上传到"土豆网"。)

这门课程的巨大吸引力,固然来自桑德尔作为教师的非凡魅力及其精湛的教学艺术,但同样重要的,是他致力于"公民教育"的通识课理念。他深信民主社会的健康发展需要一种强劲和善于思考的公民精神,而不只是一套程序和制度。而哈佛培养的所谓"精英"首先应当成为优秀的公民。桑德尔的教学将经典思想家(亚里士多德、洛克、康德、边沁、密尔以及罗尔斯等)的理论学说引入对现实问题的关切与思考:如何面对生活中的道德困境?何种制度设计与政策安排才是"在道德上正当的"?我们道德直觉中的"正义"究竟包含着哪些前提,又会面对怎样的挑战?诸如此类问题以"苏格拉底的方式"——不断地诘问、应答、反驳和再追问——在课堂上呈现出来,使学生通过对具体个案的辨析和争论,来培养批评思考以及推理论说(reasoning)的能力。这门课使抽象的理论学说变成

---

[1] 相关报道参见:Christopher Shea, "Michael Sandel Wants to Talk to You about Justice", *The Chronicle Review*, September 28, 2009。

回应现实问题的思想资源，同时激发学生在对公共问题的思考中理解经典思想的卓越之处及其与当代世界的相关性。目前，哈佛大学每年有大约六分之一的本科生会聚集到古老而庄重的桑德斯剧场（Sanders Theater，授课场所），与桑德尔一起探讨"正义"的理想与实践。[1]

近年来，美国多所著名的私立大学纷纷向社会公众开放教学资源。2001年，麻省理工学院（MIT）率先启动"开放式课件"项目（OCW），在互联网上推出各种学科的课件（包括部分教学视频），至今已累积多达1925门课程，可供自由访问浏览（http://ocw.mit.edu），并相继制作了多个语种（包括中文）的版本，被视为具有里程碑意义的教育创新举措。随后，耶鲁大学和斯坦福大学等高校也陆续推出类似的开放课程。在这个据说是公益精神日渐退化的时代，私立大学积极承担公共教育的责任是一个值得赞许和关注的动向。

2009年人文与社会学科重要奖项

法国物理学家和哲学家贝尔纳·德斯帕尼亚（Bernard D'Espagnat）荣膺2009年度坦普尔顿奖。他对量子物理之哲学涵义的探索打开了界定现实的新视野，也让人们重新审视可知科学的边界限制。坦普尔顿基金会总裁小约翰·坦普尔顿评论道，87岁的德斯帕尼亚"用纯粹的知识和质询精神……对我们的存在和人性的本质做出了深入探究"。德斯帕尼亚认为，人最终来自一种值得敬畏的高级存在，而无法（像唯物主义那样）予以概念化理解。他说自己不信奉任何宗教，而是一个唯灵论者（spiritualist）。

---

[1] 除了目前公布的教学视频，以上对课程的介绍还来自笔者与桑德尔教授的多次交谈和通信，以及在现场的教学观摩（2007年12月）。

2009年度霍尔堡国际纪念奖授予科学哲学领域中的重要人物——伊恩·哈金（Ian Hacking）。他对实验科学的重视，改变了科学哲学长期重理论轻实验的观念。并且，他将福柯"考古学"的历史观点引入科学哲学研究，颁奖词称赞他的这一贡献"深刻地改变了我们对科学实践和特定社会及制度语境中出现的那些主要概念的理解方式。哈金的工作在整个人文社科领域反响热烈，重构了我们对自然与社会之间交互关系的理解"。

2009年辞世的学者与作家

2009年10月30日，被称为"法国思想界最后巨人"的克洛德·列维-斯特劳斯（Claude Lévi-Strauss）在他101岁寿辰即将到来之际因病逝世。早在26岁的时候，他就深入亚马逊河流域印第安部落组织多项人类学调查研究，基于这段"生命中最重要的经历"，他相继发表《亲属关系的基本结构》《忧郁的热带》等重要论著。1941年因受纳粹威胁，他前往美国纽约社会研究新校。得益于罗曼·雅柯布森，他投入到对结构主义的研究。1958年《结构人类学》的出版奠定了他作为"人类学领域结构主义思想创始人"的重要地位，并由此引发了他与萨特之间的激烈论辩。1962年问世的《野性的思维》标志着两大思想营垒展开正面交锋，列维-斯特劳斯继而在1960年代后期出版四卷本的《神话学》，使其结构主义理论日臻成熟。在结构主义的影响下，法国乃至整个西方学界和文艺界，在20世纪下半叶不断涌现出各种新兴思潮。法国现已设立一项奖励法国"人文社科领域内最佳研究者"的国家奖，被冠名为"列维-斯特劳斯奖"。

经济学大师保罗·萨缪尔森（Paul Samuelson）12月13日逝世，享年

94岁。他将数学分析方法引入经济学领域，帮助肯尼迪政府制定"减税方案"，并于1948年出版《经济学》。该著作以简单易懂的语言重写了大部分的经济学理论，彻底改变了经济学的教授方式，影响力超过半个世纪，现在全世界大学所使用的已是此书的第19版。他是第一位获得诺贝尔经济学奖的美国人。

7月17日，81岁的波兰裔思想家莱谢克·科拉科夫斯基辞世。早在1960年代他已经是波兰最著名的马克思主义理论者之一，后来由于对斯大林主义的批评被开除党籍，1968年移居国外，在哲学与宗教等多个领域中开展了重要研究。他曾提出，自发组织的社会团体有可能在极权体制中逐渐而平和地扩展市民社会的空间，这一思想对波兰团结工会运动产生了重要启示。2003年，他获得了首届"克鲁格人文与社会科学终身成就奖"。

8月5日，在全球哲学领域相当活跃且充满睿智的哲学家杰拉尔德·科恩（Gerald A. Cohen）因中风骤然离世，终年68岁。科恩最为人熟知的贡献是领导了1980年代的"分析马克思主义"学派运动。科恩始终认为，就马克思对非正义、独裁和非理性的资本主义系统的批判而言，其核心就是平等主义道德。他倾其余生为"平等主义道德"辩护。《拯救正义与平等》是科恩经过多年研究、反复修改的著作，于2008年正式出版。

英国政治哲学家布赖恩·巴里（Brian Barry）于3月10日突发心脏病去世，终年72岁。巴里在英美政治理论界声誉卓著，1965年出版的《政治的论证》成为研究民主、权力和正义的纲领性读本；1972年出版《自由主义的正义理论》，对罗尔斯的《正义论》作出深刻评论，并将罗尔斯所开创的正义理论称为"自由主义左派的平等主义理论"。巴里在1979年至1982年担任《伦理学》主编，使之成为道德与政治哲学领域中最权威的刊物之一。

美国保守派思想家欧文·克里斯托尔（Irving Kristol）9月18日病逝，终年89岁。克里斯托尔在美国1960年代政治动荡时期放弃了自由主义，创办《公共利益》杂志，开始对保守主义政治思想产生影响。加入共和党之后，他又创办《国家利益》季刊，着力于凝聚新保守主义的各种流派，使之成为一种坚固的意识形态，并在里根和老布什当政期间帮助重塑共和党，被称为"新保守主义教父"。

著名的"兔子世系"创造者约翰·厄普代克（John Updike）1月27日病逝。这位集小说家、诗人、剧作家、散文家和评论家于一身的美国文坛巨匠，生前已多次获得普利策奖、国家图书奖、欧·亨利奖等。他通过"兔子四部曲"关注美国中产阶级生活，探索平凡人的生存现状和灵魂救赎，但他的政治观点颇受争议。

4月19日，英国著名作家詹姆斯·巴拉德（J. G. Ballard）病逝，终年79岁。1930年出生于上海的巴拉德，在日军集中营里度过少年时期，他最著名的小说《太阳帝国》正是基于这段经历的创作。巴拉德对文坛的主要贡献在于其科幻小说，以"世界三部曲"为代表作。由于其作品的独树一帜，"Ballardian"（巴拉德风格的）一词被收入字典。

2010 年

维基泄密：喧哗中的辩论

在 2010 年，"维基泄密"（Wikileaks）犹如一匹彪悍的黑马闯入政治的敏感地带。这个年仅四岁的网站此前已初露锋芒，而从今年 4 月开始，一系列更为"猖狂"的泄密举措,成为国际媒体关注的中心,6 月《纽约客》还发表了长篇特写报道维基泄密的创办人阿桑奇（Julian Assange）。[1] 这名曾经的"黑客"一举成为举世瞩目的人物。一切几乎突如其来，匆忙的评论者使用各种标签来为之定性——民主、透明性、知情权或者无政府主义以及恐怖主义式的超限战，却未必能完全把握维基泄密的涵义与后果。但可以肯定，只有短视的目光才会视其为一场"恶作剧"而低估它所蕴含的政治与文化力量，也只有迟钝的头脑才会被它的"反美面目"所迷惑而暗自庆幸。

无论在政府层面还是在思想界，对维基泄密的反应是多样的，也并不完全符合惯常的政治分界线。大多数国家还在观望，而急于表态的政

---

[1] Raffi Khatchadourian, "No Secrets: Julian Assange's Mission for Total Transparency", *New Yorker*, June 7, 2010.

府可能失之草率。俄罗斯政府总统办公室在12月发布一项声明，呼吁非政府组织考虑，提名阿桑奇为诺贝尔和平奖候选人。俄罗斯驻北约大使罗戈津（Dmitry Rogozin）甚至将阿桑奇在瑞典受到性侵犯指控的事件看作"西方没有新闻自由"的证据。但阿桑奇却对莫斯科一家报纸提出忠告："请克里姆林宫最好能稳住自己，准备迎接维基泄密下一波针对俄国的揭露。"而美国和伊朗竟奇异地处在同一条批评阵线。美国国务卿希拉里·克林顿谴责，对美国外交电文的泄露"不仅是对美国外交政策利益的攻击，也是对国际共同体的攻击"，众议院国土安全委员会主席彼得·金（Peter King）主张将维基泄密列入"外国恐怖组织"名单。而伊朗总统内贾德也指责，维基泄密的行动是一场毫无价值的恶作剧，所公布的文件是"美国政府有计划准备和公布的"，为的是败坏伊朗政府的名誉，挑拨伊朗与周边地区国家的关系。[1]

西方知识界的相关辩论已经开始，在自由派（左派）内部也出现了分歧。左翼斗士乔姆斯基不出所料地站在阿桑奇一边。在接受"即刻民主"网站的访谈中，乔姆斯基回顾了他在1971年帮助埃尔斯伯格（Dan Ellsberg）解密"五角大楼文件"的经历，指出此事件与维基泄密的共同性——"有些事情，美国人应当知晓，而政府不让他们知道"[2]。在支持澳大利亚民众为捍卫维基泄密所发起的抗议示威的一份声明中，他还指出，"阿桑奇是在履行他的公民义务，勇敢而光荣"。反抗当权者的压制"应当成为珍视自由与民主的人们的首要关切"[3]。著名电影人（《华氏911》的导演）迈克尔·摩尔在伦敦法院为保释阿桑奇捐资两万美元，并发表一

---

[1] 参见：http://en.wikipedia.org/wiki/WikiLeaks。
[2] "Noam Chomsky: WikiLeaks Cables Reveal 'Profound Hatred for Democracy on the Part of Our Political Leadership'", *Democracy Now!* , November 30, 2010. (http://www.democracynow.org)
[3] "Noam Chomsky Backs Wikileaks Protests in Australia", *Green Left Weekly*, December10, 2010.(http://www.greenleft.org.au)

项声明。他认为，若是在 2002 年就有维基泄密来曝光内幕，那么基于谎言而发动的伊拉克战争就未必能开始，因为开战的条件是"谎言能被保密"。而正是因为"暴露和羞辱了那些想要掩盖真相的人"，维基泄密才会遭受如此恶毒的攻击。维基泄密之所以存在，部分原因是主流媒体在履行责任中的失职。但下一次战争也许就没那么容易发动了，因为局面翻转过来——"老大哥"正在受到我们的监视！开放性、透明性是公民仅有的保护自己对抗权势与腐败的武器。摩尔承认，维基泄密可能会对外交谈判以及美国的利益造成意外的伤害，但他辩护说，这是一个用谎言将我们带入战争的政府所支付的代价。[1]

聪明而博学的意大利作家艾柯在法国《解放报》发表评论，以他擅长的迂回笔法指出，维基泄密所揭露的秘密实际上都在人们意料之中，因此泄密最终变成了一个"假冒的丑闻"（bogus scandal）。也就是说，只有你假装对主导着国家、公民与新闻界之间关系的那种伪善一无所知，才会被泄密所震惊，才会感到这是一桩丑闻。但是，公开泄密仍然是对这种伪善责任的一种破坏。美国外交的力量依靠那种煞有介事的秘密，如果秘密被发现是空洞的，那就等于剥夺了这种力量。无论这篇文章多么曲折，狡黠的艾柯与愤怒的摩尔同样看到关键的一点，一种翻转的奥威尔寓言："老大哥"也正在被公民们监视！[2]

英国自由左派网络杂志《尖刺》刊登了一组文章对维基泄密提出批评。其中著名知识分子、肯特大学社会学家菲雷迪的文章最为犀利。他在标题中就点明了自己的批判观点："这不是新闻业，这是窥视癖。"菲雷迪认为，无论是一战期间布尔什维克党人公布沙俄与外国势力的秘密通信，

---

[1] Michael Moore, "Why I'm Posting Bail Money for Julian Assange", December 14, 2010.(www.michaelmoore.com)

[2] Umberto Eco, "Not such Wicked Leaks Libération", December 2, 2010. 英文翻译参照：http://www.presseurop.eu/en/content/article/414871-not-such-wicked-leaks。

还是1971年埃尔斯伯格向《纽约时报》透露"五角大楼文件",都显示了清晰的社会或政治目标。而维基泄密所提供的信息并不是致力于这种高贵的目标,它只是"为了羞辱和播种混乱"。表面上,它对公众知情权的主张肯定了民主精神,但在这一事件中"'知情权'这一观念实际上关涉的是对人们的想象所做的讽刺性操纵,那些支离破碎、易于消费的窥视癖式的流言蜚语,被重新铸造为提供公共服务的真相的重大部分。但公众需要政治问责和严肃的辩论,而不需要那样一种权利,去闻政府官员脏衣服味道"。菲雷迪批评某些高水准的报纸对维基泄密的赞誉,认为这是"一种犬儒式的企图,将窥视癖变为一种美德",透露出"当代公共生活的道德与文化规范"的危机。[1]

美国知识界的重要刊物《新共和》在其网站上对这一事件发表了大量评论[2],其中哥伦比亚大学新闻学教授、1960年代左翼学生运动领袖吉特林(Todd Gitlin)最为活跃。他在一封致美国总统和司法部长的联署公开信上签名,抗议司法部依据《反间谍法》对阿桑奇展开调查和起诉的动议。但吉特林也对外交电文的泄密事件提出批评,指责其极端的无政府主义倾向。他认为,只要国家存在就会有外交,而有外交就会有机密。阿桑奇的方式"不是主张应该向国家施压以改进它做得很差的地方,而是主张国家就不应该存在"。[3]吉特林的文章遭到格林沃尔德(Glenn Greenwald)的反驳,彼此发生了多个回合的交锋。格林沃尔德是美国的宪法律师、政论作家以及著名网络杂志《沙龙》(Salon)的主要作者,也在公共讨论中成为维基泄密最强劲的辩护者之一。他特别反驳了那种最流行的批评:维基泄密不加区别地将海量机密信息"倾倒"在网络上,这只是追求暴

---

[1] Frank Furedi, "WikiLeaks: This Isn't Journalism—It's Voyeurism", *Spiked*, November 30, 2010.(http://www.spiked-online.com)
[2] 参见: http://www.tnr.com/topics/wikileaks。
[3] Todd Gitlin, "Everything Is Data, but Data Isn't Everything", December 7, 2010.(http://www.tnr.com)

露的轰动效应,而实际上对改变强权与腐败的政治无所作为。格林沃尔德引用事实指出,所谓"不加区别的泄密"完全是误传,维基泄密至今只是有选择地发布了所掌握的文件极其微小的一部分,而且已经与欧美五大报刊(英国《卫报》、美国《纽约时报》、德国《明镜》、法国《世界报》和西班牙《国家报》)形成合作伙伴关系,专业人员介入了筛选和编辑的过程,包括为保护个人隐私而做的必要删节。就反抗密谋政治的目标而论,阿桑奇的确只是做了自己该做的事情,他并不具有制止战争的职责和能力。的确,维基泄密仅仅做了一部分而不是所有重要的事情,但这能构成指责它的理由吗?[1]

新技术时代正在展开其超出人们想象的可能性:一种非国家的、个人的组织能够形成以弱制强的政治与文化力量。这可以表现为恐怖主义的攻击,也可以表现为民主性的力量。维基泄密无论有多少值得商榷与改进之处,都代表了对权力和信息垄断的颠覆,对密谋政治的挑衅。这不只是对美国的威胁,它挑战的目标甚至不只是国家,而是针对一切有权势的机构("美国银行"已经成为下一个解密目标)。阿桑奇所诉求的那种没有秘密的权力,那种极端民主、完全开放、全然透明的政治,终将是一个乌托邦式的幻想,但这种政治介入方式已经开始改变传统的"权力地形图"。也许,在一个新技术与民主化的时代,强势者不得不严肃地对待来自公民的新生力量。

---

[1] "Is WikiLeaks' Julian Assange a Hero? Glenn Greenwald Debates Steven Aftergood of Secrecy News", *Democracy Now!*, December 3, 2010. (http://www.democracynow.org)

《经济学人》刊登中国特别报道

英国著名《经济学人》杂志（12月4日印刷版）以罕见的醒目方式，刊登一篇长达14页的关于中国的特别报道，并在12月2日的网络版上全文发布，引起广泛关注，福布斯等媒体网站迅速作出评论与回应。这篇报道的导引文章以"正在崛起之中国的危险"（"The Dangers of a Rising China"）为题，作为"封面故事"推出。[1] 但整个报道无意宣扬"中国威胁论"，而是力图深度分析"中国在世界中的位置"（原题为"A Special Report on China's Place in the World"）。

在整个世界历史进程中，大国的崛起几乎总是伴随着暴力冲突与战争，中国是否真的会如其承诺的那样"和平崛起"？——这是国际社会普遍关切的问题。导引文章举出例证来刻画中国形象的两面性：一方面中国致力于让"焦虑的世界"安心，另一方面"通情达理的中国时而会让位于好斗的中国"。历史经验显示，一对大国之间的关系往往决定了世界是否和平（有英国与美国这样的正面例子，也有英国与德国这样的反面例子），因此今天中国和美国的关系对世界局势至关重要。虽然迄今为止情况还相当不错，因为中国全心投入经济发展，而美国的安全着眼于反恐战争，但两国之间仍然互相猜疑："中国将美国视为一个终将会阻碍自己崛起的衰退中的强国，而美国则担心中国的民族主义在重振的经济与军事力量的推动下将会申张自己。"作者指出，对中美必将发生冲突的悲观主义看法或许不无理由，但"中国未必成为一个敌人"，因为许多证据表明，一个稳定的世界对两国都更为有利。而"最会让中国变成敌人的做法就是将它当做一个敌人来对待"。历史表明，"如果兴起中的强国相

---

[1] Edward Carr, "The Dangers of a Rising China", *The Economist*, December 4, 2010, p. 13.

信它能不受阻碍地崛起，而当道的强国也相信它对世界的运作不会受到根本的威胁，那么超级大国就可以和平共处"。因此，关键在于增强大国之间的彼此信任。较之历史上的强国，中美两国具有一种后知之明的优势："它们都见证了 20 世纪灾难性的错误。而确保 21 世纪不再重蹈覆辙也将取决于它们。"

报道的主体分为六篇文章。[1] 首篇《卧薪尝胆》("Brushwood and Gall")以著名的中国典故越王勾践"卧薪尝胆"开始，暗示着中国人的隐忍之心与雪耻情结，但作者随即援引哈佛大学保罗·科恩（Paul Cohen）教授对这一典故的新阐释：当今中国将勾践精神理解为"自我改进与奉献，而不是复仇"。中国反复宣称其崛起不会对世界构成威胁，而其他国家（尤其是美国）对此仍心有余悸，未来的前景包含着危险的不确定性。《第四个现代化》("The Fourth Modernisation")一文着眼于分析中国军事现代化的进程及其困难，以及对中美军事力量对比的意义。《悬而未决》("In the Balance")讨论中国日益增长的影响力在日本与印度等亚洲国家所引起的复杂反应。《朋友，或其他》("Friends, or Else")探讨美国对华外交政策及其内在矛盾——美国希望与中国发展经贸合作，也希望中国在处理国际问题中发挥更为积极的作用，但同时又担忧自己的地位会受到中国增长的经济与军事力量的威胁。这种伙伴与对手的双重关系困扰着美国。但美国不可能以冷战时代遏制苏联的方式来应对中国，因为这会付出过高的代价，而结局会是两败俱伤。因此，"承受中国的崛起，是对美国外交前所未有的考验"。《更少韬光养晦》("Less Biding and Hiding")探讨了中国在维护其核心利益方面表现出的决绝倾向，但文章指出，民族主义的高涨也正困扰着中国的外交事务。如果一切妥协都被看作软弱或投降，

---

[1] Edward Carr, "Special Report: China's Place in the World", *The Economist*, December 4, 2010, p. 52.

那么大国外交就很少有回旋余地，而过于强硬的立场又会使周边国家感到威胁，使"和平崛起"的承诺遭到怀疑。

报道以《战略信心保障》（"Strategic Reassurance"）一文收尾。作者认为，中美之间分享着许多重要目标（国际稳定、防止核扩散以及经济发展等），而和平共存最有利于实现这些共同目标。文章继而对消除两国间猜疑的方式提出十点建议，这包括：美国应自愿放弃在核攻击方面的优势，而维持在西太平洋地区的常规军事优势；中美两国应当在军事准则方面加强对话合作；亚洲需要形成预防海洋争端升级的规则；美国必须更为一致地遵守自己信奉的国际规则；中国应该防止恶性民族主义的流布；中美都应当致力于运用多边外交；亚洲国家需要清理盘根错节的区域安全组织，也需要在非传统安全领域付诸更多的努力；等等。报道以首尾呼应的方式回到越王勾践的故事：赢得胜利后的勾践在得意忘形中沦为一个暴君。但这并不意味着中国的崛起注定会造成与世界其他地区的对抗或冲突。作者再次强调，勾践的故事有多重阐释，"而未来，一如这个故事，是我们造就的"。

这篇报道由资深记者爱德华·卡尔（Edward Carr）经过精心采访和大量引证撰写而成。在其"来源与致谢"中，给出了一份来自不同国家、持有各种立场与观点的26位学者专家的名单（其中有4位海内外华人）。报道有大量的实例分析与名家观点相呼应，鲜有简单武断的判断而多见平衡审慎的分析。显然，中国在世界中的位置已经越来越重要，任何简单化的褒贬都无济于事。这篇报道是为深入洞悉中国问题的多重维度和复杂性而作出的一次有益尝试。

道德与理性：跨学科的对话

约翰·坦普尔顿基金会以赞助科学与宗教问题研究而闻名，其"大问题"系列对话，每年邀请十多位著名学者与公共人物，就"经久不衰而备受争议的"重大问题作出书面回应，在知识界越来越引人注目。2010年第六届大问题对话的主题是："道德行动依赖于理性推论吗？"13位作者来自不同的学科领域（神经科学、心理学、哲学、文化研究和神学），就这一问题各抒己见，汇编为一部50多页的文集在春季发布。[1]《大西洋月刊》《探索》《新科学家》《纽约书评》与《纽约客》等英美报刊媒体予以报道。

哈佛大学哲学教授科尔斯戈德（Christine Korsgaard）相信，在大多数日常情景中，我们的思想与行动主要都是意识的结果。普林斯顿大学政治与法学理论家乔治（Robert George）认为，在道德行动中我们常常追求那些表面上"没有好处"的目标，它们的"内在价值"必定来自我们基于理性的理解。他们都坚持理性思考对道德行为的重要作用。而加州大学心智研究中心主任加扎尼加（Michael Gazzaniga）持有不同看法。他指出，最近脑科学研究的进展显示，道德决定的过程发生在大脑有意识的自觉之前。著名哲学家和作家戈尔茨坦（Rebecca Goldstein）认为，道德情感是人类进化的产物，但需要理性才得以充分发展为完整的道德感。因此"没有道德情感的理性是空洞的，而没有理性的道德情感是盲目的"。大多数作者承认理性对道德行动的影响，但认为这种影响是有限的。英国犹太教首席拉比萨克斯（Jonathan Sacks）写道："启蒙思想的重大错误之一就是低估了非理性力量的威力，这种力量是我们基因遗传的一部分。"

---

[1] *Does Moral Action Depend on Reasoning? Thirteen Views on the Question*, Spring 2010. (www.templeton.org/reason)

人们道德直觉的起源与本质是什么？我们在多大程度上有意识地控制我们的道德行为？这是一个古老的哲学问题，同时具有重大的现实意义。而脑科学、神经科学与认知心理学的新近发展，正在为这个问题打开新的视野，也要求哲学家和神学家重新思考他们长期坚持的许多假设。

重新思考社会主义

美国左翼杂志《异议》在其50多年的历史中一直致力于促进社会主义的民主理想。今年夏季号的《异议》杂志发表论社会主义的专题讨论，[1] 引起思想界的关注，英国《独立报》等媒体予以报道和评论。

在专题的导言中，杂志共同主编迈克尔·卡津指出，20世纪的历史使"社会主义在全球胜利"的信心受到挫折，但我们仍然相信，社会主义的民主远景值得重新认识并付诸实践。专题讨论包括四篇文章，从不同的角度讨论了社会主义在今天的意义，并对其未来应有的形态阐发了各自的看法。政治学家谢丽·伯尔曼（Sheri Berman）指出，社会民主派曾在20世纪的欧洲有过辉煌的岁月，他们如果能将市场的动力机制与促进跨民族的团结和平等权利相结合，就有可能再创辉煌。著名左翼历史学家、《新左派评论》前主编罗宾·布莱克本认为，当前的财政危机可能会导致经济民主的复兴，但条件是社会民主派能够推动各种可靠的矫治措施，这些措施并不单纯依赖民族国家，而是能提升与地方社群共享的权力。政治活动家杰克·克拉克（Jack Clark）曾担任美国"民主社会主义者组委会"书记，他在文章中提出了各种革新的实践方式，寻求提供体面的、对环境负责

---

[1] "Symposium on Socialism", *Dissent*, Summer 2010.

的住房与就业,以及对华尔街势力的严格控制。政治哲学家迈克尔·沃尔泽在文章中辨析了社会主义的三个主要特征——政治民主、国家对市场的规控,以及提供福利和公共服务。他同时指出,应当将社会主义理解为"总是在造就中"的事业远景,而不是一种有待建成的体制。即便这种远景永远无法完全变成现实,它仍然是一种"最为人道、最令人振奋的道路",我们由此不断迈向"我们所梦想的社会"。[1]

《流浪者》引发文化争论

阿亚安·希尔西·阿里(Ayaan Hirsi Ali)大概是当今西方最有影响,也极其富有争议的伊斯兰流亡者。今年5月,自由出版社推出了阿里的自传新作《流浪者——从伊斯兰到美国:一段历经文明冲突的个人旅程》[2],使她再度成为焦点人物,也激发了关于文化多元主义的争论。

阿里1969年出生在索马里,儿时随家人在多个非洲国家流亡。她曾是穆斯林教徒,按照习俗接受女性"割礼"。1992年为了抗拒父亲安排的与陌生男子的婚事,阿里从肯尼亚逃往荷兰,改换姓名,编造履历,获准以难民身份定居。她后来进入莱顿大学攻读政治学,获得硕士学位,取得了荷兰国籍。大约在2002年,阿里放弃了对伊斯兰教的信仰,成为一个无神论的女性主义活动家,并在2003年当选为荷兰国会议员,曾多次入选全球最有影响的100位公共知识分子。她曾与荷兰电影人梵高(Theo

---

[1] Michael Kazin, "Introduction"; Sheri Berman, "What Happened to the European Left?"; Robin Blackburn, "Socialism and the Current Crisis"; Jack Clark, "What Would a Real Socialist President Do?"; Michael Walzer, "Which Socialism?", *Dissent*, Summer 2010, pp. 23–43.

[2] Ayaan Hirsi Ali, *NOMAD: From Islam to America: A Personal Journey Through the Clash of Civilizations*, Free Press, 2010.

van Gogh，著名印象派画家梵高的曾侄孙）合作制作一部短片《屈从》（Submission），揭示伊斯兰社会中女性的悲惨遭遇，引起强烈反响。2004年11月，梵高遭到伊斯兰极端分子的暗杀，尸体的匕首上留有一份死亡威胁名单，阿里的名字也在其中。这一事件当时激起荷兰的反移民浪潮。2006年阿里在申请难民时作假的问题曝光，她在争议中辞去了议员的职务，从荷兰移民美国。

在《流浪者》一书中，阿里一如既往地以亲身经历对伊斯兰文化中的黑暗面予以公开而尖锐的抨击，引人注目也备受争议。西方的自由派与左派知识分子对她持有犹疑不决的评价。《纽约时报》刊登著名专栏作家（两次普利策奖获得者）克里斯托夫（Nicholas D. Kristof）的书评文章。作者赞扬她的勇气，又批评她对伊斯兰文化以偏概全的过激之辞。[1] 但是，所有文化究竟是不是一律平等？这个问题始终会困扰那些既坚持普遍人道标准，又反对西方文化霸权的自由派人士。而阿里的立场要鲜明得多。《流浪者》中有这样一段告白："所有的人都是平等的，但并非所有的文化和宗教都是平等的。一种赞扬女性气质、认为女人是她们自己生活的主人的文化，要好过那种对女孩实施生殖器割礼、将她们禁闭于围墙或面纱之后或因为她们陷入爱情而予以鞭挞和投石的文化……西方启蒙的文化是更好的。"著名作家苏珊·雅各比在一篇评论中引用了这个段落，并坦言她自己是"费尽艰难才懂得了这段话中的一些道理，但这是许多西方的好心人难以接受的"。[2]

---

[1] Nicholas D. Kristof, "The Gadfly", *The New York Times*, May 30, 2010, p. BR22.
[2] Susan Jacoby, "Multiculturalism and Its Discontents", Big Questions Online, August 19, 2010.(http://www.bigquestionsonline.com)

新视野下的罗尔斯研究

今年12月,由意大利罗马国际社会科学自由大学(Luiss University)和约翰·卡波特大学(John Cabot University)联合主办,在罗马召开了为期三天的国际学术研讨会,吸引了来自欧美各地的30多位著名学者参加。会议的主题是"在罗尔斯与宗教之间:后世俗时代的自由主义"(Between Rawls and Religion: Liberalism in a Postsecular World)。[1]这标志着罗尔斯"宗教文稿"出版之后,在学术界引发新的研究动向。[2]

理性与启示的关系是西方思想传统的核心问题之一,而在现代社会中,如何处理政治自由主义与宗教信仰之间的紧张关系也成为公共哲学的主题。约翰·罗尔斯是20世纪政治自由主义的主要思想家,但他是否恰当地处理了宗教经验在民主社会中的位置,是受到争议的焦点之一。罗尔斯生前很少谈论自己的宗教观点,但在他2002年去世后不久,普林斯顿大学的一位宗教学教授发现了罗尔斯在1942年写下的一篇关于基督教伦理的论文,题目是《对原罪与信仰之意义的简要探寻》。罗尔斯当时甚至计划在战后从事神学研究。在罗尔斯的遗稿中还发现了一篇从未公开的短文《关于我的宗教》。哈佛大学出版社在去年将两篇文章合起来出版。[3]乔舒亚·科恩(Joshua Cohen)和托马斯·内格尔(Thomas Nagel)在序言中指出,罗尔斯不同于许多对宗教漠视或知之甚少的自由主义者,他的自由主义理论强调宗教信仰的重要性。

罗尔斯在早期"宗教文稿"中体现出对社群的高度重视,对孤立的

---

[1] 会议议程参见:http://www.luiss.edu/dptssp/node/143/。

[2] 参见:Kwame Anthony Appiah,"Religious Faith and John Rawls", *The New York Review of Books*, December 9, 2010, Vol. 57, No. 19, pp. 51–52。

[3] John Rawls, *A Brief Inquiry into the Meaning of Sin and Faith (with"On My Religion")*, Thomas Nagel (ed.), Harvard University Press, 2009.

个人主义以及对传统契约论思想的严厉批判。这表明曾经指责他"忽视了人们根本的社会属性"的批评意见可能是多么轻率。新视角下的罗尔斯研究，关注宗教在民主社会中的位置、宗教教义与"公共理性"之间的关系，以及宗教与公共生活的界限等问题。这也是这次罗马国际会议的主要议题。

2010年人文与社会学科重要奖项

今年霍尔堡国际纪念奖授予加拿大多伦多大学历史学教授纳塔莉·戴维斯（Natalie Zemon Davis）。她以一种富有想象的历史探究路径，结合深入的档案研究方法，追寻过去与当下的对话。她的历史研究将早期现代欧洲与"比较历史"的新领域相关联，探索文化、地理和宗教方面的更替变化。近年来，她致力于透过奴隶与自由人、黑人与白人、不同宗教信仰者之间的代际碰撞与交融，考察苏里南的奴隶制度。她著有《荧幕上的奴隶：电影与历史视野》《边缘地带的女性：三条17世纪的生命》等。颁奖词称赞她的著作"层次丰富、面向众多、论证细致"，"揭示出更深的历史趋势和潜在的思想与行动模式。她的工作将性别推到前沿，同时坚持认为男性与女性的关系总是根植于特定时代的文化话语与社会组织"。

2010年度的坦普尔顿奖由76岁的进化生物学家与遗传学家弗朗西斯科·阿亚拉（Francisco Ayala）获得。阿亚拉曾是神职人员，后致力于科学研究，在寄生物进化及其对疟疾等疾病的作用这一领域，取得了重大突破，并因此获得美国国家科学奖章，现为美国加州大学欧文校区教授，在宗教与科学之关系的论题上著述丰富，主张进化理论与基督教信仰的一致性："信奉上帝，相信生命拥有目标和意义、拥有道德价值等等，这恰恰是宗教的内涵，并完全与科学兼容共存。"他的这一观点，响应了坦普尔顿基金会的设奖理念，即相信心灵的进化与开放的探寻会带来神性层面的真正发展。[1] 创立于1972年的坦普尔顿奖是目前世界上金额最高的个人奖项，鼓励科学与宗教领域的交叉与融合。但这一宗旨也遭到一些科学家的质疑。他们认为，企图调和科学与宗教本身就是一个错误。今年美国科学院成为公布获奖通知的机构，也因此受到这些科学家的抨击。[2] 阿亚拉表示，会将100万英镑的奖金用于慈善。

素有"日本诺贝尔奖"之称的京都奖今年颁发给三位学者。京都奖分为尖端技术、基础科学、艺术与哲学三个类别。本年度的"尖端技术奖"授予日本京都大学教授山中伸弥（Shinya Yamanaka），他在诱导多能干细胞（iPS）研究领域取得开创性成果。获得"基础科学奖"的是致力于将数学与计算机科学相结合的匈牙利罗兰大学教授拉斯洛·洛瓦斯（László Lovász）。南非视觉艺术家威廉·肯特里奇（William Kentridge）则荣获"艺术与哲学奖"，他开创了一种将素描与动画、视频与投影等多种媒体进行多层次融合的全新表达形式，对社会及人类活动予以深刻的洞察和展现。创立于1985年的京都奖由稻盛基金会设立，每位获奖者的奖金为5000万日元（约合61万美元）。[3]

---

[1] 参见：http://www.templetonprize.org/currentwinner.html。
[2] Mano Singham, "The War Between Science and Religion", June 7, 2010. (http://www.patheos.com)
[3] 参见：http://www.kyotoprize.org/。

2010年辞世的学者与作家

2010年1月27日,美国著名作家杰罗姆·塞林格(Jerome David Salinger)逝世,享年91岁。塞林格出生在纽约的一个犹太富商家庭,二战期间曾从军前往欧洲战场从事反间谍工作,1946年退伍。1940年代他在杂志上发表过数篇小说,1951年长篇小说《麦田里的守望者》(*The Catcher in the Rye*)的出版使他声名鹊起。该书主人公霍尔顿·考菲尔德被看作西方战后"垮掉的一代"的典型人物,成为当时青少年模仿的对象。这部小说至今仍保持每年约25万本的销量。成名后的塞林格隐居遁世,虽未停止写作却很少公开发表。他最后发表的小说《哈普沃兹16,1924》刊登在1965年的《纽约客》上。[1]

8月6日,纽约大学教授、历史学家托尼·朱特(Tony Robert Judt)病逝,终年62岁。身为犹太后裔,朱特曾支持犹太复国主义,但投身以色列国防军的经历使他彻底改变了立场,将犹太国家视为一种"时代错置"(anachronism)。他称自己是"一个普世的社会民主主义者"。近年来他对以色列政府的批评,以及主张建立单一国家解决以巴争端的观点,引发了关注与争议。他在生命的最后两年,尽管身患"渐冻人症"却未停止写作和讲演。由于这种"智慧、洞察力和非凡的勇气",他获得了2009年的"乔治·奥威尔奖"。朱特还曾获得"汉娜·阿伦特奖"和"欧洲图书奖"。[2] 它的重要著作《责任的重负》和《战后欧洲史》等已被译为中文出版。

10月3日,86岁的法国哲学家克洛德·勒福尔(Claude Lefort)辞世。1942年之前勒福尔受到其导师、现象学家梅洛-庞蒂的影响,曾在政治

---

[1] 参见:http://en.wikipedia.org/wiki/J._D._Salinger。
[2] William Grimes, "Tony Judt, Chronicler of History, Is Dead at 62", *The New York Times*, August 8, 2010, p. A18.

上非常活跃。1943年，他组织了托派国际共产党在巴黎的一个分支。从1946年起，他开始批判苏联政体，后来逐渐转变成一个自由社会主义者。在学术生涯中，他曾在圣保罗大学、巴黎大学和法国社会科学高等研究院等机构任教和做研究，著作论及马基雅维利和波哀西的政治思想，并在民主政治理论方面有深刻的洞见。[1]

12月18日，法国著名的古希腊文明研究学者雅克利娜·德·罗米伊（Jacqueline de Romilly）离世，享年97岁。她于1973年成为法兰西公学院（Le Collège de France）的首位女教授，1988年（继小说家玛格丽特·尤瑟纳尔之后）成为第二位法兰西学术院（L'Académie Française）的女性院士。罗米伊是修昔底德和伯罗奔尼撒战争研究的权威，在古希腊的哲学、政治思想和悲剧作家等研究领域著述丰厚。除学术论著外，她还写有一些小说、游记和回忆录，分享她的人生体验，深受读者喜爱。她以一种浪漫的热情拥抱古雅典文化，维护古典语言的价值，倾其一生捍卫人道主义（humanities）。[2]

---

[1] 参见：http://en.wikipedia.org/wiki/Claude_Lefort。
[2] William Grimes, "Jacqueline de Romilly, Who Studied Greek Culture, Dies at 97", *The New York Times*, December 21, 2010, p. A33.

2011年

第四波民主化？

突尼斯骚乱之初，几乎无人预见这会在周边地区引发连锁反应。毕竟，突尼斯社会太过"西方化"，缺乏阿拉伯国家的典型特征。欧美的中东问题专家们谨慎告诫"埃及不是突尼斯"，然后"利比亚不是埃及"。这一切都似曾相识。1989年讨论东欧变局问题，也有专家适时提醒"X不是Y"。而到了1990年，"苏联绝对不是东欧"的观点仍然相当流行。森林中没有两片相同的树叶，但所有的树叶仍然是树叶。更为困难的判断是：哪些树叶在何种条件下可以被归为同类。每一个旧制度的解体都有其自身的历史与社会原因，影响着政治转变的进程，也可能导致相当不同的结局。但普遍论者或许把握了另一半真理：任何专制政体迟早都会遭遇民主化的压力，都会面临解体崩溃的危机。

亨廷顿曾描述了一个长达20年之久的世界性民主化浪潮——从1970年代的南欧开始直到1989—1991年的东欧剧变。在此期间"民主政体"从40多个增加到100多个，他称之为民主化的"第三波"（The Third Wave）。随着北非与中东地区民众抗议的蔓延与升级，"阿拉伯剧变"开始作为一个总体趋势被人讨论，关于"第四波"（The Fourth Wave）的想象不再匪夷所思。

弗朗西斯·福山再度成为引人注目的评论者。早在克林顿和小布什执政时期，他就向当局告诫，民主化浪潮将会波及中东地区。当时他的预言似乎是无稽之谈，直到2011年。[1] 在多篇文章与访谈中，福山批评了单纯从文化特殊性或经济发展水平来把握政治变化的理论，强调民众"政治意识"的重要性。他指出，中东地区完全没有受到第三波民主化的冲击，这一事实使很多人相信"文化特殊论"——认为阿拉伯文化的某种特性与民主相抵触。但目前的局势表明，"渴望生活在一个尊重你、赋予你基本政治权利的国家的根本冲动（impulse）事实上是普世的"，这挑战了"文化特殊论"的可信度。同样，社会经济的发展也无法完全化解民主诉求的压力。就发展水平而言，突尼斯和埃及的表现相当出色（联合国汇编的资料表明，在过去20年间这两个国家的"人类发展指数"增长了30%左右），但民众抗议仍然爆发了。福山认为，亨廷顿在《变化社会中的政治秩序》（而不是他的《文明的冲突》）中提出的理论更有解释力。抗议运动的主要力量不是来自最穷苦的阶层，而是来自受到教育的中产阶级，觉醒的政治意识使得他们无法继续忍受"缺乏政治和经济机会所造成的挫折感"，在他们的政治参与要求与体制所压制的政治机会之间出现了严重的裂痕。正是这种裂痕促发抗议运动。在福山看来，突尼斯和埃及的趋势再次应验了亨廷顿的"现代化的逻辑"。[2] 但与此同时，福山对"阿拉伯剧变"前景的判断比热衷鼓吹"第四波"的传媒人士更为谨慎。他在访谈中指出，"体制建设不会在一夜之间完成"。在有些国家中，旧制

---

[1] Rebecca Costa, "Acclaimed Political Scientist, Francis Fukuyama, Forecasted Arab Uprising During Clinton Years". (http://rebeccacosta.com/press/francis-fukuyama)
[2] Francis Fukuyama, "Is China Next?", *The Wall Street Journal*, March 12, 2011.

度的崩溃可能会导致部落战争。"我不认为在短期内这会导向稳定的民主制。"[1]

民主化理论的权威学者戴蒙德（Larry Diamond）教授对此也有类似的看法。5月他在《外交事务》的网站上发表了一篇文章，讨论"'阿拉伯之春'以后的民主"（副标题），而标题却是疑问式的："第四波还是虚假的开端？"[2] 文章着重分析抗议运动与民主转型之间的多种可能关系，指出"阿拉伯之春"可能会在"冻结"与"融化"之间反复交替，因此"这个动荡时期不会短暂，也不会干净简洁地划定其范围边界"。在今后数年中会有曲折而绵延的斗争，从而最终确定阿拉伯世界未来的政治图景。

许多西方左翼学者（包括乔姆斯基、齐泽克、萨米尔·阿明[Samir Amin]和佩里·安德森等）高度重视北非与中东地区的动荡局势。但与保守派或自由派的学者不同，他们更为关注民主化进程对抵抗西方帝国主义的作用。左翼的政治目标是双重的：反独裁与反殖民。只有当民主事业与民族独立紧密结合，阿拉伯世界才有真正独立和自由的政治前景。因此，他们更为关注目前的民众抗议是否会按照左翼所期望的方向发展。在左翼学者看来，阿拉伯地区的独裁统治是西方霸权所扶植、支持或默许的。对于这个地区的国家政权，美国及其西方盟友首先考虑的问题不是民主或独裁，而是这个政权是否会和西方合作。西方精英集团对外国民主运动的支持是有先决条件的——要服从于其全球战略利益。乔姆斯基说，华盛顿及其盟友的原则是"民主只有在遵从其战略与经济的目标时才是可以接受的：在敌人的领地（搞民主）很不错，不过请别在我们

---

[1] James Robertson, "Francis Fukuyama Interview", *The Listener*, Issue 3710, June 18, 2011. (http://www.listener.co.nz/commentary/francis-fukuyama-intervie/)

[2] Larry Diamond, "A Fourth Wave or False Start? Democracy After the Arab Spring", *Foreign Affairs*, May 22, 2011. (http://www.foreignaffairs.com)

家的后院搞,除非它能被适当地驯服"[1]。

那么,如何解释利比亚呢?卡扎菲曾经是西方的敌人,但近年来已经向西方低头示好(他在写信给奥巴马时甚至亲密地称后者为"我的孩子")。为什么欧美要以实质性的军事干涉来支持前途未卜的利比亚反对派?保留卡扎菲这个独裁的盟友不是更有利于西方的经济与战略利益吗?可以想象,假如西方国家在利比亚动荡中支持卡扎菲,西方左派同样会给出(可能更)有力的解释。或许正是因为这个吊诡的问题,才会出现法国两位著名左翼理论家的分歧。当《解放报》刊登了让-吕克·南希(Jean-Luc Nancy)支持西方干涉利比亚的文章,[2] 阿兰·巴迪欧公开表示"震惊与遗憾"。"我们必须揭示,西方轰炸者和士兵的真正攻击目标绝对不是卑鄙的卡扎菲,他原本是那些人的代理人,那些人现在要除掉他,因为他妨碍了他们的更高利益。"[3]

目前的反政府抗议虽然表现出明确的民主诉求,但反帝反殖民的声音仍然微弱而含混,这正是左翼学者的忧虑所在。阿明在分析埃及局势的文章中指出,有三种活跃力量构成了民众运动:"重新政治化"的青年、激进左派和民主中产阶级。前两种力量呼唤反帝的、社会的民主革命。而中产阶级以民主为唯一目的,并不反对资本主义"市场"机制和埃及对美国的依附关系。政治伊斯兰势力的代表"穆斯林兄弟会"在阿明看来是反动的力量,他们是反民主的,支持以市场为基础、完全依赖外部的经济体制,并与帝国主义相勾结。而穆斯林兄弟会正是美国所支持的

---

[1] Noam Chomsky,"The Arab World Is on Fire", *In These Times*, February 3, 2011.(http://www.inthesetimes.com/article/6911/the_arab_world_is_on_fire/)

[2] Jean-Luc Nancy,"What the Arab Peoples Signify to Us", *Libération*, March 28, 2011. 英文版翻译来自吉尔伯特·梁(Gilbert Leung)。(http://www.versobooks.com/blogs/455-what-the-arab-peoples-signify-to-us-by-jean-luc-nancy)

[3] Alain Badiou, "An Open Letter from Alain Badiou to Jean-Luc Nancy", April 4, 2011. (http://www.versobooks.com/blogs/463-alain-badious-open-letter-to-jean-luc-nancy)

力量和希望寻求的代理人。阿明认为，目前的"阿拉伯剧变"处于各种力量纷争的复杂格局中，具有多种可能的走向。但仍然有希望"载入社会主义的发展蓝图"。[1]

安德森在《新左派评论》上发表的文章表现出更为精到的见解。他分析指出，中东和北非地区一方面受到西方帝国主义的长期控制，一方面在去殖民化进程中未能发展出民主政治，反而形成了强人独裁的暴政。这两个特征是有关联的，但彼此并非简单的相互衍生。美国及其盟友在这个地区具有重要的利益（石油资源和保护以色列），需要形成有效的控制。在原则上，西方更愿意与其他国家的民主派而不是独裁者打交道，只要民主派能同样遵从西方的霸权地位。西方可以既支持民主势力又保持控制，这在许多新兴的民主国家并不困难，但在中东和北非地区却行不通，因为这些地区长期受到帝国主义与以色列的欺凌，民主的胜利最终会生成强劲的反帝力量。眼下反政府示威抗议主要的诉求是在政治上铲除暴政。"起义的动力已经是清晰明确的，他们的目标，在最经典的意义上是纯粹政治性的：自由。"但社会平等的诉求还不够清晰，民族独立自主的要求仍然沉寂。安德森认为，这是专制造成的"意识形态蜕化"的结果。但政治自由应当与社会平等结合起来，否则动乱很容易蜕化成旧秩序的议会化。而他也不相信，在这个帝国主义最明显的地区，反帝的声音会一直沉寂。这反映出安德森的期望：社会主义和反帝民族主义最终应当在阿拉伯世界再度复兴。[2]

---

[1] Samir Amin, "An Arab Springtime?", *Monthly Review*, June 2, 2011. (http://monthlyreview.org/commentary/2011-an-arab-springtime)
[2] Perry Anderson, "On the Concatenation in the Arab World", *New Left Review*, 68, March-April 2011.

占领运动:另一种民主化浪潮

民主抗争的目标不仅限于独裁专制政权,也针对一切压制与排斥的社会政治机制。"阿拉伯剧变"的风暴在秋天波及纽约。从 2011 年 9 月开始,"占领华尔街"的抗议运动以星火燎原之势席卷全球。而在此前,法国和西班牙已经开始了类似的占领抗议,英国伦敦发生了街头骚乱。在发达资本主义国家,经济危机与贫富悬殊加剧的现实使一大批年轻人感到前途黯淡,充满挫折与不满。共同的愤怒终于通过新传播手段找到了集结的契机,汇成抗议的洪流,矛头首先指向贪婪的金融寡头。

许多著名学者和知识分子纷纷援手支持,或亲临抗议现场发表演讲,或在公共媒体上撰写文章。[1] 他们分享的一个共同看法是:金融腐败不只关涉经济政策,在根本上更是一个政治问题,标志着西方民主制度的困境甚至危机。普林斯顿大学的韦斯特(Cornel West)教授在演讲中呼吁:"不可能将解决华尔街的贪婪问题转换为提出一两个具体要求。我们现在要谈的是一种民主的觉醒。"[2]

两位曾获诺贝尔奖的经济学家在占领运动中相当活跃。施蒂格利茨教授说,"在我们这个民主国家中,1% 的人拿走了 25% 的国民收入——这甚至是富有者也终将会后悔的不平等"。他将林肯的名句"民有、民治、民享"(of the people, by the people, for the people)改成"1% 所有、1% 治理、1% 享用"(of the 1%, by the 1%, for the 1%)用作文章的标题,犀利地揭示出当下的现实何等严重地背离了美国的民主理想。[3] 他在 10 月的现场演讲中指出,在目前的金融体制中"损失是社会化的,而收益是私有化的。

---

[1] Michael Kimmelman, "In Protest, the Power of Place", *The New York Times*, October 15, 2011.
[2] "Cornel West on Occupy Wall Street: It's the Makings of a U.S. Autumn Responding to the Arab Spring", September 29, 2011. (http://www.democracynow.org)
[3] Joseph E. Stiglitz, "Of the 1%, by the 1%, for the 1%", *Vanity Fair*, May 2011.

这不是资本主义，这不是市场经济，这是一种扭曲的经济。如果我们继续如此，我们不会实现经济增长，也不会创造出一个公正的社会"。[1]克鲁格曼（Paul Krugman）在《纽约时报》的专栏中连续发表两篇文章，反驳极端保守势力对占领运动的攻击。他以经济数据为证表明，抗议者的愤怒是正当的，针对的目标是正确的。金融寡头没有为他们贪婪与欺诈的后果承担责任，反而利用他们的特权将金融危机的代价转嫁给普通纳税人。奥巴马出台的监管方案已经过于温和，却仍然遭到华尔街巨头的抱怨。现在民主党有了第二次机会重新来过。许多人批评抗议者缺乏具体的政策目标，他同意这方面需要改善，但认为抗议者的基本诉求是明确的，填充细节的工作应该由政治家和政策专家来承担。[2]

左翼学者在占领运动中看到更为激进的变革可能。哈尔特（Michael Hardt）和内格里（Antonio Negri）发表文章，指出"针对公司贪婪和经济不平等的愤怒是真实而深刻的。但同样重要的是，这场抗议是针对政治代表制的缺乏或失败"。"如果民主（那种我们一直被赋予的民主）在经济危机的冲击下步履蹒跚，无力主张大众的意愿和利益，那么现在可能就到这样的时刻——认定这种形式的民主已经老旧过时了吧？"他们在抗议运动中看到一种新颖的民主斗争可能。[3]

齐泽克的演讲犀利而雄辩，又是非常适宜的：他没有宣称自己是一个列宁主义者，而是自称真正的民主派。但他所诉诸的民主不是资本主义的民主。他宣告这个世界上最强劲的资本主义发生在一个没有民主的国家。"这意味着当你们批判资本主义的时候，不要让自己被人讹诈说你

---

[1] "Stiglitz Speaks at Occupy Wall Street", October 3, 2011.(http://bwog.com/2011/10/03/stiglitz-speaks-at-occupy-wall-street/)
[2] Paul Krugman,"Confronting the Malefactors", *The New York Times*, October 6, 2011; Paul Krugman, "Panic of the Plutocrats", *The New York Times*, October 9, 2011.
[3] Michael Hardt and Antonio Negri, "The Fight for 'Real Democracy' at the Heart of Occupy Wall Street", *Foreign Affairs*, October 11, 2011.

们反对民主。民主与资本主义之间的联姻已经过去了。变革是可能的。"以民主来反对资本主义是一个吸引人的原则，但齐泽克承认，真正的困难在于："我们知道自己不要什么"，却并不清楚"我们想要什么"以及"什么样的社会组织能取代资本主义"。他不可能充分回答这些问题，但他告诫抗议者们不要只盯住腐败本身，而要着眼于批判造成腐败的体制；呼吁人们不要陶醉于狂欢节般的反抗仪式，而要严肃地思考另一种不同的生活方式，并致力于实现自己渴望的理想。[1]

2011年：觉醒的时刻与开放的未来

如果将"阿拉伯剧变"与"纽约之秋"以及欧洲各国的抗议运动汇入一个整体图景，那么2011年可能会呈现为一个重要的历史时刻：《时代》周刊将"抗议者"作为年度人物，《金融时报》看到了"全球愤怒"（global indignation）的征兆，[2] 而历史学家霍布斯鲍姆将2011年与1848年的欧洲革命相提并论……[3] 也许，这是一个政治觉醒的时刻。民众的不满从未如此迅疾而有力地转换为政治表达与行动。很明显，民众越来越严苛地要求正当的统治与有效的治理，这对任何墨守成规的政权都是一个噩耗，无论是独裁专制政府，还是发达的自由民主政体。

但新的觉醒也伴随着新的迷茫。1968年，西方左翼将民主的希望投射给想象中的苏联社会主义。1989年，东欧与苏联的异议运动在西方的

---

[1] "Slavoj Žižek speaks at Occupy Wall Street: Don't Fall in Love with Yourselves". (http://www.imposemagazine.com/bytes/slavoj-zizek-at-occupy-wall-street-transcript)

[2] Gideon Rachman, "2011, the Year of Global Indignation", *Financial Times*, August 30, 2011.

[3] Andrew Whitehead, "Eric Hobsbawm on 2011: 'It Reminds Me of 1848...'", *BBC World Service News*, December 23, 2011. (http://www.bbc.co.uk/news/magazine-16217726)

自由民主政体中寻求未来的希望。而到了2011年,"阿拉伯剧变"与"纽约之秋"的理想彼岸已经模糊不清。觉醒的民众不再接受任何独裁专制,但同时没有现存的政治模式可以完全寄托希望。如果说霍布斯鲍姆所谓"短暂的20世纪"在1991年结束了,那么20年之后的今天,我们或许正在见证阿里吉(Giovanni Arrighi)所谓"漫长的20世纪"走向终结。

这或许是远比人们目前所预计的更为深刻且影响更为久远的历史转折点。托克维尔在1848年写道:"社会正在改变面貌,人类正在改变处境,新的际遇即将到来。"而新的际遇正是重新思考未来的时刻。

莱西格(Lawrence Lessig)在2011年出版了新著《失落的共和》,副书名是"金钱如何腐化了国会,以及一个停止它的方案"。[1]50岁的莱西格并非等闲之辈,他在28岁前在欧美名校完成了四个学位,此后两年在美国最高法院担任大法官助理,然后在芝加哥大学、斯坦福大学和哈佛大学的法学院担任讲座教授,也是哈佛大学萨夫拉(Safra)基金会的伦理中心主任。他同时是一名活跃的政治活动家。莱西格认为,美国的金权政治问题越来越严重,无法靠政策层面的改革来解决,必须发起实质性的宪政改革。近年来他和一群学者与活动家提出"美国的第二次立宪"(Second Constitution of the United States)建议,要求"重开全国制宪会议"来修改宪法。由于美国宪法第五条的苛刻限制,实施修宪动议非常困难。9月24日,莱西格在哈佛大学法学院主持召开了"制宪会议"学术讨论会,来自各种政治派别的学者和活动家探讨这一动议的必要性与可能性。莱西格的计划或许带有乌托邦的色彩,但对美国政治进程的不满已经蔓延到全国范围,实质性宪政改革的要求开始受到人们(包括一些议员)的

---

[1] Lawrence Lessig, "Republic, Lost: How Money Corrupts Congress—and a Plan to Stop It", *Grand Central Publishing*, 2011.

重视。[1]

福山是一位具有历史哲学意识的政治科学家，他从来注重经验事实对理论的检测与修正。他在最新一期《外交事务》发表的文章《历史的未来》，再次展现出他的思想抱负。[2] 这是对20年前"历史终结论"的反思，也是对"未来意识形态"轮廓的新构想。的确，福山从未（如某些传言所说的那样）完全放弃"历史终结论"的理论构想，他仍然坚持"现代化逻辑"是强有力的：经济与技术的发展，催生现代政治意识的觉醒，导致普遍的民主化要求，这个进程的力量是任何特定的文化传统迟早都难以抗拒的（所谓的"阿拉伯剧变"似乎再度确认这个逻辑）。福山认为自由主义民主仍然是当今世界的默认意识形态（default ideology），但他现在强调，民主化的诉求并不能直接生成健康稳定的自由民主政体，这必须依赖某些具有历史偶然性的条件。如果这些条件改变了，自由民主制将面临新的挑战。

福山分析指出，在1848年之后，对工业化国家民主运动的领导权在两种思潮之间的竞争中展开：一是致力于实质性民主的共产主义，一是信奉在法治保障个人权利的前提下扩大政治参与的自由主义。早期马克思主义者相信他们能赢得这场竞争，因为新兴工人阶级将在社会人口的数量上占据优势，最终会危及保守派和传统自由派。当工人阶级的兴起遭到非民主势力的激烈压制，共产主义和许多社会主义者放弃了形式民主而转向直接夺权。整个20世纪上半叶，进步左翼阵营有一个很强的共识：为了确保财富的平等分配，由政府控制经济制高点，对所有发达国家是不可避免的。社会主义被认为代表了现代社会大多数人的意愿与利益。

---

[1] "Conference on the Constitutional Convention", Harvard Law School, September 24–25, 2011.(http://conconcon.org/).

[2] Francis Fukuyama, "The Future of History: Can Liberal Democracy Survive the Decline of the Middle Class?", *Foreign Affairs*, January/February 2012.

但是，两种意识形态竞争出现了戏剧性的逆转。关键的变化是，在服务业压倒制造业的所谓"后工业经济"中，工人阶级不仅在人口规模上停止增长，而且生活水准不断上升，他们进入了"中产阶级"的行列，最终转变为另一种国内的利益集团，可以利用工会来保护他们早年的辛苦所得。传统的马克思主义相信中产阶级（资产阶级）在现代社会中只会是拥有特权的少数人，但实际发生的历史进程是，资产阶级和中产阶级最终构成了人口的大多数。

由此可见，经济发展与自由民主政体的结盟要求一个中介环节：相对平等的中产阶级成为社会成员的主导力量。自由民主体制被广泛接受，是因为发达国家的物质繁荣足以让公民的大多数将自己视为中产阶级。这解释了高度发展与稳定民主之间存在的相关关系。这个见解并不新颖，巴林顿·摩尔（Barrington Moore）早有名言："没有中产阶级就没有民主。"但福山的洞见是，这个中介环节的生成具有偶然性，是工业化时代资本主义的历史产物。而在知识经济时代，技术创新的收益往往比例失调地倾向于有才能和教育良好的社会成员，也造成了不平等的巨大扩张。在1974年，美国最富有的1%家庭的收入占GDP的9%，而到了2007年这个比例是23.5%。作为才能与个性的自然差异的结果，社会不平等总是存在。但今天的技术会极大地放大这种自然差异。在19世纪，一个数学高手很难将自己的才能转换为资本。但在今天，他们可能成为金融操盘手或软件工程师，获取更高比例的国民财富。与此同时，在全球化的时代，以前发达国家由中产阶级从事的工作，现在完全可以在其他地方以更为便宜的方式完成。这两种趋势都导致中产阶级的衰落。如果技术与全球化的进程使得发达社会的大多数成员不能企及中产阶级的地位，那就会威胁自由民主的稳定性，也会废黜民主意识形态的支配地位。而福山警告说，这种趋势已经出现了。

那么出路何在？福山认为，当代左翼思想是贫乏的，没有对经济变化中的发达社会结构给出任何完整一致的理论分析，也没有阐明一种具有现实可行性的政治议程。社会民主的模式已经被耗尽了，福利国家在财政上是不可持续的。现有的左翼社会民主党当政，他们的愿望不过是要做几十年前创造的福利国家的监护人，没有任何新的鼓舞人心的议程能够让民众重整旗鼓。

福山自己构想了"未来意识形态"的轮廓。在政治上，新的意识形态需要重申民主政治对经济的优势，重申政府的正当性是公共利益的体现，支持更多的再分配，有效终止利益集团对政治的支配。在经济上，新的意识形态不能单单谴责资本主义，资本主义的多样性才是重要的，政府应当帮助社会适应变迁。全球化不应当被视为无情的生活现实，而是要被理解为一种必须在政治上细心控制的挑战和机遇。不能将市场看作目的本身，而是要衡量全球贸易与投资在什么程度上对繁荣中产阶级有所贡献。新的意识形态也必须批判现代的新古典经济学及其哲学基础（包括个人偏好至上以及用总体收入来度量国民福祉）。这种批判必须注意，人们的收入未必能反映他们对社会的真实贡献。也要进一步承认，即便劳动力市场是有效的，才能的自然分配也未必是公平的。他相信，这些理念已经零散出现了，但需要整合为一套融贯的理论，这将是一个左右两翼的思想综合。

但这种构想更多是信念，而不是现实的写照。过去30年，经验事实指向了相反的方向，我们有理由担忧不平等将继续恶化。在美国，财富的集中已经成为自激性的机制，金融部门利用其游说影响力来避免监管规约。如果缺乏民主动员的反向力量来矫正这种状况，所有社会中的精英都会利用政治系统的优势通道来保护自身的利益，美国精英也不例外。但如果发达国家的中产阶级仍然迷信过去一代的叙事——认为更加自由的市场和更小的国家能最好地服务于他们的利益，那这种民主动员就不会发生。"替代性的叙事是存在的，等待着降生。"

欧盟危机与哈贝马斯的方案

欧元区的债务危机不只是经济问题，已经危及欧盟的治理机制甚至欧盟本身的存在。哈贝马斯被公认为当今欧洲最重要的思想家，他以82岁的高龄挺身而出，执意捍卫欧盟的政治与文化理想。

2011年6月，他联合18位著名学者（包括鲍曼、贝克、赫尔德和莱维等）与政治家发表一封公开信，对欧盟政治的现状及其造成的长程危害深感忧虑，敦促各国政府官员担当政治领导的责任。"长期以来，欧洲领导人只是简单地应对眼前的事件，而不是直接面对危机的根源。这种就事论事的政治方式已经瓦解了欧洲的团结，在欧洲公民中造成了困惑和不信任。"公开信指出，仅仅重复"节俭"政策是无效的，欧洲领导人应当重返政治议程，提出南北欧地区人民都能接受的经济改革方案。只有新的政治才能恢复对欧洲一体化进程的信心。[1]

11月，哈贝马斯在巴黎第五大学和歌德学院发表演讲。据德国《明镜》周刊报道，哈贝马斯当时难以抑制激愤的情绪，抨击欧洲政客和技术官僚"毫无信念"，只是担心失去自己的权势，不惜牺牲欧洲一体化的目标。而欧洲的公民们变成了无力的旁观者。他大声呼吁"欧洲规划不能再以这种精英模式继续下去"。他在新近出版的《论欧洲宪政》[2]一书中指出，

---

[1] Jürgen Habermas and 18 others, "The EU Needs Leadership to Tackle this Crisis, Not Repeated Doses of Austerity", June 22, 2011. (https://www.theguardian.com/commentisfree/2011/jun/22/eu-leadership-tackle-crisis-austerity)

[2] Jürgen Habermas, *Zur Verfassung Europas: Ein Essay*, Suhrkamp Verlag AG, 2011.

权力从人民手中滑落，技术官僚早就在筹划一场"悄然的政变"（a quiet coup d'état）。在欧盟的三个主要机构中，欧洲议会几乎没有影响，欧盟委员会搁置立场而无所作为，而真正在《里斯本条约》中起主导作用的是欧洲理事会，但这是一个"从事政治却未被授权的政府性机构"。[1] 他担心，欧盟的扩张、一体化和民主化的进程有可能发生逆转，战后一代知识分子追求与热爱的欧洲理想可能被葬送。

那么，哈贝马斯的解决方案是什么？他在《论欧洲宪政》中提出，应该为作为整体的欧洲制定一部宪法，为所有欧洲人建立公民资格和投票权。如果欧洲人既是自己国家的公民，同时又是作为整体欧洲的公民，欧盟官员将会更有效地被欧洲公民问责，而不是只对各自国家的政府负责。他主张只有同舟共济，施以更为紧密的一体化方案，才能克服当前危机中各自为政的分离趋势。

哈贝马斯的宪政方案并不意味着要以单一的"欧洲国家"来替代欧洲各个国家的政治。对于真正的民主而言，公共领域比传统的民主代表制度更为重要，因为后者更容易被利益集团所操纵。他提议的新欧洲宪法和公民资格是一个推进步骤——迈向一个扩大和改进的公共领域，而不是一个超级的欧洲国家。他清楚地表明，各个民族国家在可预见的未来仍然应该保留政治实体，这有助于充分繁荣的理性审议的公共领域。无论他的宪政方案是否可行，他相信回到过去那个相互竞争、彼此猜疑的民族国家的欧洲是不可思议，也是不可接受的。[2]

---

[1] Georg Diez, Habermas,"The Last European: A Philosopher's Mission to Save the EU", *Spiegel*, November 25, 2011, translated from the German by Paul Cohen.(http://www.spiegel.de/international/europe/0,1518,799237,00.html)

[2] James Barham,"'A Quiet Coup d'Etat': Jürgen Habermas on the EU Crisis". (http://www.thebestschools.org/bestschoolsblog/2011/12/09/a-quiet-coup-detat-jurgen-habermas-eu-crisis/)

苏联解体的道德根源

在苏联解体20周年之际,许多专家学者重新思考这一重大历史事件的缘由。美国俄罗斯研究学者阿戎(Leon Aron)与众不同,不是以惯常的角度(经济衰退,冷战的外部压力,不堪负重的军备竞赛与阿富汗战争,民族冲突,以及戈尔巴乔夫个人的作用,等等)进行分析,而是从道德意识的层面入手,对苏联解体的根源作出解释。他在《外交政策》上发表文章,用了一个很长且耸人听闻的标题:"你认为你知道的关于苏联崩溃的一切都是错误的"[1]。

苏联解体当然有经济、政治、社会等方面的结构性原因,但阿戎指出,在1985年至1989年间,这些结构性条件并没有发生任何突然的恶化,以至于当时很少有人预见几年之后苏联的解体。他认为,苏联社会真正的变化始于1980年代中期,来自人们内心的一种道德意识的觉醒:对虚假与败坏的精神生活状态的厌倦、憎恶甚至愤怒,使得现存的制度与生活方式"突然成为可耻的、不合法的和不可忍受的"。

1987年1月,戈尔巴乔夫在中央委员会的会议上说,"一种新的道德氛围正在这个国家形成"。而对总理雷日科夫(Nikolai Ryzhkov)来说,1985年最可怕的社会特征是其"道德状况":"(我们)行贿和受贿,在报告中、在新闻里、在高高的讲台上撒谎,陷落在自己的谎言中,彼此颁发勋章。自上而下,自下而上,都是如此。"外交部长谢瓦尔德纳泽(Eduard Shevardnadze)曾在1984年冬天对戈尔巴乔夫说:"一切都腐坏了,这一切必须被改变。"戈尔巴乔夫后来在一次访谈中回忆说:"苏联模式的失败并不仅仅在经济和社会层面,它在文化层面上被挫败了。我们的社会、

---

[1] Leon Aron, "Everything You Think You Know About the Collapse of the Soviet Union Is Wrong", *Foreign Policy*, July/August 2011.

我们的人民，那些教育程度最高、最有思想的人，都在文化层面上拒绝这个模式，因为它不尊重人，在精神上和政治上压迫人。"

阿戎认为，在苏联解体 20 年之后，今天莫斯科发生的抗议同样具有深刻的道德含义。虽然经济复苏获得了相当的进展，"但统治精英的腐败，新式的舆论审查，以及对公众意见的公然藐视，已经滋生出疏离感和犬儒主义，开始接近（如果还未超过）1980 年代早期的水平"。于是，20 多年前的口号"我们不能再像这样生活下去了"重新成为人们的信念与诉求。他将突尼斯和埃及的政治变迁与俄罗斯联系起来，告诫"在现代世界，经济进步不能代替公民的自豪与自我尊重。除非我们牢记这一点，否则我们会不断感到吃惊——对后苏联时代的'颜色革命'，对'阿拉伯剧变'"以及对其他国家不可避免的民主剧变，一如当年对苏联的解体一样。

哈维尔的遗产

捷克前总统哈维尔于 2011 年 12 月 18 日去世，享年 75 岁。西方知识界的主要报刊相继刊登讣告与悼文，纪念这位经历非凡的剧作家、异议人士和政治家。他被称作"二月事件的象征"，因对东欧剧变的贡献以及推动捷克重返欧洲的努力而将名垂青史。然而，如果仅仅从冷战权力格局的转变来评价哈维尔，可能就错失了他最重要的精神遗产。

哈维尔在《无权者的权力》中指出，"布拉格之春"一般被视作维护现存体制的力量与改革这个体制的力量之间的冲突，但人们常常忘记的是，这种冲突只是一出漫长戏剧的最后一幕及其不可避免的结局，而这出长剧源于"社会的精神与良知的剧场"。在这出戏剧的开端，"存在着一些个体，他们要活在真相之中"，"这些人没有通达实际权力的途径，他们也不渴求权力"。

1990年2月,刚刚担任总统的哈维尔在美国国会上演讲,他告诫急于要挫败苏联的美国人"眼光要放远些"。"如果在人类意识的领域中没有一场全球性的革命,那么在我们作为人之存在的领域中也没有什么会变得更好,世界走向灾难也将不可避免。"在1991年出版的《夏日沉思》中他写道,"这是我的责任,去反复强调所有真正的政治的道德根源,无论这在当前听上去多么滑稽或虚妄"。

在他看来,"生活在真相之中"是人的自由与尊严的条件,这在根本上是一种精神和道德的诉求,也是民主政治的基础。而他所理解的民主是"基于一种完整的人性责任——对共同体的命运作出个人的回答"。他以一生的非凡经历写下自己个人的回答。他将作为当代欧洲的一位伟大公民被后人铭记。

帕菲特的哲学巨著问世

2011年2月,牛津大学出版社推出了德里克·帕菲特(Derek Parfit)的《论紧要之事》。[1] 这是长达1440页的两卷本哲学巨著。著名伦理学家辛格(Peter Singer)称这是"一个重要的哲学事件"[2];雷丁大学哲学教授胡克(Brad Hooker)认为这本书"可能是自从1874年西季维克的《伦理学方法》发表之后最为重要的一部道德哲学著作"[3]。

英国哲学家帕菲特于1942年出生在中国成都。他目前是牛津大学众

---

[1] Derek Parfit, *On What Matters*, Oxford University Press, 2011.
[2] Peter Singer, "Does Anything Matter?", June 13, 2011. (www.project-syndicate.org)
[3] Brad Hooker, "Ideas of the Century: On What Matters", *TPM: The Philosophers' Magazine*, ISSUE 50, September 2010.

灵学院的荣休高级研究员。此前只在 1984 年发表过一本著作《理与人》（*Reasons and Persons*），被瑞安（Alan Ryan）誉为"近乎天才之作"，由此奠定了他在英美哲学界的重要地位。《论紧要之事》早已成稿，十多年来在哲学界广为流传和讨论，为此专门举办过多次研习班和学术会议。国际分析哲学学刊《理性》（*Ratio*）还在 2009 年发表过专题特刊。帕菲特征集各种回应批评，反复修改，直到这部令人期待已久的著作问世。

《论紧要之事》旨在处理道德哲学中的一个核心问题：道德判断是否有客观的真假可言？帕菲特针对主观主义与虚无主义的哲学潮流，为道德客观主义作出了有力的辩护。他考察了三种主要的哲学传统（康德、契约论和效益论），论证具有普遍可接受性的道德规则最终也是可以达成最好结果的规则，因此他所阐述的"规则后果主义"能够更好地统合三种传统。著作还收入了其他四位当代哲学家的批评意见以及帕菲特的回应。这部著作可能会激发新一轮持久而深入的道德哲学探索。

明星学者弗格森引发争议

尼尔·弗格森（Niall Ferguson）的新书《文明：西方与其余地方》[1] 和他以往的许多著作一样引发争议。2011 年 11 月，印度裔英国左翼作家米什拉（Pankaj Mishra）在《伦敦书评》上发表长篇书评《小心这个人》[2]，尖锐批评弗格森的"白人文明优越论"。弗格森随即投书抗议，言称米什拉歪曲他的观点并影射他为"种族主义者"，要求为这一诽谤道歉。《伦敦书评》在通信版面发表了双方的两次交锋文字，仍不可开交。最后弗

---

[1] Niall Ferguson, *Civilisation: The West and the Rest*, Allen Lane, 2011.
[2] Pankaj Mishra, "Watch This Man", *London Review of Books*, Vol. 33, No. 21, November 3, 2011.

格森声称要诉诸法律。[1]

弗格森1964年出生于英国，在牛津大学毕业，先后在剑桥和牛津大学任教。2002年移居美国，前两年在纽约大学商学院教授金融历史，后在哈佛大学历史系和商学院担任讲座教授。在过去15年间，他发表了14部著作，其中5部被制作为系列纪录片在BBC第四频道等媒体播出。2004年他被《时代》周刊选为世界上最有影响的百名人物之一。此外，弗格森多年前就预言了美国会发生严重的金融危机，还发明了"中美国"（Chimerica）这一广为流传的新术语。

弗格森是高调而雄辩的新保守派史学家。他对帝国历史的阐述常被左翼批评者认为是"为殖民主义招魂"和"宣扬西方文明优越论"。他对此几乎直言不讳。他将《文明》一书题献给新婚的第二任妻子阿里（出生在索马里的荷兰政治活动家，《流浪者》一书的作者），并在序言中写到，阿里"比我认识的任何人都更理解西方文明的真实含义，以及西方文明仍然必须为这个世界提供什么"。《文明》实际上是他更早的《帝国》与《巨人》的通俗版本，试图解释为什么西方从1500年左右开始能够统治世界，其核心论点是，西方文明有六个"杀手锏"：竞争、科学、民主、医学、消费主义和职业伦理。但他也推测西方对世界的统治可能会走向终结。

2011年人文社会科学领域的获奖者与辞世者

2011年霍尔堡国际纪念奖由德国历史学家尤尔根·科卡（Jürgen

---

[1] Catherine Bennett, "Why on Earth is the History Man Being Quite so Hysterical?" *The Observer*, December 4, 2011. (http://www.guardian.co.uk/commentisfree/2011/dec/04/catherine-bennett-niall-ferguson-libel)

Kocka）获得（奖金约合78.5万美元）。他致力于研究欧洲企业员工与资产阶级的历史，试图从现代欧洲的建立这个角度来分析德国的社会进程。颁奖词称赞科卡"是当今最重要的历史学家之一"，他的研究"推动了开明和民主的制度，使他与排外、特权和不平等相抗争"。

2011年度坦普尔顿奖授予英国理论天体物理学家马丁·里斯（Martin J. Rees）。他多年钻研宇宙大爆炸的意义。他对于宇宙的洞见引申出围绕人类最高希望和最深恐惧的重大问题，由此激发的精神发展正是坦普尔顿奖长期追寻的目标。

2011年1月25日，著名社会学家丹尼尔·贝尔（Daniel Bell）逝世，享年91岁。他的著作《意识形态的终结》《后工业社会的来临》和《资本主义文化矛盾》已成为20世纪的学术经典，被认为具有"启示录"的意义。无论人们对他附加了多少似是而非的标签，贝尔清楚地将自己界定为"经济上的社会主义者、政治上的自由主义者和文化上的保守主义者"。

3月9日，《华盛顿邮报》资深白宫记者、专栏作家戴维·布罗德（David Broder）病逝，终年81岁。他为该报写作40余载，自1956年起报道每一届美国总统大选。1973年，因报道评论"水门事件"获得普利策新闻时评奖。总统奥巴马称他为"这个时代最值得尊敬、最为敏锐深刻的政治评论家"。

6月10日，96岁的英国作家、学者帕特里克·利·弗莫尔（Patrick Leigh Fermor）辞世。他被公认为"英国在世的最伟大的旅行作家"，代表作有《礼物的时节》和《在森林和湖泊之间》。弗莫尔的作品融入了历史学、地理学、语言学和人类学的丰富内涵。

12月15日，著名的公共知识分子、美籍英国作家克里斯托弗·希钦斯病逝，终年62岁。早在1970年代，希钦斯已是伦敦的一名明星记者，尔后又成为美国知识界许多重要报刊的专栏作者，他的文笔堪称一流（有人将他与奥威尔相提并论），但他的立场和观点常常引发争议。希钦斯长期被视为激进的左派，但"9·11"事件之后他宣称与左派立场决裂。他逝世之后，欧美各大报刊发表了大量的悼文。

2012 年

这是一个混沌的年代，也是一个充满可能性的年代。当下西方知识界对于多种重要议题的纷争，在相当大程度上表现出不确定性的思想特征。此前固有的知识与信念遭到怀疑，而未来的前景似乎于迷雾之中若隐若现。

新利维坦：国家资本主义的崛起

"国家资本主义"（state capitalism）并不是一个新概念，至少可以追溯到 19 世纪末德国社会民主党人李卜克内西的写作。在此后的一个多世纪中，这个术语出现在不同立场和学派的论述中，其含义不尽相同，但大致用来指称由国家主导或积极介入的市场经济实践。1 月 21 日的英国《经济学人》以"特别报告"的醒目方式（包括社论和 7 篇文章）讨论"国家资本主义的崛起",引起学界广泛关注。[1]

国家资本主义有多种变体。在宽泛的意义上,"看得见的手"一直伴随着资本主义经济的发展,英国的巨型国家企业东印度公司,以及美国立国时期的关税保护政策都是如此。"在现实中,每一个新兴的政权都依赖国家去启动经济成长,或至少保护脆弱的工业。"在整个20世纪,国家与市场在经济发展中的作用以及各自的相对优势,一直是西方思想界激烈争论的主题。在前70年间,国家主义的支持者(pro-statists)引领风向,政府着手编织社会保障网络,最终将经济中的巨型部分国有化。而在20世纪的后30年,自由市场论者获得了复兴。在里根和撒切尔的时代,风靡整个西方的潮流是将国家运营的企业私有化,削弱福利国家。苏联阵营的解体似乎标志着市场自由化潮流的完胜。在新自由主义盛行时期的主流思维中,国家资本主义不是真正的"自由市场经济",而只是"过渡性的"或"异常的"特例,要么不可持续,要么不可普遍化。

但新世纪以来的风潮又发生了转变。尤其是在2007年金融危机之后,从老牌公司"雷曼兄弟"的覆灭,到希腊的财政危机,以及近年来美国失业率的攀升与工人收入的递减……这些严峻的现实都在动摇自由市场必胜的信念。而与此同时,在新兴经济体中,一种试图混合国家力量与资本主义的经济实践正在释放巨大的能量。正如《经济学人》编辑伍尔德里奇(Adrian Wooldridge)所言:"伴随着西方自由资本主义的危机,国家资本主义已经在新兴市场中以一种强有力的新形式崛起。"正是在这个特定的背景下,重新开启的这场讨论有其紧迫的现实感,也包含着对

---

[1] *The Economist*, Vol. 402, No. 8768, January 21, 2012。这篇特别报告,除社论文章 "The Rise of State Capitalism" (p. 11) 之外,还包括7篇文章:"The Visible Hand" (p. 3), "Something Old, Something New" (p. 5), "New Masters of the Universe; State Capitalism's Global Reach" (p. 6), "Theme and Variations; A Choice of Models" (p. 9), "Mixed Bag; Pros and Cons" (p. 13), "The World in Their Hands; Going Abroad" (p. 15), and "And the Winner Is...; The Long View" (p. 17)。本文这一节没有另外注明的引文和资料均取自这篇报告。

"自由市场神话"的反思维度，并由此引发新的构想，即"国家资本主义是自由资本主义的一个可存活的另类方案（alternative）"——这是《经济学人》在今年达沃斯论坛组织的一场辩论的主题。

这篇特别报道的着眼点不是西方老式的国家资本主义，而是"聚焦于中国、俄罗斯和巴西等地新兴的国家资本主义，因为它反映的是未来而不是过去"。新型的国家资本主义可以宣称世界上最成功的大经济体属于自己的阵营（中国30年来的经济奇迹无疑是最为有力的证据），也可以认领世界上一些最强的公司。全球13个最大的石油公司（拥有四分之三的世界原油储备）都是国家支持的，而国有企业的成功并不局限于能源领域（中国移动公司、沙特的化学公司以及俄罗斯联邦储备银行等都是例证）。中国的国有企业占上市企业市值的80%，这个比例在俄罗斯和巴西分别为62%和38%。在2003年至2010年间，有政府背景的企业获得了全部外国直接投资的三分之一。在进入《财富》500强之列的新兴市场企业中，有三分之二为国有企业。政府向企业提供它们进入全球市场所需的资源，也可通过主导兼并来打造全球性的巨型企业。

虽然在经济崛起的先例（如1870年代的德国和1950年代的日本）中，我们都可以发现国家资本主义的要素，但此前的运作"从未达到如此巨大的规模，也从未有过如此精到成熟的手段"。因此，有人用"利维坦"（霍布斯名著中的巨兽）的"升级版"来比喻最近一轮的国家资本主义崛起。

"新利维坦"较之老式的国家资本主义具有明显的优势。首先，它依附的现代国家比传统国家具有更强大的权力；其次，各国的国家资本主义可以在全球化经济中更迅速地联合，形成更大的规模优势；最后，其手段更为多样，不只限于国有企业，还包括政府对"国家优胜"的私有企业予以特殊保护和支持，以及新发明的"主权财富基金"等。另外，"新利维坦"已经学会了使用高度专业化的人才（许多是毕业于国际名校的

MBA 和 EMBA）担任经营管理职务，而不再依赖官僚与亲信来施加控制。

新的国家资本主义能够成功吗？对此，争议还在持续。在达沃斯论坛的辩论中，哈佛大学商学院的教授穆萨基奥（Aldo Musacchio）力挺他所谓的"利维坦2.0版"。首先，具有强大国家资本主义的国家在最近的金融危机中表现得更有弹性和恢复力，避免了严重的经济不景气。其次，在"新利维坦"的体制中，国有企业不仅实现了盈利，而且在全球竞争中获得优势，而政府也意识到可盈利的国有企业会使国家更为强大。最后，"新利维坦"通常的角色是担当国有企业的少数股份持有者，而不是其所有者和管理者，这缓解了原先国有制常见的"代理人难题"（agency problems）。穆萨基奥论证指出，21世纪的国家资本主义是资本主义的一种杂交形式，能够有力地将企业推向《财富》500强的行列。而在另一方，欧亚集团（Eurasia Group）的创始人兼总裁、哥伦比亚大学教授布雷默（Ian Bremmer）对此予以反驳。他指出，自由资本主义在历史上遭遇过多次危机，但终究都通过自我纠错和调整而存活下来。国家资本主义不过是其最新的一个挑战者，但它自身具有严重的缺陷。首先，"这个体制的主要目的不是生产财富，而是确保财富创造不会威胁统治精英的政治权力"，每当国家被迫在公共繁荣与自身安全之间作出抉择，都会选择加紧控制。其次，国家资本主义不具有自由资本主义的那种"创造性毁灭"（creative destruction）的自我再生动力，而正是这种机制支持着不断扩张的经济生态系统。最后，这个体制很难激励创新，因而难以在全球竞争的产业链中持续升级。[1]

早在20年前，《经济学人》曾在社论（1992年12月26日）中过于草率地宣告了一种"普遍共识"："作为组织经济生活的方式而言，不存在

---

[1] "State Capitalism", *The Economist*, January 24, 2012.(http://www.economist.com/debate/days/view/802)

严肃地对自由市场资本主义的另类替代方案。"对于当下的相关辩论，这篇特别报告表现出一种审慎而犹豫的态度。一方面，它承认国家资本主义正在强劲崛起，并可能成为一个被发展中国家仿效的模式，甚至迫使西方国家以更为积极的国家干预措施来对付新的竞争和挑战。但在另一方面，这篇报告明确质疑了国家资本主义的长程发展前景，并列举出这种模式的弊端：强于基础建设而弱于自主创新，生产效率低下，自我改革的空间较小。此外，国有企业都有寻租行为的倾向，往往会滋生腐败现象。根据"透明国际"（Transparency International）的全球腐败指数排名，2011年巴西位列第73位，而俄罗斯则排在第143位。总的来说，国家资本主义或许适用于现代化的早期起步阶段，而不适应后期发达阶段，因此并不是未来发展的潮流。

尼尔·弗格森随后在《外交政策》网站发表评论文章，题为《我们现在都是国家资本主义者》[1]。他分析指出，中国的成长对美国形成挑战，但这并不是国家资本主义与市场资本主义这两种模式的竞争。他反驳那种流行的见解——将这个世界分为"市场资本主义"与"国家资本主义"这两大阵营，认为这终究是一种无所助益的过分简单化。现实情况是，大多数国家都处在两极之间，只是国家干预经济的意愿、程度与方式有所不同而已。他以多种数据表明，就政府的花费与支出占GDP的比重而言，欧美的国家比中国政府在经济中扮演了更重要的角色。只是就政府在基础建设的投资比例而言，中国远高于西方国家。因此，"我们现在都是国家资本主义者"，但形态千差万别：从新加坡的开明专制，到津巴布韦功能紊乱的暴政，以及丹麦平等主义的"保姆"国家。因此，今天真正的问题不在于究竟是要由市场还是由国家来挂帅，而是什么样的法律和体

---

[1] Niall Ferguson, "We're All State Capitalists Now", *Foreign Policy*, February 9, 2012. (http://www.foreignpolicy.com/articles/2012/02/09/we_re_all_state_capitalists_now)

制是最佳的，其衡量标准不仅是快速的经济成长，而且同等重要的是以一种公民视为正当的方式来分配增长的成果。"我们时代的真正竞争不是发生在国家资本主义的中国与市场资本主义的美国之间，以及处于两者之间的欧洲，而是争取达成正确的平衡——在生成财富的经济制度和规则同分配财富的政治体制之间的平衡。"

美国衰落论的迷思

金融危机爆发之后，关于美国正在（或已经）走向衰落的言论纷纷出笼。最近两年间至少有六部"衰落论"（declinism）的著作问世。[1]《外交政策》杂志主编格拉瑟（Susan Glasser）曾说过，衰落论如今是"美国最大的增长性行业"。[2] 而在美国历史上，"这个国家最好的日子已经过去了"之类的论调源远流长，甚至可以追溯到立国时期约翰·亚当斯的言论中。按照约瑟夫·约菲（Josef Joffe）的分析，最近半个世纪以来，已经出现过五波美国衰落论的浪潮。[3] 第一波源自 1957 年苏联卫星上天所引发的震撼，美国人感到被苏联甩在后面的危险。第二波发生在 1960 年代至 1970 年代，当时美国陷入越战的泥潭，学生造反运动风起云涌。第三波出现在卡特执政时期，急剧的通货膨胀和美元贬值导致了严重的忧虑。而衰落论的第四波始于日本的强劲崛起，一直延续到 1990 年代初期。如

---

[1] 这六部著作包括：Patrick J. Buchanan, *Suicide of a Superpower* (2011); Thomas L. Friedman and Michael Mandelbaum, *That Used to Be Us* (2011); Mark R. Levin, *Ameritopia* (2012); Edward Luce, *Time to Start Thinking* (2012); Timothy Noah, *The Great Divergence* (2012); Charles Murray, *Coming Apart* (2012)。

[2] Susan Glasser, "America's Biggest Growth Industry: Declinism", October 17, 2011. (http://blogs.reuters.com/susanglasser/2011/10/17/americas-biggest-growth-industry-declinism)

[3] Josef Joffe, "Declinism's Fifth Wave", *The American Interest*, January/February 2012.

果我们重读傅高义（Ezra Vogel）的畅销书《日本第一》，而将其中的"日本"替换为"中国"，那么衰落论就"穿越"到了2012年，出现了第五次回潮。

那么，美国的衰落究竟是一个现实还是某种"迷思"？至少奥巴马总统不以为然。他在1月26日的《国情咨文》演讲中言之凿凿："若是有任何人告诉你说，美国正处在衰落之中或我们的影响力已经衰退，他们并不明白自己在说什么。"但奥巴马知道自己在谈论什么吗？据报道，他的这番言论并非信口开河，而是依据他所阅读的一篇文章《美国衰落论的迷思》，而且奥巴马在演讲当天的下午还在一次非正式会议上对此文做了长时间的讨论。[1] 这篇文章出自著名的新保守主义思想家、美国布鲁金斯研究所外交政策高级研究员罗伯特·卡根（Robert Kagan），摘自其新著《美国造就的世界》，最初发表于2月2日的《新共和》杂志。[2]

在这篇8500多单词的文章中，卡根严厉批驳了美国衰落论，认为这些说法是基于草率的分析与浮泛的印象，也源自对于过去不真实的"怀旧幻觉"，完全经不起严格的检验。他指出，衡量一个国家的相对实力变化并不容易，但还是有一些基本指标可循，也就是中国人所说的"综合国力"：（1）相对于其他强国的经济规模和影响力；（2）与潜在对手相比的军事实力的量级；（3）在国际体系中施加政治影响力的程度。以这三项指标来判断，无论是与其他国家的横向比较，还是与自身历史的纵向比较，美国都没有走向衰落。在经济方面，美国占世界GDP的份额自1970年代以来就一直保持在大约25%的水平，今天依然如此。在军事上，目前美国的年度国防开支接近6000亿美元，超过其余强国之总和，而且美国军队拥有最先进的武器装备，也具有最丰富的实战经验。在国际政治中，

---

[1] 参见《新共和》杂志网站的编者按：http://www.tnr.com/article/politics/magazine/99521/america-world-power-declinism。

[2] Robert Kagan, *The World America Made*, Knopf, 2012; Robert Kagan, "Not Fade Away: The Myth of American Decline", *The New Republic*, February 2, 2012.

美国的伊拉克战争虽然饱受非议，但与越战相比还是成功一些。在反核扩散与反恐方面，虽然仍然有许多隐患要解决，但相比1990年代已经获得了明显的进展。在全球范围内，美国与欧洲盟友的关系是牢固的，近几年来在亚洲的联盟已经发展壮大，并改善了与印度的关系。

评价国家的兴衰还有一个时间跨度的要素。一个大国不会突然无疾而终（大英帝国的衰落发生在几十年的时间尺度之中），用短短几年的证据来判断往往不足为信。在这方面许多"衰落论者"并没有信誉良好的记录。保罗·肯尼迪（Paul Kennedy）在1987年的名著《大国的兴衰》（The Rise and Fall of the Great Powers）中言称美国正在走向衰落，到了2002年他又宣称，美国与其他国家之间"力量之悬殊"是史无前例的，而今天他又开始讨论美国衰落是无可避免的。2004年，法里德·扎卡里亚（Fareed Zakaria）宣称美国正享有自罗马帝国以来未曾见过的"全方位单极地位"优势，但仅仅四年之后他就以"后美国的世界"以及"其余国家的崛起"（the rise of the rest）来著书立说。难道在短短几年之内，美国相对国力的基础就发生了如此戏剧性的转变吗？卡根的答案是断然否定的。

在他看来，当下甚嚣尘上的衰落论有几方面的原因。首先是对"过去的好时光"的怀旧幻觉。这种幻觉是1990年代特殊时期的产物，当时美国经济状态良好，苏联解体，而中国尚未表现出经济繁荣的可持续性，美国就俨然变成"唯一的超级大国"，似乎可以为所欲为。但这从来不是事实。卡根以大量证据表明：综观当代历史，美国的确做出了非凡的成就（包括马歇尔计划、北约联盟、联合国以及布雷顿森林体系），这塑造了我们今天的世界。但美国也始终遭遇挫折、挑战和失败（从中国倒向苏联到朝鲜战争到冷战时代的核危机再到越南战争）。在所谓"软实力"方面也是如此。在战后几十年中的许多时刻，美国的道德形象并不令人称道（种族歧视问题，马丁·路德·金和罗伯特·肯尼迪被暗杀，肯特州立大学的枪击案,以及尼克松水门事件等等),而在冷战时期许多国家向往苏联而非美国的政治制度。

衰落论盛行的第二个原因是中国的崛起。中国经济总量将在未来某个时候超过美国,成为世界上最大的经济体。这意味着美国的经济地位或许会面临严峻的挑战。但是,单纯的经济规模本身并不是衡量国力的唯一标准,否则,中国在19世纪初就应该是世界头号强国(当时它已经是世界上最大的经济体),而不会成为那些欧洲小国的受害者。即使中国的经济总量再次达到这一高峰,但在人均GDP方面仍远远落后于美国和欧洲。今天和将来的中国与旧日的苏联相比无疑都要富裕得多,但其地缘战略地位更为困难。中国至少需要几个盟国才有机会将美国逐出其在西太平洋地区的要塞,但目前是美国在这一地区拥有盟国。

就此而言,美国的历史纪录从来都是好坏参半。今天美国的影响力既不在其鼎盛期,也并非处于低谷。在过去两个世纪中,美国发生过许多次严重危机:从废奴运动,南北战争后的重建,到19世纪末工业化造成的无序混乱,以及大萧条期间社会福利的困境,再到冷战初年的困惑与偏执,多次出现政治体制的功能失调,陷入无望的僵局,似乎无法找到解决方案。任何人如果诚实地回顾一下1970年代——当时的水门事件、越战、经济滞胀和能源危机,都会明白目前的困难绝非史无前例。的确,美国当今处在艰难时期。但一次经济衰退,哪怕是一场严重的经济危机,并不必定意味着一个大国终结的开始。在1890年代、1930年代和1970年代,美国都承受了深重和持久的经济危机,但每一次危机都在随后的10年之内出现强劲反弹,最终获得了比危机之前更强有力的地位。1910年代、1940年代和1980年代都是美国全球实力和影响力的高峰。总之,美国得以安然度过危机,在危机之后比其他国家更为强大和健康,而各种竞争对手则相继出现问题。造成这种结局或许并不仅仅是偶然的好运气,而是优越的制度使然。那么，期待美国再次转危为安也就并不是盲目的一厢情愿。

哈佛大学著名政治学家约瑟夫·奈（Joseph S. Nye）在11月的《外交政策》杂志发表文章，对所谓"衰落论"专家提出质疑。[1] 他指出"衰落"是一个隐喻，用有机生命的周期来比附国家，但我们对国家的周期实际上知之甚少。西罗马帝国用了300年才从鼎盛期走向崩溃。而在美国刚刚独立之后，就有人哀叹英国将会变得和撒丁岛（Sardinia）一样微不足道，但此时工业革命正将英国推向最强盛的国家。简单地说，我们并不知道美国现在处在其生命周期的什么阶段。再者，衰落论者们可能混淆了周而复始的"循环变化"与无可回返的"真正趋势"，也混淆了"绝对衰落"和"相对衰落"。没有可靠的证据表明美国出现了绝对衰落，而相对衰落是指领先国家与其余国家之间的差距在缩小，但缩小的差距并不意味着美国就失去了领先地位。在这方面，约瑟夫·奈重视中国潜在的挑战，但同时认为中国的发展前景还有许多未知的不确定因素。

科学与人文的再次交战

欧洲核子研究中心（CERN）终于发现了希格斯玻色子（所谓"上帝粒子"）的存在证据，这是一个具有里程碑意义的事件，被《科学》杂志列为2012年度10大科学突破之首。CERN主任霍耶尔（Rolf-Dieter Heuer）在6月《欧洲人》杂志的一次访谈中指出，有必要寻求自然科学

---

[1] Joseph S. Nye, "Declinist Pundits", *Foreign Policy*, November 2012.

与人文之间的对话，并正在筹划相关的学术会议。[1] 这让人回想起 1959 年的那篇著名演讲《两种文化》。英国学者和作家斯诺（C. P. Snow）在演讲中指出，许多科学家未读过莎士比亚的作品，而大多数人文学者甚至无法给出"质量"或"加速度"的确切定义。他哀叹科学与人文之间的分裂，认为这是英国教育的一个病症。几年之后，斯诺提出对"第三种文化"的期待，更为乐观地展望两种文化贯通的前景。[2] 半个世纪过去了，科学研究的最新突破已经显示出越来越深刻的人文社会相关性，也更为迫切地要求一种交汇融合的视野。然而，两种文化对彼此的傲慢与偏见似乎并未完全消除。

近年来科学前沿领域的发展提出了重要的哲学与宗教问题，在两个方面尤为显著。首先，量子力学与宇宙起源的最新研究，再次引发了"是否存在上帝"的古老争论。其次，脑科学与神经科学的新进展，揭示出人类的意识、认知与决定的机制，引起了对于道德哲学、心理学和经济学等领域的相关辩论。2012 年再度出现"两种文化"之间的热烈争议，其中有两部新著的出版与评论尤为值得关注。

理论物理学家与科普作家克劳斯（Lawrence M. Krauss）的新著《无中生有的宇宙》[3] 汇集了他近年来关于天体物理学的一系列讲座，讲述了现代宇宙学的发展——从大爆炸到微波背景辐射以及暗能量的发现。这些发展也将物理学带入了此前被认为是专属神学或哲学的争论。他以量子场理论解释整个宇宙如何可能"无中生有"，加入了无神论对宗教创世论的新一轮批判。以"好斗的无神论者"而著称的牛津大学教授道金斯为

---

[1] Rolf-Dieter Heuer, "Progress Isn't a Linear Development", *The European*, June 8, 2012. (http://theeuropean-magazine.com/263-heuer-rolf-dieter/788-science-and-the-public-sphere)
[2] C. P. Snow, *The Two Cultures*, Cambridge University Press, 2001 [1959].
[3] Lawrence M. Krauss, *A Universe from Nothing: Why There Is Something Rather than Nothing*, Free Press, 2012.

此书撰写后记,予以高度评价,甚至将它与《物种起源》相提并论。如果达尔文在人类起源问题上反驳了神创论,那么这本书在宇宙学问题上反驳了创世论,并最终挫败了"神学家的最后一张王牌"——关于"为什么存在着某种事物而不是空无一物"(why there is something rather than nothing)的诘问。

这本书很快变成了畅销书,获得了报刊媒体相当大的关注。但哥伦比亚大学物理哲学家阿尔伯特(David Albert)在《纽约时报》发表书评,表达了尖锐的批评意见。他指出,根据相对论量子场理论的标准论述,基本物理粒子包含着相对论量子场,但无从解释这些量子场来自何处(或者为什么世界会由这些量子场组成),因此断言克劳斯所谓的"无物"实际上是"某物"。[1] 两位都是拥有理论物理学博士学位的学者,持有如此相左的观点,让困于现代物理学之晦涩深奥的公众无所适从。《大西洋月刊》网站以《物理学让哲学与宗教都过时了吗?》为题,发表了对克劳斯的长篇访谈。[2]

克劳斯表现出坚定的"科学主义"立场。他认为物理学最初脱胎于"自然哲学",此后一直在发展,而哲学两千年以来却几乎停滞不前。哲学感到了来自科学的威胁。这很自然,因为每一次物理学的进展,都侵蚀了哲学细心保留的领地。而处境最糟的是所谓"物理哲学"(philosophy of physics)。物理哲学家的作品只被另一些物理哲学家阅读,对物理学完全没有任何影响。他不加掩饰地蔑称阿尔伯特之类的学者为"低能哲学家"。克劳斯认为,我们正在抵达这样的时刻:"科学可以开始回应古老的哲学

---

[1] David Albert, "On the Origin of Everything", *The New York Times*, Sunday Book Review, March 25, 2012: BR20.
[2] Ross Andersen, "Has Physics Made Philosophy and Religion Obsolete?" *The Atlantic*, April 23, 2012. (http://www.theatlantic.com/technology/archive/2012/04/has-physics-made-philosophy-and-religion-obsolete/256203/)

或宗教问题。"在他看来达尔文是比爱因斯坦更伟大的科学家,并坦言道金斯将他的著作与《物种起源》相提并论是故作惊人之语,但在某种意义上也有相似之处。在达尔文之前,生命是奇迹所为,而达尔文表明,我们在原则上可以用一些简单的法则来合理解释生命的多样性。虽然我们还不清楚生命的最终起源,但许多研究表明,化学的完全有可能转变为生物的。类似地,现在看来宇宙也是如此,它不再是充满神迹的设计之物,而是来自一个非常简单的起始:空无一物(nothing)。

在访谈中,克劳斯还辨析了所谓"无物"的确切含义。他嘲讽某些神学家和哲学家开始热衷于"量子真空"(quantum vacuum)之类的术语,他们根本不明白这是什么意思,只是假装他们好像知道自己在说什么。"当我提到'空无的空间'(empty space),我是在指量子真空,但当我谈论'无空间'的时候,就根本不能称之为量子真空。"他并不认为物理学已经确切证明了"某物"可以源自"无物",而只是表明引发"无中生有"的物理机制何以可能。"我们并不知道某物如何来自无物,但我们确实知道它可能发生的某些似乎合理的方式。"

另一部引起争议的著作是《心灵与宇宙》,作者是当代西方最负盛名的哲学家之一托马斯·内格尔。这本书的副书名透露了其核心论点——"为什么唯物论的新达尔文的自然观念几乎肯定是错的"。[1] 作者内格尔反对科学化约论和自然主义哲学的倾向,否认人的"意识、意图、意义、目的、思想与价值"最终都能依照(被各种科学所描述的)自然过程来解释。在他看来,将生命的出现理解为一系列(遵从自然选择机制的)偶然事件的结果"公然违背了我们的常识"。进化论生物学的唯物论版本无法解释心灵与意识的存在,至少是不完整的。心灵是自然的一个基本的不可

---

[1] Thomas Nagel, *Mind and Cosmos: Why the Materialist Neo-Darwinian Conception of Nature Is Almost Certainly False*, Oxford University Press, 2012.

化约的方面，而任何不能解释心灵的自然主义哲学在根本上是误导性的。虽然内格尔并不持有倾向宗教的立场（他坦承自己是无神论者），也并不同意神学的"智能设计"（intelligent design）理论，但他认为智能设计学派提出了值得关注的质疑。内格尔主张，应当在唯物论或机械论的视野之外"发展出竞争性的替代性观念"，其取向是某种"新目的论"——世界是有目的或有意图的。他并没有给出新目的论哲学的图景，而将问题留给未来的"创造性的科学家"。

内格尔的观点引发了一系列争论。最为尖锐（甚至尖刻）的批评意见来自两位中生代的哲学教授，任教于芝加哥大学的布赖恩·莱特（Brian Leiter）和宾夕法尼亚大学的迈克尔·韦斯伯格（Michael Weisberg），这些意见发表于《国家》杂志。[1] 他们认为，内格尔的整个论证是不足为信的。首先，内格尔对物理学化约论的攻击是堂·吉诃德式的批评，因为实际上没有任何严肃的哲学与科学的工作试图将一切都化约为物理学定律（心理学并不能化约为生物学，生物学也不能化约为化学，而化学也不能化约为物理学），而进化论生物学也并不依赖于化约主义的唯物论。其次，依据"常识"来反驳自然主义是站不住脚的。哥白尼的天文学革命似乎违背我们最显而易见的常识观念（"地球是平的"以及"太阳绕地球旋转"），但这并不构成驳斥它的理由。再次，内格尔声称自然选择理论无法解释为什么我们会接受"道德客观真理"，但无论在哲学家还是普通民众当中，道德实在论都是一个有争议的观点，而并非自明的"常识"。最后，内格尔相信，进化论无法解释人类掌握逻辑与数学的能力，评论者认为这是一个更有力的质疑，但完全可能通过不同于内格尔的路径来解释。总体来说，他们认为《心灵与宇宙》是一部失败之作。

---

[1] Brian Leiter and Michael Weisberg, "Do You Only Have a Brain? On Thomas Nagel", *The Nation*, October 22, 2012.

威斯康辛大学资深的科学哲学家索伯（Elliott Sober）在《波士顿评论》上发表长篇书评，其中分享了莱特和韦斯伯格的某些批评，但对内格尔有更为同情的理解。[1] 这些辩论仍然在持续，因为触及西方文化久远的争论，以及宗教与无神论之争这一敏感神经，几乎没有可能达成共识。

欧洲危机的政治根源

乔治·华盛顿曾在致拉斐特侯爵的一封信中写道："总有一天，依据美利坚合众国的模式，一个欧洲合众国将会出现。"200多年之后欧盟诞生了，但这并不是华盛顿所想象的"合众国"。欧盟是一个"货币同盟"而非"政治同盟"，甚至不是一个"财政联盟"（fiscal union）。最近，西方一些著名学者不约而同地开始探究欧盟危机的政治根源。

著名经济学家阿马蒂亚·森在《新共和》上发表文章指出，统一的欧洲是个久远的梦想，但在漫长的年代里最重要的关切是和平与善意，并由此逐渐形成一个政治整合，甚至到1940年代初《米兰宣言》发表时仍然如此。金融合作压倒政治统一是晚近的发展，这个次序的颠倒对于理解目前欧洲的经济危机至关重要。许多人主张，首先以欧洲货币的统一作为"起步"，再由此走向统一的欧洲。森认为这种主张实际上将欧洲推向了不利于统一的方向。欧盟也没有实现民主治理，紧缩政策如果只是通过法令来执行，是对公众的藐视。欧洲经济强国与金融界领袖制定的某些政策完全不合时宜，即便政策是完全正确与适时的，也仍然需要通过民主程序获得合法性。民主是"由讨论来治理"，必须服从公共讨论和

---

[1] Elliott Sober, "Remarkable Facts: Ending Science as We Know It", *The Boston Review*, November/December 2012.

说服的过程，也必须理解社会保障的必要性，避免造成严重的社会剥夺。但欧洲政治家缺乏敏锐的"政治实践性"，他们不懂得民众的声音可以被暂时压制，但无法在各国的定期选举中剥夺他们的选票。于是，各国在职政府在执行金融强国的指令时，会受到来自本国公民的压力。（备受欧盟领导人赞誉的意大利总理蒙蒂最近突然宣布辞职，这似乎印证了森的看法。）在经济政策方面，森认为目前的各种救助方案，即便成功，也只是着眼于欧元的短期生存，而没有考虑长期的可存活问题，根源在于共同货币造成的兑换率固定。这个问题可以通过（如美国这样的）政治性联邦国家来解决，但欧盟目前不具备这个结构。他认为核心的问题是欧洲经济政策的基本原则，应该立足于亚当·斯密的两个目标，以经济效率推进财富增长，以提供公共服务实现社会正义——这两个目标需要兼顾平衡而不可偏废一方。目前的紧缩方案并不是一个解决经济危机的良好方案，也完全缺乏社会与政治的远见。[1]

牛津大学著名欧洲历史学家阿什表达了相近的看法。他在《外交事务》发表《欧洲的危机》一文，探讨"欧盟当初如何结合在一起，如今又为何陷入分裂"。[2] 欧洲一体化最重要的动力来自人们对世界大战和冷战威胁的记忆，以及"永远不要再来"的心愿。政治精英与民众都曾对此具有深刻的共识。德国是一体化最积极的推动者，"因为他们以前曾是最坏的欧洲人，现在他们要变成最好的"。当时的德国总理科尔构想过一个更全面的欧洲共同体（类似于东西德国的统一），是一个财政联盟和政治联盟所支持的货币联盟，由此可以控制公共开支，协调不同国家的经济政策，以及获得更直接的政治合法性。他在1991年的演讲中还指出，历史

---

[1] Amartya Sen, "What Happened to Europe? Democracy and the Decisions of Bankers", *The New Republic*, August 23, 2012.

[2] Timothy Garton Ash, "The Crisis of Europe: How the Union Came Together and Why It's Falling Apart", *Foreign Affairs*, September/October 2012.

告诉我们"没有政治的联盟却要期望能长期维持经济与货币联盟是荒谬的"。但法国的意图与此不同,密特朗希望能对德国货币有所控制,但又不想让德国有能力影响法国的预算。当时也的确讨论过财政联盟的问题,设定了所谓"趋同标准"(convergence criteria),要求公债低于GDP的60%,赤字低于3%。但这个标准从来不具有真正的约束力。这样一个"经济与货币联盟",虽然有统一市场,但因为欧洲各国的经济差异,以及缺乏美国各州之间那样的劳动力流动和财政转移水平,很容易受到经济学家所谓的"非对称冲击"(asymmetric shocks)。而欧洲的民主政治仍然局限在各个民族国家内部,没有出现更大的欧洲公共领域。这就形成了欧洲政治的"罗生门"状况:一个政策或事件会在27个会员国的领导人(以23种不同的语言)之间出现不同解释,还有欧盟官方自己的解释。以这种方式来治理一个有5亿人口的欧洲大陆,是混乱而奇怪的。在各国政策、欧盟政策和全球市场这三角关系的结构中,欧盟陷入了功能紊乱。阿什最后指出,欧洲的危机有各种可能的前景:最悲观的情景是欧元区的彻底解体,但欧洲仍然存在,甚至欧盟仍然存在,可以从头再来。第二种情况是继续应付过去,但长程的隐患仍然挥之不去。最乐观的可能是,系统性地巩固欧盟,形成真正的财政与政治同盟。但这要求一个还未出现的"欧洲同胞公民"的认同与支持。当下的危机正在检验欧洲一体化之父让·莫内(Jean Monnet)的说法,"危机是最伟大的联合者"——这被称为"莫内方法":"一个激化欧洲各国之间差异的危机,是推进更进一步联合的最佳方式。"

  欧盟进一步的政治联合依赖于新的欧洲认同,但"欧洲公民"是一个神话吗?哈贝马斯最近在接受福山的访谈时,坚持主张一种双重性的欧洲公民身份——既忠实于各自所属的国家,又认同作为整体的欧洲。而建立这种认同的关键在于欧盟的民主政治的发展。[1]《新左派评论》发表了三位学者的文章，对佩里·安德森的近著《崭新的旧世界》（New Old World）展开讨论。安德森在回应中严厉指责哈贝马斯陶醉于自己的声望而看不到欧盟危机的根源所在。他认为，目前的欧盟对其根本使命模糊不清也缺乏自信，它屈从于美国的意志，过于关注经济，在地域上又急于扩张，实际上成为全球资本主义的一个大市场。这背离了欧盟最初的政治与道德构想。[2]

尼尔·弗格森撰文警告说，欧洲正在形成新的法西斯主义。德国人对国家统一的积极感受促使他们在20年前为德国整合而牺牲奉献，但这种感受在欧洲不同国家之间并不存在。缺乏政治联盟和财政联盟的配合支持，欧元区的经济危机很容易延伸为政治分歧。愤怒与挫折感在欧元区不同国家之间造成了紧张，也促成了极端政治的生长。敌视移民的现象发生在欧洲许多国家，希腊的极右翼政党"金色黎明"不只是排外，而且是仇恨欧洲的，但它有可能成为议会中的第三大党。他认为民粹主义是对金融危机的一种常见的政治回应，在美国也出现了右翼的茶党和左翼的占领运动，但欧洲的民粹主义采取了更为有害的形式。[3]

马克思主义的再兴起

资本主义世界的每一次危机都会激发左翼政治再度活跃。"马克思的幽灵"又一次在欧洲徘徊。年初，左翼人士发起共建"国际参与性社会

---

[1] Jürgen Habermas and Francis Fukuyama, "The European Citizen: Just a Myth?", *The Global Journal*, May 18, 2012.
[2] Perry Anderson, "Turmoil in Europe", *New Left Review*, 73, January-February 2012.
[3] Niall Ferguson, "Populism Takes an Ominous Turn", *The Daily Beast*, October 8, 2012.

的国际组织"（IOPS），旨在建立全球性的网络，为"一个新的更公正的世界"而推动积极的社会运动。乔姆斯基等40多位著名左翼知识分子和活动家出任 IOPS 的"过渡咨询委员会"成员，他们联署了一份《给所有寻求一个新的更好的世界的人们的公开信》，呼吁世界各地的人们加入这一组织。[1]据英国《卫报》报道，7月初，伦敦举办了历时5天的"马克思2012"思想节，吸引了众多的年轻人参与。组织者认为，马克思主义提供了分析资本主义危机的工具，而当下我们正处在这样的危机之中，这是人们恢复对马克思的热忱的原因。近年来，《资本论》和《共产党宣言》等经典著作畅销。当代左翼思想家的作品，如巴迪欧的《共产主义的假设》和伊格尔顿的《为什么马克思是对的》等著作也相当引人注目。巴迪欧认为共产主义思想有望重整旗鼓，进入第三次高潮。而伊格尔顿试图借此复兴之际纠正各种流传已久的对于马克思主义的误解和偏见。[2]

伊格尔顿在发表于《牛津人评论》（Oxonian Review）的访谈中指出，马克思钦佩资本主义的活力，它能迅速地积累如此多的物质、精神和文化的财富，但它无法在造就这一切的同时避免产生不平等的矛盾，希腊就是一个突出的例证。10年前几乎不能想象，在资本主义之外还有什么别的选择。今天，更多现实政治的选项将会打开，"但这并不是通过左翼的任何英雄努力，而是（反讽地）通过资本主义自身的逻辑"。在谈及未来的革命前景时，他指出"过度估计这个体制力量的衰败总是草率的"。我们还不知道希腊的这种愤怒情绪是否会蔓延到整个欧洲。"在我看来，人们只有在认定目前的体制破败到无可修复的时候，才会走向一种激进的替代方案。"他同时也提醒，在整个反资本主义的运动中，马克思主义并

---

[1] Noam Chomsky and others, "An Open Message to All Who Seek A New and Better World", International Organization for a Participatory Society. (http://www.iopsociety.org/blog/open-letter-about-iops)

[2] Stuart Jeffries, "Why Marxism is on the Rise Again", *The Guardian*, July 4, 2012.

不是多数（只是在左翼内部成为主流），这是斯大林主义的毁誉所致，需要马克思主义左派花费很长的时间来复苏。[1]

宽泛意义上的左翼并不是一个同质化的政治阵营。也有左翼人士担心在马克思主义复兴的潮流中会出现为斯大林式极权主义招魂的危险。英国社会民主派的政治理论家艾伦·约翰逊（Alan Johnson）在《世界事务》双月刊发表文章，题为《新共产主义：乌托邦妄想的复苏》，尖锐批评齐泽克和巴迪欧等激进左翼思想家，称他们的主张是一种"新形式的左翼极权主义"。只有他们才坚持主张"当代自由资本主义社会的危机是系统性的，环环相扣的，无法顺应立法改革，因此要求'革命性的'解决方案"。但他们拒绝探索过去的历史性失败的根源，也从不坦率承认他们对于如何着手未来几乎毫无想法，这表明这类"新共产主义"仍然停留在左翼极权主义的轨道之中。在欧洲社会主义民主陷入困境的背景中，在自我厌恶的智识文化中，这种激进论述有蛊惑人心的作用。[2]

当然，马克思主义的复兴未必导向古拉格的命运。刚刚去世的历史学家霍布斯鲍姆教授在《共产党宣言》新英文版的导言中指出，如果出现一种"后资本主义社会"，几乎不可能沿用社会主义的传统模式，更不可能是苏联时代"那种实际存在的"社会主义模式，但它必须涉及在全球范围内从私人占有向社会管理的转变。至于它会采用什么样的形态，又在多大程度上能体现共产主义的人道主义价值，"将取决于导致这种变迁的政治行动"。[3]

---

[1] Alexander Barker and Alex Niven, "An Interview with Terry Eagleton", *Oxonian Review*, Issue 19.4, June 4, 2012.
[2] Alan Johnson, "The New Communism: Resurrecting the Utopian Delusion", *World Affairs*, May/June 2012.
[3] Stuart Jeffries, "Why Marxism is On the Rise Again", *The Guardian*, July 4, 2012.

探索国家失败的新著引起反响

2012年出版的一部政治经济学著作获得了不同寻常的反响。六位诺贝尔经济学奖得主（从40年前获奖的肯尼思·阿罗［Kenneth Arrow］到两年前获奖的彼得·戴蒙德［Peter Diamond］）给予高度赞誉，弗格森、福山等著名学者联合推荐。出版两个月之内就有几十篇书评刊登于欧美报刊，最终进入《金融时报》《华盛顿邮报》《基督教科学箴言报》和《经济学人》等评选的年度最佳书籍之列。这本书名为《为什么一些国家会失败：权力、繁荣与贫穷的起源》[1]，作者是麻省理工学院经济学教授达龙·阿西莫格鲁（Daron Acemoglu）和哈佛大学政治学教授詹姆斯·罗宾逊（James A. Robinson）。他们都是不到50岁的"中生代"学者，但已经在专业领域中负有盛名，尤其是祖籍为土耳其的阿西莫格鲁，被认为是"当今经济学的天才型学者"。

这部著作探讨发展领域的重大问题：为什么有些国家繁荣富足而另一些国家贫穷落后？作者反驳了地理资源决定论、文化决定论和"无知论"的假设，以大量历史（从罗马帝国以降）与现代国家为例，通过对比分析论证：首要原因是政治体制（institutions）的差异。但作者并不是在重弹"制度决定论"的老调，否则不可能引起如此热烈的反响。他们的理论框架包括一对范畴："容纳型"（inclusive）体制促使广泛的社会成员参与政治并分享经济财富，而"掠取型"（extractive）体制导致统治精英同时垄断政治权力和经济资本（这是人为"设计"的产物，也不会发生自然转变）。两种体制的差异会严重影响一个国家的兴衰，尤其是其长程发展的命运。这部500多页的著作几乎没使用（作者格外擅长的）艰深的专业术语和理

---

[1] Daron Acemoglu and James Robinson, *Why Nations Fail: The Origins of Power, Prosperity and Poverty*, Currency, 2012.

论，具有很强的可读性，但同时保持了高度的学术严谨，其原创性贡献和诸多洞见无法在有限的篇幅内概括。

在获得普遍赞誉的同时，这本书也受到少数质疑，其中著名学者福山和萨克斯（Jeffrey D. Sachs）的批评格外引人注目，但都遭到了作者强烈而有力的反驳回应。福山在《美国利益》网站的博客上发文，赞赏这本书以新的论证支持体制以及政治行动者的重要作用，因而值得推荐，但他暗示作者的论点基本无异于道格拉斯·诺斯（Douglass North）等人多年前的研究。其次批评"容纳型"与"掠取型"二分范畴过于简单和极端，最后还认为这种理论难以解释中国经济的迅速发展。[1] 两位作者在回应中指出，他们的理论强调制度的政治首要性和人为设计要素，而诺斯等人的工作侧重于经济与社会因素，这是最重要的区别。况且诺斯等人在论及政治变迁时恰恰明确地援引了"我们过去的研究"。其次，极端的二分概念是作者有意为之，他们在书中言明，大多数国家都处于两者之间的"灰色地带"，但始于"黑白分明"的案例分析最有助益，后来的大多数篇幅都在处理从"掠取型"到"容纳型"逐步转变的程度。最后，就中国的案例而言，他们在书中已经论述，中国的经济起飞始于从"掠取型"体制向（虽不充分的）"容纳型"体制的转变。而国家可以在"掠取型制度下增长"恰恰是"我们理论的一部分"，只是这种增长难以持续。如果中国基于既有制度能够"达到西班牙或葡萄牙的人均收入水平，那么才会否定我们理论的有效性"。[2] 对于萨克斯的长篇批评[3]，两位作者也逐条予以反驳，认为这些批评要么失之空泛，要么无的放矢，因而都是"轻

---

[1] Francis Fukuyama, "Acemoglu and Robinson on Why Nations Fail", March 26, 2012. (http://blogs.theamerican-interest.com/fukuyama/2012/03/26/acemoglu-and-robinson-on-why-nations-fail)

[2] Daron Acemoglu and James Robinson, "Response to Fukuyama's Review", April 30, 2012. (http://whynationsfail.com/blog/2012/4/30/response-to-fukuyamas-review.html)

[3] Jeffrey D. Sachs, "Government, Geography, and Growth: The True Drivers of Economic Development", *Foreign Affairs*, September/October 2012.

率之言"。[1]

2012年人文社会科学领域的获奖者与辞世者

美国国会图书馆将 2012 年"克鲁格人文与社会科学终身成就奖"授予拉美政治经济学领域杰出的学者和实践者费尔南多·恩里克·卡多佐（Fernando Henrique Cardoso）。他对巴西的社会结构、经济和种族关系的学术研究，帮助他在连任两届总统期间，将巴西从陷于高通胀的军事独裁体制转型为一个经济上生机勃勃且更具包容性的民主体制。"他在社会学、政治科学与经济学的跨领域贡献拓宽了我们对人类经验的理解。"

2012 年霍尔堡国际纪念奖由西班牙裔社会学家、美国南加州大学传播技术与社会讲座教授曼努埃尔·卡斯特利斯（Manuel Castells）获得，奖金约合 78.5 万美元。他在信息社会、传播学和全球化研究方面贡献卓著，"信息时代三部曲"（《网络社会的兴起》《认同的力量》和《千年终结》）奠定了他在社会学领域国际权威的声望。《经济学人》曾将他誉为"虚拟世界的第一位重要哲学家"。颁奖词称赞他的理论塑造了"我们在网络社会时代对于城市和全球经济之政治动态的理解"。卡斯特利斯教授曾于 2004 年到中国访问讲学。[2]（参见"附录"《卡斯特利斯教授的风格》）

2012 年 1 月 24 日，希腊艺术电影大师基奥佐罗斯·安耶洛普洛斯（Theodoros Angelopoulos）遭遇车祸身亡，终年 76 岁。他拍摄的系列政

---

[1] Daron Acemoglu and James Robinson, "Response to Jeffrey Sachs", November 21, 2012. (http://whynationsfail.com/blog/2012/11/21/response-to-jeffrey-sachs.html)

[2] "Holberg International Memorial Prize 2012: Manuel Castells".(http://www.holbergprisen.no/en/manuel-castells.html)

治电影《1936年的岁月》《流浪艺人》《猎人》并称希腊近代史三部曲。1998年，他的《永恒与一日》摘得戛纳电影节金棕榈奖。10月1日，被称为"最后一位有趣、浪漫而坚定的马克思主义者"的埃里克·霍布斯鲍姆谢世，享年95岁。他是英国最具国际影响力的马克思主义历史学家，以"年代四部曲"（《革命的年代》《资本的年代》《帝国的年代》《极端的年代》）享誉学界，被爱德华·萨义德称为"代表了战后史学写作的高峰"。1998年，霍布斯鲍姆被授予英国名誉勋位。2002年就任伦敦大学伯贝克学院院长，直至离世。他以93岁高龄出版了最后一部著作《如何改变世界：马克思与马克思主义的故事》。10月25日，著名的美国文化历史学家雅克·巴尔赞（Jacques Barzun）去世，享年104岁。他不仅是著名的教育哲学家，写作主题还包括思想史、古典音乐，甚至涉及棒球和侦探小说。他的《美国教师》一书对二战以后美国学校教师的训练影响深远。他曾被授予美国总统自由勋章和法国荣誉军团勋章。巴尔赞在93岁高龄出版的《从黎明到衰落：西方文化生活五百年，1500年至今》成为一部畅销巨著。12月10日，具有世界影响的经济学家阿尔伯特·赫希曼（Albert Hirschman）辞世，享年97岁。他致力于发展经济学的研究，强调"不均衡发展"的必要性。后期工作围绕政治经济学，因《退出、呼吁与忠诚》和《反动的修辞》而影响卓著。

2012年去世的著名作家与学者还有：波兰诗人、诺贝尔文学奖得主维斯瓦娃·辛波丝卡（Wislawa Szymborska），美国政治学家、公共管理学权威詹姆斯·威尔逊（James Q. Wilson），美国著名艺术批评家、散文家希尔顿·克莱默（Hilton Kramer），美国著名记者、主持人迈克·华莱士（Mike Wallace），墨西哥文豪卡洛斯·富恩特斯（Carlos Fuentes Macías），美国文化批评家保罗·福塞尔（Paul Fussell），美国科幻作家雷·布雷德伯里（Ray Bradbury），史上第一位获得诺贝尔经济学奖的女学者、美国政治经济学家埃莉诺·奥斯特罗姆（Elinor Ostrom），美国历史学家、毛泽东研究专家斯图尔特·施拉姆（Stuart Schram），法国《世界报》社长埃里克·伊兹拉勒维奇（Érik Izraelewicz），美国加州大学政治学荣休教授、著名的"中国观察家"包瑞嘉（Richard Baum），英籍华裔女作家韩素音，耶鲁大学教授、美国著名保守派法学家罗伯特·博克（Robert Bork）。

访谈录

现代民主与公民政治
——桑德尔教授访谈录

迈克尔·桑德尔是美国著名的政治哲学家和公共知识分子，被公认为"社群主义"的主要代表人物之一（他本人对此有所保留）。桑德尔在牛津大学获得哲学博士学位，从1980年开始就一直在哈佛大学任教，目前是哈佛大学政府管理学Anne T. 及 Robert M. Bass讲席教授。2007年5月底，桑德尔到上海访问演讲，我们曾有过愉快的交谈。12月我到哈佛大学拜访他，现场观摩了他讲授的本科生课程"正义"（这是哈佛有史以来注册学生最多的课程），还得到他惠赠的两本著作《民主的不满》和《公共哲学》。不久前江苏人民出版社出版了《民主的不满》一书的中译本[1]，在我的提议下桑德尔教授接受了这次访谈。

刘擎：中国学术界和读者对你是有所了解的。你的著作《自由主义与正义的局限》2001年在中国翻译出版，2007年你又到中国进行了学术访问，最近《民主的不满》又出版中译本。我们仍然想更多地了解你的思想历程。作为政治哲学家，你的学术生涯开始于第一部著作的巨大成功，这本书

---

[1] 迈克尔·桑德尔：《民主的不满——美国在寻求一种公共哲学》，曾纪茂译，刘训练校，江苏人民出版社，2008年。

是在你博士论文的基础上修改完成的。在这个学科领域中，很少有博士论文产生过如此显著的影响，不仅罗尔斯本人予以高度重视，甚至还引起了欧克肖特的关注（他几乎不读当代学者的作品），而当时你还不到30岁。在你看来，是什么因素造就了这样不同寻常的成就？有什么特别值得一提的故事吗？而在哪些方面，你受到了你当时的导师查尔斯·泰勒的影响？

桑德尔：我对政治哲学的兴趣是由对政治的兴趣而萌发的。在我还很年轻的时候，我就格外关注媒体对总统竞选活动的报道。读大学的时候，我学的是政治、历史和经济，当时我以为我会成为一名报道政治问题的记者，或者可能会去参选公职。在大学最后一学年之前的那个暑假，我在华盛顿特区打工，做一名政治记者。那是1974年的夏天，当时"水门事件"丑闻败露，美国国会正在展开辩论，是否因为尼克松总统的滥用权力而弹劾他。我报道了弹劾案的听证过程，也报道了最高法院的决议案，要求尼克松总统交出他与幕僚之间关于水门事件的对话录音带作为证据。这是一段引人入胜的经历，让我能近距离地观察一个令人兴奋的政治时刻。大学毕业之后，我得到一笔奖学金，使我有机会到英国牛津大学就读研究生。我当时以为，我只是用一个学期的时间来学习政治哲学，然后就会重新回到对政治和经济更为经验性的研究方向上去。但是，政治哲学把我给迷住了。在第一个假期，记得那是1975年12月，我和几个朋友去西班牙南部旅行，随身带了四本我要读的书：约翰·罗尔斯的《正义论》、罗伯特·诺齐克的《无政府、国家与乌托邦》（这本书对放任自由主义和自由市场做了一个哲学上的辩护）、汉娜·阿伦特的《人的境况》以及康德的《纯粹理性批判》。回到牛津的第二学期，我选了有关康德的指导课（tutorial）。后来我继续学习其他政治哲学家的思想，包括霍布斯、洛克、卢梭、黑格尔、早期马克思、亚里士多德以及斯宾诺莎。

特别幸运的是，我能在查尔斯·泰勒的指导下学习，那时候他对我有很大影响，而我对他始终是极为钦佩的。我最终在牛津度过了四年时间，完成了我的博士论文，有关罗尔斯和康德所发展的那种自由主义政治哲学，对这种版本的自由主义展开了批判，这后来成为我的第一部著作《自由主义与正义的局限》。

刘擎：在《民主的不满》一书中，我感到你有两个重要的变化进展。首先，你仍然继续对康德派的自由主义展开批判，在哲学上针对其关于自我的不恰当观念，在政治上反对其国家道德中立的政治原则，但与此同时，你试图提出更为正面的或者说更有建设性的另类方案，在此你汲取了公民共和主义的传统。其次，当代大多数与古典共和主义复兴有关的论述（比如斯金纳和佩迪特的作品）主要是纯粹学院派的写作，而你的这本书似乎有意识地要超出"纯粹学术"的限制，面对更广泛的读者（包括普通公民）。在我看来，这两个方面的进展实际上使你处于一个非常独特的位置：你成为一个倡导新的（基于共和主义的）公共哲学的重要公共知识分子。那么，两个进展背后的主要意图是什么？这与你对"何为民主"以及"政治哲学在公共生活中有何作用"等问题的理解是否有所关联？

桑德尔：是的，你的观察是准确的。《民主的不满》试图针对两种读者——学者和公民。对于学者而言，这本书继续展开关于自由主义政治哲学的争论，提出一种借鉴了公民共和主义的另类方案。但这本书也面向学术界之外的公民。因为我感到，人们虽然获得了更大的物质繁荣，但却体验到一种共同体的失落，体验到一种越来越严重的无力感，这时候就会产生不满，而这本书试图对这种不满予以诊断。在我看来，政治哲学不只是去研究过去的思想家和各种思想传统，它也与当下相关。政治哲学的目的是对那些影响我们公共生活的各种前提作出批判性的反思，并且去促进这种反思。在民主社会中，要做一个合格的公民就要介入这种反思。民主社会的公民必须（至少在一定程度上）涉猎政治哲学。

刘擎：这部著作最初发表在1996年，至今已经十多年了。但随着全球性资本主义的持续扩张，它所关切的主要问题在今天甚至更为突出，与公共生活（不只是在美国）具有更为紧密的相关意义。在许多方面，不同国家的人们都有某种无力感，都体验到共同体的溃散以及道德的衰落，或者说都有相似的不满。对于寻求新的公共哲学的人们来说，公民共和主义的确具有某种吸引力。但是，论及复兴共和主义的传统，我们也面对许多问题和困难。首先，有一种看法认为，复兴公民共和主义的努力可能是一种"时代错误"（anachronism）。人们可能会问：为什么公民共和主义当初会被抛弃？《民主的不满》用了相当大的篇幅给出了一种具有说服力的历史解释，阐述"公民的政治经济"何以逐渐被"消费的政治经济"所压倒。但是，这一历史变迁不仅是政治话语的转换，而且伴随着更广泛的社会结构和背景的转变（大公司时代的来临，国民经济的兴起，以及国际市场的扩张，等等）。因此，有人会争辩说，除非我们愿意并且能够改变整体性的社会结构和背景（这似乎要求某种革命），否则，共和主义政治的复兴是不可能的。毕竟，共和主义政治根植于一种相对较小的、同质性的共同体，也只能在这种共同体中得以存活。你会如何回应这种怀疑论？你也曾提到共和主义传统不能在现代条件下直接运用，那么需要改良的是什么？

桑德尔：我同意古典共和主义传统不能直接运用于当代社会。在亚里士多德的想法中，城市的所有公民聚集在一起来审议公共问题，但这种思想假定了"城邦"（polis）是政治联合体的主要形式，还假定了"城邦"在经济上或多或少是自给自足的。而今天，从政治上说，"民族国家"取代了"城邦"成为政治联合体的主要形式;从经济上说,在全球化的时代,甚至最强大的国家也会受到超出自身控制的经济力量的制约。

尽管存在这些差异,公民共和传统提供了两方面值得我们借鉴的重要洞见,对全球化时代的政治仍然具有相关意义。首先,如果要让公民参与来塑造那种支配他们集体生活的力量,那么经济权力就必须受到政治权力的问责约束。而全球性的市场就要求全球性的治理形式。其次,如果要让公民来商议"共善"(common good,或译作"公益")的问题,他们必须分享某种共同的生活,分享某种对自己公民同胞的责任感。民主公民的这两个要求,突出了全球化对于民主所造成的困境或者(至少是)挑战。全球市场的兴起以及全球性的环境问题,都要求我们发展一种全球性的公民品质——某种共享的政治伦理和相互责任,超越国家疆界的限制。然而,在如此广大的范围内,要培养一种强有力的社群感与公民义务感是困难的。因为大家最容易认同的是那些与自己分享共同经验和传统的人们。而全球政治伦理,需要我们培养一种多元交叠的公民身份认同——某些要比对民族国家的认同更宽泛,有些则更特殊。

刘擎:现代社会的一个特征是,我们生活在一个较大而且异质性的共同体之中,在道德观念和"良善生活"(good life)的观念方面,存在深刻的多元性和差异性。有这样一种论点:对于道德、价值、善以及生活的意义等诸如此类的问题,我们谈论得越多,我们就越可能发生分歧,哪怕我们都是理性的人。用拉莫尔(Charles Larmore)的术语来说,就是所谓"合理的分歧"(reasonable disagreement)。在现代社会中,似乎存在着多种不同的,但同样正当、同样合理的善的观念,这构成了现代性的特征性条件,也常常被用来证成(justify)政治自由主义。如果"合理的分歧"是一个事实,那么共和主义复兴所面对的挑战可能会比我们预想的更为深刻，或者说在哲学上更为困难。问题不在于我们存在分歧（分歧本身是任何民主社会的特征），而在于它可能威胁到"自治"（self-government）这一理念（这是共和主义对自由的理解）。如果我们不能形成那个基于"共善"的"集体自我"，而只有形形色色不同的自我，那么我们究竟在谈论谁的"自"治？如果我们的公民德性（诸如道德推论和商议）以及积极参与无法建构那个集体的"大我"，如果我们能有的就只是许许多多彼此竞争的"小我"，那么，任何一个基于实质性价值立场的政治决定，是否就必定意味着，要在各种竞争性的善的观念中有所抉择、有所褒贬或者说"区别对待"？

桑德尔：的确，现代社会的公民对于良善生活的意见常常会发生分歧。我们生活在多元的社会中，人们有不同的道德与宗教信念。而民主的公共话语必须尊重这些差异与分歧。但问题在于，如果对各种良善生活的观念完全没有厚此薄彼的臧否，是否还有可能制定公正的法律、界定人的权利，或者贯彻实施公共政策？在许多情况下，这是不可能的。而且，试图将公共政策同法律与道德理想相隔离，可能会导致用一种技术官僚式的、经营管理式的方式来对待对公共生活，这种方式剥夺了公民对那些体现在政策和法律中的价值予以批判性反省的机会。对于道德和公民理想展开公共商议并不要求意见相同，也不能保证会达成一致。强劲的公共讨论与争辩——甚至是关于深信不疑的道德理想的辩论——并不一定是虚弱与不和谐的征兆，实际上反而可能是民主社会的力量源泉。

刘擎：你或许知道，许多中国人曾有过那样一种经历：生活在某种单一价值与道德的政治垄断之中，这套价值与道德是由"大立法家"所强加的。有过这种经历自然会对"强制的危险"格外敏感。你对于共和主义政治潜在的强制性也相当敏感，似乎试图"驯服"这种强制性，这特别体现在你对卢梭与托克维尔（还有阿伦特）在公民教育问题上的看法所作的区别。为了防止所谓"灵魂工艺"（soulcraft）变得过分强制，我们应该首先注意什么？就此而言，在共和主义政治与自由主义政治之间是否存在什么共同之处？

桑德尔：在任何时候，只要当政府自己关注"公民德性"或者"政治教育"，就会有演变为强制的风险。这里的危险在于，国家权力被用来将某种单一的美德观念强加给整个社会。自由主义就是在回应这种危险之中兴起的。但是，自由社会也需要公民拥有某种公民品格，例如宽容以及尊重他人权利的意愿等。任何一个关切"共善"的社会，必须找到某种方式，来提升和促进公民的一种精神意愿——为了整个共同体的益处而超越自身利益的意愿。

没有任何社会可以无视公民教育的事业，但公民教育不是灌输教化（indoctrination），不是自上而下地强加某些价值观或信念。最好的公民教育来自参与从事自治，来自自己的公民同胞商议要做什么样的集体选择。通过参与某种实践活动来开展公民教育，这是一种在行动中学习的方式。托克维尔在其名著《论美国的民主》中曾讨论过民主所要求的"心灵的习惯"，他认为这些习惯（至少在最初）是"习得"的，是在新英格兰地区通过镇的公民参与活动而习得的（那是在1830年代，当时托克维尔访问和周游了美国）。

刘擎：你的立场与所谓"程序自由主义"之间辩论的一个主要问题是：国家在道德上保持中立是否可能，以及是否可欲。托马斯·内格尔曾在《纽约书评》上发表文章，对你的《公共哲学》一书作了严厉批评。虽然这篇文章在有些地方相当情绪化，但他也试图澄清"并不是说国家要在所有争议性的道德问题上保持中立，而只是在那些不必在政治上作出决定的问题上才应该中立"。他坚持认为，可以在所谓的第一级原则与第二级原则之间——或者说在私人道德与公共（政治）道德之间——作出正当的区分。在他看来，这种区分恰恰是基于一个重大的道德考虑：必须平等对待每个个体。而平等主义的自由主义就是要坚持"一种团结的形式，一种尊重这些差异的共善观念"。如果我的理解是正确的话，他似乎完全可以承认：中立性原则本身既不是在道德上中立的、也不是要在政治中取消道德问题。不如说，中立性原则是要以某种特定的方式来界定"共善"，这种方式不想在一开始就将某些可争议的道德立场排除在外。你对内格尔的回应与你一贯坚持的立场是一致的：就是要表明自由主义的中立性是自相矛盾的，如果不是事先（已经）接受了某种道德立场，它就不可能作出政治决定。在此，你是否能向我们进一步澄清：在你所设想的共和主义政治那里，是否不再需要在私人道德与公共道德之间作出区分？或者，是否维持这种区分仍然是必要的，但两者之间的界线不是自明的或中立的，而一定是在道德上有争议的？

桑德尔：我喜欢你阐明这个问题的方式。我不会废弃公共与私人道德之间的区别，但我的要点在于，什么算作是公共的、什么算作是私人的，这并不是自明的或无可争议的，而是必须要被争论的问题。并且，对于"公共与私人道德之间的界线划在哪里"的争论，常常会涉及关于善的各种竞争性观念。让我们来考虑一下关于人工流产权利的辩论。有些人争辩说，流产是一个应当由妇女自己作决定的私人问题；而另一些则认为，人工流产涉及杀害一个生命，因此就是公共问题。如果没有认可或支持某种关于胎儿道德身份的观点，那就不可能解决这个争议。再来考虑另一个争论的例子：公司是否可以要求工人在不安全的条件下，为勉强糊口的收入而工作？有些人认为，劳工合同是工人与雇主之间的私人事务，而另一些人则认为，就业雇用条款是一个公共问题，而劳动标准和保健规章应当制约公司与个人之间同意签署的合约。对这类争议的回答不是道德中立的,而是取决于有关正义和权利的各种竞争性理论。

刘擎:你曾在书中指出,公民政治的传统虽然衰落了,但从未彻底消逝,而且在1980—1990年代中似乎有复苏的趋势。这个趋势的最近发展态势如何?在2008年的大选中是否有持续复苏的迹象?

桑德尔:公民性的理想确实在2008年美国的总统大选中有所体现,这在共和党和民主党两边都是如此,虽然是以不同方式显现的。约翰·麦凯恩(John McCain)比此前的几位共和党总统候选人更强调荣誉、责任、爱国主义和为国家服务等观念,这反映了他自己成长时期的经验,包括在军队服役以及在越南作为战俘的经历。而就贝拉克·奥巴马这方面而言,他呈现出一种公民理想主义,大大激发了相当多的美国人,尤其是年轻人,在许多方面令人回想起约翰·肯尼迪总统。奥巴马也比此前的民主党总统候选人更善于谈论宗教信念对公共话语的启发影响,但却没有导致不宽容的倾向。他也更直接地讨论了公民责任与"共善"。例如,他倡议一种大学教育的资助方案,提供给所有需要资助的学生,条件是在他们毕业后,作为回报,用两年的时间投身于某种形式的公共服务,诸如为贫困人口做教育服务,在医疗诊所工作,在军队服役,或者参加和平工作队(Peace Corps),等等。我认为,公众对这个倡议的强烈反响,反映出在美国人当中存在一种普遍的渴望——要为超越他们自身个人利益的"公益"做出贡献。

我没有资格来推测公民理想对于中国的相关意义。但我确实知道,在历史上,即便是最为繁荣的社会也都明白,那种主要从事生产和消费的生活并不能回应自治的渴望,不能回应与公民同胞一起来商议"共善"的渴望。最后我想说,我希望《民主的不满》在中国的出版能推动进一步的讨论,思考诸如你向我提出的这类问题。我非常期待听到中国读者的回应,并相信我将会从中受益匪浅。

刘擎:我希望这个访谈能有助于中国读者对你的进一步了解,认识你在当代政治哲学中的独特立场,并有助于他们理解这部著作在政治与哲学意义上的重要性,及其对中国的相关意义。非常感谢。

对自由主义的历史反思
——贝拉米教授访谈录

理查德·贝拉米（Richard Bellamy）是英国著名的政治理论家。早年求学于剑桥大学，在斯金纳教授的指导下完成博士论文，于1983年获得博士学位（时年26岁）。此后，先后在牛津、剑桥、爱丁堡、雷丁和艾塞克斯等多所大学任教。曾在2002年至2006年担任"欧洲政治研究联合会"（ECPR）的首席学术顾问。2005年开始在伦敦大学学院（University College London）任政治学教授，并担任公共政策学院院长。贝拉米教授著述甚丰，至今有五部专著出版，其中两部被译作中文。2005年12月，我在台湾"中研院"举办的一次学术会议上结识贝拉米教授。去年江苏人民出版社出版了他的著作《自由主义与现代社会》的中译本，在我的提议下贝拉米教授接受了这次访谈。

刘擎：对现代性条件下政治秩序的探索在你的学术生涯中占据了格外重要的位置。2004年，你的著作《重新思考自由主义》在中国翻译出版，受到不少中国学者的关注。最近，你更早的作品《自由主义与现代社会》又有中译本问世。在这部著作中，我们看到了你对自由主义思想更为历史化的系统研究。你的著作虽然是针对欧洲的研究，但对中国学者的理论探索也具有相关的启发意义。所有现代社会都有其自身独特的历史经验与文化传统，但彼此又共同分享着某些重要的特征与条件。特别在当今，自由主义已经成为一种"全球性话语"，对自由主义的批判思考也就会成为普遍关切的主题。在当今的公共领域中，自由主义常常被（包括其支持者与反对者）视作一套抽象的学说，其原则依据于普遍的、超越历史的理性和人性。而你的著作正是要对这种误解展开批评，邀请我们重访自由主义思想发展的复杂历史。为什么在当代语境中对自由主义提出一种"历史论述"如此重要？换句话说，如果没有对自由主义进入这种历史化的理解，我们可能在理论与实践方面错失什么？

贝拉米：我这本书的写作是在1992年，当时许多人都有一种倾向，就是将自由主义置于历史"之外"：要么将其作为"开端"而先于历史，要么将其作为（所有历史发展的）"终结"来标志历史的顶峰。第一种是"先于历史"的进路，典型地体现在契约论的传统之中。根据这种思路的解释，如果自由而平等的个人要开始建立国家，那么自由主义原则就会是他们所选择的据此生活的原则。在当代政治哲学中，罗尔斯和哈贝马斯都在这个思考方向上提出了独到而精致的阐述。第二种是"后历史"的进路，将自由主义视为某种社会与政治演进的终点。这种看法在福山《历史的终结》这一著名文章中得到了明确的表述，但早在18世纪和19世纪各种关于"进步"的理论中就已经暗含了这种观点。正是在与此类似的一套未被言明的假设基础之上，许多当代的自由主义理论家将自由主义预设为一种"理想"。而我所采用的"历史进路"就是意在挑战上述两种观点，并试图指出，自由主义是一种偶然的历史成就。这在一方面是要表明，自由主义仅仅是对那些具有特定历史的（而不是生活在历史"之外"或"之前"的）行动者，才会成为一种"理想的"选择。在另一方面，我的论证也表明，自由主义的种种价值对于历史进程而言是易受攻击的（vulnerable）——这些价值不是永恒的，不是整个历史的趋向所在，而是非常脆弱的。我是想以这种论述方式，促使自由主义的哲学家们介入思考他们理念的"真实"而非"理想"的根本依据，是想要指明，他们的"理想"见解实际上是基于一些未被阐明的、常常有深刻争议的"现实"基础与预设之上的。

刘擎：通过这种历史考察，你得出的最为重要的结论之一是：伦理自由主义表面上的融贯一致实际上是一种历史的偶在性。伦理自由主义并没有，也不可能在其"哲学论题"中获得根本的依据，而是被其"社会论题"所支撑维系的。这种支持一度在英国和（某种程度上的）法国维系得还不错。但到了19世纪晚期，社会和经济条件发生了变化，自由主义的"哲学论题"与"社会论题"之间的内在紧张就变得尖锐而难以调和，伦理自由主义也就随着资本主义经济的发展（伴随着社会的日益分化以及不断加剧的多元主义）而瓦解。这种情况在意大利和德国表现得尤为显著。我感到你的这种历史论证是非常有力的，也具有说服力。接下来的问题似乎就是，什么形态的自由主义对回应现代条件最为合适。但在转向这个问题之前，我们似乎有必要追问一些更为根本的问题：为什么我们仍然要去将自由主义从其谬误的（伦理的）形式中拯救出来？为什么我们还要去"重塑"或改造自由主义，而不是干脆抛弃它？如果自由主义终究不过是一种历史的（也是地域性的）特殊主义，而不具有普遍价值，那么人们有什么理由要去坚持自由主义的价值？如果不诉诸任何普遍价值或普遍道德，你为这种必要性辩护的理据是什么？

贝拉米：指出自由主义只有在特定的历史经验中才有意义，但这并不必然是要诋毁这种经验。毕竟，我们能够将这种经验与其他经验作出比较（比如，与晚近记忆中的左翼和右翼威权主义政体的经验相比较），以此提出融贯一致的理由来支持这样一种看法：自由政体中的生活比非自由政体的生活更为可取。所以我认为，对于我们这些深受历史（而自由主义是其组成部分）影响的人来说，价值上的自由主义完全是有意义的。但与此同时，对自由主义者而言，非常重要的一点是承认非自由主义者的存在，他们的世界观受到不同于自由主义的经验和传统的塑造。更进一步说，非自由主义者不必是"反自由的"（anti-liberal）或"狭隘偏执的"（illiberal），他们并不注定要去否认，自由主义——对于那些被其历史经验所引导而重视个人自主和平等的人们——可能提供了一种合理的生活方式。因此，我的论证得出这样一个结果：自由主义者与非自由主义者应当能够去探寻彼此共存的形式，而且这种追求也的确是自由主义理念所要求的。在我看来，这基本上就是罗尔斯在他的《万民法》中所取的观点。然而，正如我在批评中所表明的那样，罗尔斯的这篇论著接受了大多数自由主义政治哲学家的观点，但更好地把握这种观点的方式是一种历史化的论述，而不是那种"理想的"、外在于历史的进路。

刘擎：在过去 20 多年中，马克斯·韦伯引起了中国学者和知识分子的高度关注。你在对于韦伯政治思想的阐释中，将精到的理论分析与对历史的敏感相结合，提供了极有洞见的论述。根据你的阐释，韦伯对于议会民主的态度虽然有所保留，但总的来说是积极肯定的。这尤其明显地体现在他 1918 年的《论新秩序下的德国议会与政府》（*Parlament und Regierung im neugeordneten Deutschland*）一文中（这个文本至今尚未被译作中文）。但在他 1919 年《论帝国总统》（*Der Praesidialgewalt*）一文中，我们似乎又看到了更为复杂的态度。韦伯对于民主的理解和把握是复杂和具有内在紧张的，这也使得他与卡尔·施密特之间在政治主张上的关系变得复杂暧昧。在你看来，韦伯与施密特各自对民主的批判性理解有何不同？

贝拉米：我在《重新思考自由主义》一书中专门有一章用来讨论施密特，他既是反自由主义的，也是反民主的。他对自由与民主这两种论述背后的"政治平等"观念毫无同情之感。虽然如此，我认为他对于自由和民主做出了两个观察，其中一个是错误的但却是有力的，另一个是有效的而且重要的。他那个错误的见解关涉自由主义与民主之间的紧张。实际上，许多自由主义者在对民主可能会促发"多数暴政"的忧虑中关注到这一紧张，但施密特则将这种关切推向极端，认为民主在其固有的本质上就包含着"集体意志"的观念。我认为，这是对于民主的一种根本执迷不悟的错误观点，但他的错误有助于我们看清其中的道理。这是因为，"集体意志"的观点需要一个先决条件：只有当人们怀着施密特所信奉的那种关于民众的强烈"民族/人民"（volkish）观的时候，集体意志的观点才会发生作用。但如果没有这样一种民族观（人民观），那么民主与大众意志之主权的同一化就无法变得连贯一致。如是，我们就需要从别的方面寻求对民主的辩护（证成）。在我看来，这种证成存在于"政治平等"的观念之中，这与自由主义更为顺应。施密特的一个有效的观察是，自由主义者缺乏政治领导权的理论，或者不如说，是忽视了这种理论的必要性。但施密特（在我看来又错误地）认为自由主义与领导权理论无法兼容。他转而将此与他完全偏执的民主观相联系，再联系到他对领袖的看法：领袖就是那个能够表达和指引一个民族集体意志的人。而韦伯的考虑则非常不同。首先，韦伯以自由主义为依据将民主设想为一种机制（mechanism），这种机制有点类似于市场，通过这种机制，诸多的个人在平等的基础上表达他们对于集体政策的偏好。其次，韦伯承认有必要在不同个体的互为冲突的偏好与利益之间作出决定。最后，韦伯将领导权视为必要，这是因为在现代世界中不可能让所有公民都卷入统治，同时也是因为政府总会面对一些无法预料的复杂状况，而不得不作出困难的决定。然而，要使领导权与自由主义相兼容，领导人就必须对其行动负责——可以被人民问责，要将领导权与自由民主的平等相结合。就此而言，现代的选举民主符合了这一要求。

刘擎：你这部著作的副标题是《一项历史论证》，但你也展开了理论性的论证，特别是在这本书的最后一部分。现在让我们转到理论方面的讨论。在现代条件下，任何可信的政治理论都必须面对"多元主义的事实"所提出的挑战，也就是要面对这样一个事实：人们在善的观念，在对人生意义的理解，以及在他们所信奉的道德原则方面具有根本的差异。罗尔斯以及当代其他自由主义思想家都认真对待了这一挑战，但他们仍然试图寻找一种共同基础，由此来证成政治中立性的原则。在社群主义对自由主义的批判中，罗尔斯派的政治理论常常被鉴定为"程序自由主义"，认为它缺乏伦理实质。而有趣的是，在你的分析中，这种自由主义似乎还不够"程序化"，仍然是伦理自由主义的某种版本。它并不是如其声称的那样，对于各种不同的整全性学说保持"中立"，实际上它仍然建基于"自主的自我"和"个人自由"这类非常自由主义的（但却是虚假的）形而上学假设之上。因此，你指出，罗尔斯派的自由主义"远不是普遍适用的"，而是在"倡导一种特殊历史共同体的理想化形式，本质上是伦理自由主义传统的中产阶级乌托邦"。那么，罗尔斯派政治自由主义的缺陷究竟是什么？是过度地倾向于道德中立性（如社群主义所指控的那样）以至于不具备政治的可行性？还是中立性不足以至于不具备普遍的可欲性？

贝拉米：实际上，我对罗尔斯派的政治自由主义是颇为同情的，远比在这本著作中可能显示出的同情要多。罗尔斯在其晚期的作品中，承认了他对自由主义的解释具有历史性特征。然而，虽然他接受了人们对于"善"(the good)的问题存在着合理的分歧,但他却不认为同样的情况也发生在"正当"(the right)的问题上。而我不相信可以对这两者做如此分离。我们对于何为"正当"也完全可能存在合理的分歧,因为我们对于"正当"的理解部分地依据我们关于"善"的观念。这使得"中立性"概念成为一个"客迈拉"(chimera)或虚构的怪物,也就需要我们对自由主义作出一种甚至更为坚定的程序主义的解释。

刘擎:的确,某些版本的政治自由主义实际上不是充分"程序性的"或足够中立的,其中加载了过多的(虽然是暗藏的)哲学或道德的预设,而这种预设只有那些已经信奉自由主义价值的人才会接受。但是,对政治中立性某种更为精到的处理会承认,中立性原则的确是一种道德观念,但却不必依赖于特定的自由主义理念(诸如"个人自主性"之类)。比如,在《现代性的训诫》(The Morals of Modernity)一书中,拉莫尔论证指出,"平等的尊重"——作为中立性原则的核心规范——是一种共同的理想,它并不是对个人主义人生观的一种肯认,而是在西方文化中广泛共享的一种信念,因为它"已经成为我们作为道德存在之所是的根本感受的一部分"。在此,我想请你进一步澄清你对政治中立性的批评。你倾向于拒绝政治中立性理念的理由究竟是什么?是"政治中立性"这个观念本身——由于完全无法把握"政治"(the political)这个概念("政治"的内在本质就是无尽的冲突,所以不可能在任何意义上是中立的)——在根本上就是错误的?还是某种特定的(罗尔斯派的)政治中立性理念——因为它依赖于某种特殊的自由主义整全性学说——是虚假的?

贝拉米:我认为所有形式的政治中立性论述都失败了,虽然在各种不同的版本中,罗尔斯版本或许是最具说服力的,至少对我而言是如此。在1999年出版的《自由主义与多元主义》(Liberalism and Pluralism)一书中，我专门阐述了我的这个论点。这本书在某种意义上是《自由主义与现代社会》的续篇。多元主义意味着不可能存在超额的政治一致（同意），而政治在我看来的确需要在互为冲突的利益与观点之间展开谈判协商，从头到尾都是如此，包括对政治的基础本身。

刘擎：你的一个重要论题是"再造"自由主义：将它从伦理自由主义的虚假预设中拯救出来，赋予其"一种现实主义的自由主义观念"的基础。针对流行的"自由主义民主"，你提出了一种另类选择模式,称之为"民主的自由主义"。这是在韦伯之洞见的启发下，对于现代政治的更为现实主义的进路，其中"占据核心位置的不是自由主义的价值，而是能够体现各种观点多元性并达成一致的制度或程序"。如果我没有误读的话，你的"民主的自由主义"是一种纯粹的程序安排，一种"临时协议"（modus vivendi），它允许各种各样不可公度的理念在公共领域中彼此论争，以此寻求"妥协的政治"而非"共识的政治"。但你的这个另类模式也可能会引发许多问题。首先，你是在提议一种没有任何伦理基础的政治理论吗？或者说，一种没有伦理根据的纯粹程序的民主吗？那么你根据什么（如果不是伦理性的）基础来为这种"民主的自由主义"辩护？

贝拉米：在《自由主义与多元主义》一书以及（甚至更多地）在我最近的著作《政治宪政主义》(*Political Constitutionalism*，2007）之中，我试图将"民主的自由主义"与共和主义的自由观念——作为"非支配"的自由——相联系。我认为这是比罗尔斯的观点更为本质的政治道德，为"妥协的政治"而非"共识的政治"提供了基本原理。我对罗尔斯观点的不满，主要不是在于其对于规范性基础的依赖——我同意，这种依赖是不可避免的。但罗尔斯所诉诸的那些规范性基础一方面"太厚"了，一方面又"太薄"了。说这些基础"太厚"了，是因为它们已经预设了关于个体行动者和判断的自由主义观点,而排斥了其他不符合这种模式的政治论辩形式。说这些规范又是"太薄"了,是因为它们没有抓住和应对(在我看来是)政治的关键问题,即由权力的不平等(而不是特殊的论辩策略)所导致的压迫性的决策方式。的确,在罗尔斯对"什么是可以说的"做出约束的企图中——尤其是他关于最高法院以及宪法论述之作用的观点中——他实际上是在倡导,那些可能会因加剧政治权力不平等从而会加剧"支配"的措施。

刘擎:你的论证似乎具有很强的现实主义的考虑,旨在寻求一种最好的方式来应对现代社会中不可调和的冲突。但是,为什么我们应当在政治议程中赋予"解决冲突"以优先性的考虑?在设置这种优先性的时候,你是否已经含蓄地采取了一种道德立场(比如,对"和平的价值"以及"平等的尊重"的承诺或信奉)?

贝拉米:是的,我的确已经采取了一种道德立场。但正像我前面提到的那样,我的论点并不是一种"道德无关的"(non-moral)论点。许多自由主义哲学家也采取了类似的起点,由此出发才能论证民主政治是依据对公民的平等关切和尊重,从而建议,成就民主政治的最好方式,不是去假定我们可以一致同意什么样的政策结果最为符合这种关切和尊重,而是在某种程序上达成一致,这种程序应当公平地建立一种结构,我们在这种结构中展开关于政策结果的辩论。而且确实要努力使这些过程本身对正在进行的论争保持开放。如果政治论争的结构是"非支配性"的,那就是我们尽力而为所能获得的最好结果。我将冲突视为持续进行的事情,但在现实主义的意义上说,我们仍然需要有共同的决定,这就要求有一些方式,能让我们来作出即时的决定,尽管我们存在着冲突,而且明白这些冲突还会在不断地重现。

刘擎：《自由主义与现代社会》最初发表于 1992 年。在此后的十多年中，面对现实世界中的政治变迁，你对于自由主义和政治的思考是否发生过什么重要的变化？

贝拉米：我想，主要的一个变化是，我现在的论述是在支持共和主义，将此看作是对自由主义的一个替代性选择。当然，我主张的共和主义与自由主义也会有重叠之处，我也认为"平等的关切与尊重"是核心的政治价值。因此，我一直努力去更充分地阐发我对于权力和冲突的论述。我希望我的《自由主义与多元主义》以及《政治宪政主义》最终也能被译作中文，呈现给中国的读者。在更一般的意义上，我认为大多数政治理论家正在抓住的一个主要问题是，超越国家的正义和民主。在我论述欧盟的写作中，我已经展开了对这个问题的研究。而对于欧盟作出一个民主的自由/共和主义的全面阐释，将是我下一部著作的计划。

现代性的内部张力
——马克·里拉教授访谈录

马克·里拉是美国具有影响力的学者与公共知识分子，他曾先后在纽约大学政治学系、芝加哥大学社会思想委员会任教，目前是哥伦比亚大学宗教与人文学教授。里拉的多种著作和编著也被翻译成中文出版，包括他的成名作《维柯：反现代的创生》、《当知识分子遇到政治》(The Reckless Mind: Intellectuals in Politics)，以及他参与主编的一部文集《以赛亚·伯林的遗产》(The Legacy of Isaiah Berlin)。[1] 这使我们有机会了解这位思想活跃而独具一格的学者。笔者在与里拉教授的通信中问及他个人的学术经历和思想发展脉络，也谈到有关他著作的一些批评与争议，他在回应中的某些观察与见解对我们探讨当代西方的思想状况不乏启示和借鉴意义，本文对此作出介绍与评论。

刘擎：感谢你接受我的访谈。你的名字对于中国读者来说并不完全陌生，前两年你的著作《当知识分子遇到政治》以及编著的《以赛亚·伯林的遗产》已经在中国翻译出版，这部《维柯：反现代的创生》最近又

---

[1] 里拉：《当知识分子遇到政治》，邓晓菁、王笑红译，新星出版社，2005年；里拉等编：《以赛亚·伯林的遗产》，刘擎、殷莹译，新星出版社，2006年。

有了中译本。我们想更多地了解你的思想生涯。你是如何开始走上学术道路的？

里拉：我的思想生涯开始得较晚。我1956年出生在底特律一个具有新教背景的家庭，在少年时代曾卷入各种宗教团体，通读《圣经》，但并没有涉猎过其他思想性读物，而我父母的教育程度都不高。1978年在密歇根大学毕业之后，我进入哈佛大学攻读经济学的硕士学位，打算将来在华盛顿找一个公共政策方面的工作，完全没有期望要成为一名从事思想研究的学者。但就在那时，我结识了著名社会学家丹尼尔·贝尔，是贝尔教授将我引领到一个我此前一无所知的思想世界。1980年从哈佛大学硕士毕业后，我来到纽约，担任新保守主义领袖欧文·克里斯托尔所主持的杂志《公共利益》的编辑。当时正是新保守主义崛起的年代，但我不久便发现，自己对那种争论不如对哲学、文学和艺术更感兴趣。于是，开始在工作之余到纽约的社会研究新校进修学习。我当时实际上是自学，听凭兴趣阅读所有吸引我的著作，并没有任何成为专业学者的计划。就这样过了五年之后，我想要获得一个博士学位，于是重返哈佛大学，在著名教授朱迪思·史克拉和哈维·曼斯菲尔德的指导下研读政治哲学。1990年我以对维柯的研究论文获得博士学位。此后，在纽约大学政治学系执教九年。1999年，受聘于芝加哥大学，担任社会思想委员会的教授。

刘擎：这些学术与思想经历如何塑造了你的政治立场？你早年曾很深地卷入新保守主义的圈子，但对目前的保守主义阵营却持有批评的态度。你自己的政治立场变得令人玩味：在美国的"意识形态谱系"中你究竟处在什么位置？你的立场发生过哪些变化？

里拉：我很难确定"保守派""自由派"以及"左派"等等这些惯常的政治标签在今天还有什么意义。在1970年代初，我认为自己站在左派一边，因为我反对越南战争和种族主义。在 1980 年代初，我曾是新保守主义者，因为我认为左派已经抛弃了美国劳动人民的真正关切与利益，并对苏联社会主义的现实以及对此予以批判的必要性都视而不见。然而，经历了所有这一切，我认为自己没有什么改变，而美国发生了变化。现在我不能将自己混同于新保守主义者们，因为他们——正像福山所正确指出的那样——已经背叛了所有他们曾经代表的品质：清醒节制、怀疑主义以及对政治行动限度的深刻感知。我从伊拉克战争开始的第一天就是这场战争的反对者。那么，什么标签适用于我呢？也许，可以称作是一个"后堕落论的自由派"（post-lapsarian liberal）吧。

刘擎：对维柯的研究是您博士论文的主题。这篇论文曾获得美国政治学学会颁发的"利奥·施特劳斯奖"（授予政治哲学领域中年度最佳博士论文），而《维柯：反现代的创生》这本书就是在您博士论文的基础上修改完成的。[1] 这部著作在 1993 年出版后，立即引起学界的关注。著名哲学家斯图尔特·汉普希尔和历史学家海登·怀特（Hayden White）都为此撰写书评，予以高度评价。实际上这本书完全改变了（至少是英美）学术界对于维柯的主流看法。那么，为什么是维柯？是什么使你对维柯产生研究兴趣？

里拉：早在纽约办刊物的那段时期，几乎是偶然地，我读到了以赛亚·伯林的文章。他的文章对我来说是一种清晰论述的典范，也向我展示了现代启蒙运动与其批判者之间的戏剧性斗争。在那时候，我对浪漫派和保守派的评论者怀有同情，在伯林文章的引领下，我所读到的维柯是

---

[1] Mark Lilla, *G. B. Vico: The Making of an Anti-Modern*, Harvard University Press, 1993. 该书出版之后获得学术界很高的评价，奠定了他在思想史研究领域的声誉。2008年新星出版社出版了张小勇翻译的中译本。

一个被不公正地忽视的先驱——浪漫主义最杰出的先驱。伯林之所以要抓住维柯，是因为伯林非常警惕他在法国和德国的启蒙运动那里所看到的一种狂暴的乌托邦主义。但是，他同样也警惕此后19世纪兴起的（对启蒙的）反动派，特别是在德国。对伯林来说，维柯所坚持的温和人文主义是一条未被采取的路径。我感到伯林的这种描述非常有说服力，也引起了我强烈的研究兴趣。

刘擎：这本书的主要论点，用你书里的一句话来概括，就是要揭示"维柯是第一位以现代社会科学的面目来表达一种深刻的反现代政治理论的欧洲思想家"。如果我们以你的研究来对比伯林对维柯的解读——这也是许多中国读者所熟知的阐释——将维柯视为一位多元主义者，那么我们是否可以说伯林误读了维柯？或者，伯林也还有一半是对的——他将维柯看作一位反启蒙思想家？

里拉：在我为这本论著展开研究的过程中，我逐渐发现一个与我以前心目中的维柯相当不同的思想家。伯林正确地将他看作一个现代乌托邦的批判者，但却完全错误地将他刻画为一个多元论者。赫尔德是多元论者，但维柯不是。维柯发展了一种非常严格而又是宿命论式的历史模式，以此解释各种文明如何必然地崛起，但随后又（因为同样的理由）必然地衰落。在维柯那里，我发现了那种后来20世纪的德国人称之为"文化悲观主义"（Kulturpessimismus）的东西，这是一种心绪——透过思想与社会的精致文雅，看到衰败的威胁无处不在，并渴望追求更早的、更朴素的时代。这种文化悲观主义成为延续至今的反启蒙历史中一种非常重要的言说。在维柯那里，你可以说是悖论性地，这种反启蒙思想甚至出现在启蒙本身真正成形之前。

刘擎：您的研究所依据的不只是维柯受到普遍重视的《新科学》，而是基于对维柯全部作品的细读，从而由此发现，维柯的基督教一神论在其思想中占据了一种核心地位。但是，为什么那么多学者在那么长的时期内都没有认真关注维柯的神学？这里我想问的是：由克罗齐与科林伍德所引领的思想传统在多大程度上导致我们忽视了维柯宗教信仰的重要性？

里拉：这个问题很到位。实际上，在意大利有一个天主教维柯学派的悠久传统，但他们的影响远不如你所提到的阐释者。我认为其中的一个原因是，太多的欧洲人是通过米舍莱（Jules Michelet）带有浪漫色彩的法文译本来发现维柯的，这种翻译使得维柯看上去像是一名黑格尔和马克思的先驱，或像是人类发展早期阶段的一位浪漫诗人。直到相当晚近的时期，我们所阅读的维柯一直是世俗的、常常是无神论的、19世纪的维柯。

刘擎：对于读过施特劳斯的人来说，你的著作中似乎潜伏着某种施特劳斯式的论题：启示与哲学之间的对峙，罗马与雅典之间的紧张，哲学与诗歌之间的纷争，诸如此类。是否可以公平地说，在当时你对维柯的研究受到了施特劳斯教导的启发（虽然并非以施特劳斯之眼来解读维柯）？

里拉：是的，在我写这本书的时候，施特劳斯的确常常萦绕于心。甚至可以说，直到今天他也从未远离我的思考。但是，虽然施特劳斯强调"启示与哲学之间的对峙"以及"罗马与希腊之间的紧张"，他并不是第一个着重于此的学者。正如他自己一直坚持主张的那样，直到相当晚近的时期，这些问题实际上在思想史研究中是平常的主题。但在一个重要的方面，我试图在施特劳斯所描述的对峙与紧张中增加一种复杂性，因为施特劳斯很少对基督教予以严重的关注。对我而言,维柯作品的两极不是施特劳斯的雅典与耶路撒冷,而是罗马与伯利恒!

刘擎:在什么意义上,维柯的反现代思考对于今天、对于我们的时代仍然具有相关性?他的一些想法,比如在政治中"驯服哲学"以及对"反思的野蛮"所作的批判,对我们批判性地理解现代性(特别是现代政治)有何益处?维柯政治思想中有什么我们应当予以警觉的危险?

里拉:对我来说,维柯仍然是一个有待于不断研究的"个案",我们得以从中探查:当一个思想家为当下的衰败而忧虑,并将他的忧虑投射于一种对历史的宏大叙事的时候,那将会发生什么?施特劳斯(既然我们已经提到了他)在他的《自然权利与历史》中表现出同样的倾向。研究这样的思想人物有助于我们怀疑形形色色的历史哲学,并深入到作者自身的时代与关怀之中去探寻这种历史哲学的渊源。我希望我的这本书能有助于读者获得一种"抗体",以防疫宏大历史叙事的诱惑,因为这种诱惑仍然持续地在激发当今的知识分子,并经由他们,鼓舞各种政治运动。

刘擎:这部著作的英文版最初发表在 1993 年,至今已经有 15 年了。但我似乎感到,这本书中的一些主题在你后来的写作中不断地深化展开,从《当知识分子遇到政治》直到最近的《夭折的上帝》。那么,你对维柯的研究在多大程度上影响了你此后的问题意识和研究旨趣?

里拉:你看得很准,我的确是在不断地回到一些相同的论题——有时我感到自己像一只反复咀嚼同一块骨头的狗!这块"骨头"到底是什么?从最基本的层面上来说,这是(一般意义上被构想的)启蒙的问题。西方哲学传统的一个主要预设是,知识总是好(善)的:我们可以辩论什么构成了真正的知识,也可以辩论什么构成了善;但是这种等同(将知识等同于善）却是被普遍认定的。但在这种传统中也存在着对立相反的声音——质疑这种等同的存在，重视前理性与潜理性，忧虑人类的好奇心，而迷醉于人的纯真无知。所以，西方传统中存在着一种潜伏的却是生生不息的反启蒙声音，这是需要我们认真对待的。反启蒙的声音之所以值得重视，既是因为其主张，也是因为其魅力向我们揭示出关于我们自身的某些东西。我最近出版的著作《夭折的上帝：宗教、政治与现代西方》处理了宗教与政治领域中始于19世纪的反启蒙的诱惑。在下一部著作中，我打算在更一般的意义上处理这个问题，着手考察一种强有力的理念——我们越是无知，我们就越幸福。

刘擎：论述维柯的这本书可以说是一部严格意义上的学术著作，而我感到你后来的作品在文体上变得更为通俗，似乎有意识地要面向更宽的读者群。如果我的感觉没有错的话，这种变化的动机是什么？

里拉：实际上，当年我在纽约做编辑工作时，就学着如何针对普通读者来写作。我认为这种写作是更为困难的，它施加了一种学术写作所不要求的智识规约。当你要用清晰通俗的语言向非专业读者表述你的论证时，论证中可能存在的缺陷反而会更明显地暴露出来。我尽力采用德国作家布莱希特的一种方式：他在自己的写字台上摆放着一只小木驴，它的头颈上刻写着这样一句话——"我也必须能理解"（Ich auch muß es verstehen）。是的，我是为我们大家都有的那只"小木驴"而写作。

刘擎：有不少评论者将你称作"施特劳斯派"的学者。师从曼斯菲尔德当然会受到施特劳斯的影响。读到你2004年在《纽约书评》上连续发表的两篇长文，[1] 在文章中，你试图分辨什么是施特劳斯思想中伟大而不朽的遗产；对施特劳斯的滥用，什么是需要质疑和批评的。通过对比两种——"欧洲的"与"美国的"——对施特劳斯的不同理解来阐释这种区别。那么，你会如何描述施特劳斯的思想遗产以及对你个人的影响？

里拉：当然，我受到他很大的影响。在我的思考中，施特劳斯总是在背景之中的。但我对所谓"施特劳斯派"却很不以为然。是的，我在新保守主义圈子中遇到的许多年轻人都是施特劳斯派，但他们并没有什么过人之处。相反，他们显得谄媚奉承，缺乏对知识的好奇心，而且怀有意识形态的偏见。但施特劳斯本人却完全不同——他的严谨认真与他真诚秉持的哲人生活的概念都是非凡的，这对我影响至深。所以我在文章中指出，"欧洲的施特劳斯"是一位深刻而富有独创性的思想家，将现代性问题置于"超越自由主义视野"的思路中予以批判性的审查，一直追溯到西方文明的源头。但我也提到，施特劳斯的思想在欧洲学术界是受到争议的。他提出的"隐讳"与"俗白"的阐释方法在古典学界受到严厉的质疑，也有学者批评他对现代性的理解完全忽视了基督教传统内部与古典时期的断裂，没有考虑现代自由思想的基督教根源。但无论如何，欧洲对于施特劳斯的研究是学术性的，他对现代性的批判虽然受到争议，但其独特的问题意识与视野获得了高度重视，被看作与海德格尔具有同样深远的意义。而在美国，施特劳斯的深邃思想逐渐被简化为一种"教义"。我分析过这种原因，这是因为美国大学生普遍缺乏古典思想与哲学的扎实训练和开阔视野，施特劳斯非凡的魅力使许多学生陷入盲目崇拜，而他在智识上的探索与好奇精神却被遗忘和丧失。另外，那些古典思想

---

[1] Lilla,"Leo Strauss: The European", *The New York Review of Books,* Vol. 51, No. 16, October 21, 2004; "The Closing of the Straussian Mind", *The New York Review of Books*, Vol. 51, No. 17, November 4, 2004.

的爱好者在1960年代美国校园的激进反叛运动中陷入极度孤立，由此生发了对大众民主的敌视与愤怒情绪。他们后来在学术界的失意更容易使他们转向寻求政治仕途生涯，成为保守主义势力招募的最佳人选，最终形成了盘踞在华盛顿的"心智封闭的施特劳斯派"。但他们并不是施特劳斯思想精髓的继承者。从哲学家施特劳斯到美国的"施特劳斯派"是一个智性蜕化的历史。对此，我在文章中有一个尖刻的比喻，这个过程是"肇始于瓦格纳的《诸神的黄昏》而终结于《星条旗永不落》"。

刘擎：可以看出你的作品中时而会出现施特劳斯的影子。比如，在《当知识分子遇到政治》的尾声（《叙拉古的诱惑》）中尤为显著。我认为这篇"尾声"可能比此书中的其他章节都更为重要。你在此重新提出对于如何理解现代暴政的理论与实践的问题，首先质疑了以"启蒙理性主义"或"非理性主义"这两种思想史范式的解释力，同时也质疑了知识分子社会史中的"介入"与"超脱"这两种叙事的阐释有效性。由此，文章将"亲暴政的（philotyrannical）知识分子"现象转换为古典学的一个论题：爱欲（eros）的力量，并追随苏格拉底，将暴政理解为"爱欲的癫狂"的展现。这是非常施特劳斯的探究方式。但现在，还有哪些思想家对你有影响？

里拉：我想，现在对我影响最深的当代思想家并不是施特劳斯。如果要列举一个名单，那么居于前列的是以赛亚·伯林、雷蒙·阿隆和格尔肖姆·舍勒姆——他们都排在施特劳斯之前。

刘擎：据我所知，中国有不少学人起初对伯林的著作兴致盎然，但后来又听说伯林"在哲学上的浅薄与混乱"便束之高阁、不再深究。你为什么如此推崇伯林？

里拉：我对伯林的偏爱与敬重并不是因为完全认同他的论点。实际上,我对伯林的思想史研究及其对"反启蒙"思想家的阐释也有保留和相当尖锐的批评。[1] 但我认为,伯林敏锐地洞察到启蒙理性主义与自由多元主义之间的紧张,这仍然是我们时代最为深刻的问题。同样重要的是,伯林与阿隆和舍勒姆一样,对人类的政治激情力量,特别是这种激情如何在宗教中获得表达,以及将这种激情导向健康目标的必要性有着深刻理解。伯林与阿隆实践了马克斯·韦伯所谓的"责任政治"(politics of responsibility),也就是说,他们总是追问自己:如果处在权威的位置上他们将会做什么?这使他们免疫于歇斯底里、乌托邦主义、狂热主义和弥赛亚主义。他们敏感于政治的限度,懂得最终需要运用公共权力来防止人类更可怕的灾难,而不是致力于重新塑造人类或整个社会。在这个意义上,你可以说我是一个自由主义者。我相信我已故的导师史克拉所说的"恐惧的自由主义"(the liberalism of fear)——就是在政治中要努力防止灭绝人性与残忍,这比达成某种人类理想更为重要。这就是为什么我会以"亲暴政的知识分子"作为核心论题,来处理 20 世纪几位最为重要的思想家,虽然我对其中的几位怀有深刻的敬意,但我更倾心于苏格拉底的教诲:哲学生活之所以是一种"高贵的生活",是因为它对自身的暴虐倾向怀有最高度的自觉。正是在这个意义上,对我而言,伯林是比施特劳斯重要得多的人物,而且伯林有助于我们理解施特劳斯思想(如果被当作一种政治方案)中的某种危险。施特劳斯认为,我们需要把握的根本区别在于古代与现代(所谓"古今之争"),他将现代性视为一个整体。而伯林将我们的注意力引向现代性内部的紧张——启蒙传统与反启蒙传统之间的冲突,这在我看来是我们时代真正的冲突所在。我也认为,许多自诩为施特劳斯派的那些人实际上正是屈从于反启蒙的悲观主义,再借

---

[1] 参见里拉:《狼与羊》,载《以赛亚·伯林的遗产》,第28—38页,以及讨论部分,第53—63页。

"思古之幽"来投射他们自己的这种悲观主义。而我感到,比之施特劳斯的思想,伯林的思想对"当下的激情"是更为可靠的指引。

刘擎:然而,反对"亲暴政的知识分子",这不会是自由主义的陈词滥调吗?不是反映了某种自由派的意识形态偏见吗?我的一位同事(华东师范大学中文系)罗岗教授对《当知识分子遇到政治》一书写过评论,[1] 文章批评你"把自由主义所界定的以资本主义'自由-民主'共识为前提的'现代性'视为唯一真理",因此"将所有批判、质疑和反抗这一'现代性'的行动与实践称为'暴政',牢牢地钉在了历史和道德的耻辱柱上"。这使得你在对所谓"亲暴政的知识分子"的论述中忽视了"思想与社会语境的对应关系",其思想史角度的阐释也"被自己的'定见'和'偏见'所束缚,非常化约地把复杂多变的思想路线引向既定的目标和结论"。你对此有何回应?

里拉:我不能确定这和所谓"定见"与"偏见"有什么相干。我从来没有假设过自由主义民主与资本主义是政治与经济生活唯一正当的形式。一个真正的自由主义者不可能相信这种信条,而必须认识到,自由主义在某种特定的社会条件下并不总是可能的,甚至并不总是明智的。也必须认识到,自由主义是不完善的,而改进总是可能的。我当然承认资本主义所有严重的问题,特别是资本主义目前的形态。但是,我的确怀疑那样一种人:他们从自己的口袋里掏出一个计划,宣告一种关于人类社会与人性的全新图景。是的,我怀疑并敌视那些放弃实践责任政治的知识分子。激励他们的是种种弥赛亚救世的梦想,或意识形态的狂热,或一个据称是失落了的世界,或一种纯粹的道德义愤。我对他们持有批

---

[1] 罗岗:《无法摆脱"黑洞"的思想"宇宙"——〈当知识分子遇到政治〉读后》,载世纪中国网。

判态度，这并不是因为他们不是自由民主派，而是因为他们从未严肃与清澈地考虑过自由主义民主必须提供什么，也从未考虑过他们所宣扬的替代方案的所有危险。在这个意义上，专横暴虐的是他们的思想，而不只是他们的政治。

刘擎：在西方学界，《当知识分子遇到政治》一书赢得了许多赞赏，也遭到一些质疑。你将思想家的"思想"与他们个人的"政治选择"关联起来，而这种关联处理是否得当就成为一个争议的焦点。2003年耶鲁大学著名政治理论家塞拉·本哈比教授在《波士顿评论》上撰文，批评你"没有认真对待"他所论述的人物的"思想"。[1] 本哈比认为，你对本雅明和科耶夫的处理是精致细微的，但对福柯和德里达的刻画是肤浅粗糙的。我对此也有点同感，觉得你对福柯和德里达的论述并没有深入思想的内在肌理，相比其他章节也较为薄弱。你对这种批评有何回应？

里拉：的确，我对福柯的早期作品以及德里达的所有作品都不如对著作中其他人物（海德格尔、施米特、本雅明和科耶夫）的作品更为敬重。我认为，这可能也与代际差异有关：对于本哈比他们经历1960年代的那一辈人来说，福柯与德里达的意义不只在于他们的作品本身，而是代表了一种新的（如果也是含混的话）批判"权力"的思想可能。我觉得福柯的晚期作品更有价值，但这毕竟出现在他的政治徘徊之后。至于德里达，很遗憾，他不是一个严肃的人，至少就其政治论述而言。我是作为他的读者，也是作为1988—1989年间他在巴黎讲授的研讨班的学员，得出这一看法的。

---

[1] Seyla Benhabib, "Taking Ideas Seriously: Can We Distinguish Political Choices from Philosophical Truths?", *Boston Review*, Vol. 27, No. 6, December 2002/January 2003.

刘擎：但本哈比对你最为关键的批评在于指出，"哲学品质与政治品质之间的关系是复杂的，有时是矛盾的。但里拉对这种复杂性不感兴趣……哲学上的激进姿态可能蕴含了对暴政的希望，但也可能打开通往改革与革命的道路"。[1]

里拉：本哈比的这类论述背后潜在的假设是，政治哲学应当服从于任何类型的"激进姿态"，而这恰恰是本哈比和我的区别所在。我的哲学观是，哲学应当致力于解释世界，而不是去干预世界。改变世界需要另一种思考，一种实践-政治的责任介入。我对本哈比这样的思想家的感觉是，他们在两方面都失败了：他们既没有全身而退地进入哲学论证——无论这会导向何处；他们也没有投身于那种理解当下并明智地介入其中的艰巨工作。

刘擎：类似的批评与反驳透露出当代西方学者之间在知识承传与政治立场等方面的分野，这使他们对哲学与政治之间的关系问题有各自不同的把握与应对方式。对学术界而言，这类争论的意义并不在于寻求某种确定的解决，而在于开启不同的思路来面对时代的重要问题。你的论述在汲取了古典学研究论题的同时介入了现代性的内部紧张。在这个意义上，你大概是施特劳斯与伯林这两种不同思想遗产的继承者，为我们提供了独具一格的视野。

---

[1] Seyla Benhabib, "Taking Ideas Seriously: Can We Distinguish Political Choices from Philosophical Truths?".

我们可以从德国政治文化学习什么
——米勒教授访谈录

这是徐贲教授于2008年7月对普林斯顿大学政治学教授杨-维尔纳·米勒（Jan-Werner Müller）的访谈。就中国翻译出版他的两本书——《危险的心灵：战后欧洲思潮中的卡尔·施米特》（新星出版社，2006年）和《另一个国度：德国知识分子、两德统一及民族认同》（新星出版社，2008年）中感兴趣的一些问题进行的一次书面访谈。感谢徐贲教授的慷慨支持，同意将这篇访谈收入本书。

徐贲：你的书里谈道，1933年以前的魏玛共和时期，许多德国自由主义者对群众民主感到不安和焦虑，使得许多德国知识分子对民主议会政治充满了反感和不信任。能否请你谈一谈魏玛共和时期的政治特征？以今天的角度来看，魏玛民主有哪些问题需要我们去关注？

米勒：不只是在德国，甚至不只是在欧洲，"魏玛"一词至今仍然催动着我们的政治想象。"魏玛"代表着民主在20世纪所遭受的一场最令人惊讶的失败，民主的这场失败带来了空前的灾难性后果。要说清楚魏玛的教训究竟是什么，不是一件容易的事。魏玛的失败并不是由某种制度原因所注定的，如强势总统或一般性的政治制度架构。魏玛的宪法是高度民主的，也很进步，但是正如诺伊曼（Franz Neumann，魏玛时期的著名律师）在当时就指出的那样，魏玛宪法也许更像是一个条约或停战协定。当时德国的不同政治团体之间存在着敌对的关系，宪法起到的是在它们之间调停的作用。真正的民主制度需要具有内部的同质性，宪法的作用是在民主的朋友们之间，为全社会的政治游戏和政治目标规定一套充分一致的游戏规则。（按：施米特政治哲学提出的政治同质性和政治的根本在于分清朋友和敌人这种观点，放到这个历史背景中去理解，便对我们今天思考民主宪政仍有意义。）

魏玛民主的软弱，更重要的原因在于当时德国政治文化中有许多非常违背自由（deeply illiberal）的因素、战败后的德国深深感到凡尔赛条约的耻辱，经济恶化在1920年代到了令人不能忍受的程度。除了这些客观原因，二战后人们还从体制建设和宪法条文来总结魏玛时期的政治教训。其中重要的一条就是，如果民主要捍卫自己，就必须限制极端主义的党派或彻底禁止这些党派。纳粹和希特勒就是利用了魏玛的民主体制才获得政权的。德国人至今将此视为重要的政治教训。这几年由于恐怖主义利用民主制度攻击民主社会，民主的自我捍卫，又称"战斗型民主"（militant democracy）受到了更为广泛的关注。值得一提的是，出现战斗型民主概念也与冷战有关，当然，冷战时针对的是公开的党派，不是恐怖组织那样的秘密团体。

徐贲：1930年代初，在保守的民族主义者协助下，魏玛共和转变为一个威权的总统制政权，纳粹在1933年崛起，当时德国知识分子之间有哪些分歧呢？对时局的发展和变化，知识分子和一般民众的反应有什么相同和不同的地方呢？

米勒：魏玛是政治和社会思潮的巨大实验室，包括一些非常奇怪的意识形态联盟，一些看起来是对立冲突思想的新组合（如"普鲁士社会主义"），社会在左、右两个极端间稀奇古怪地摇摆。1930年代初的威权政治吸引了许多左翼和右翼人士和知识分子，当时人们急切地想解决德国的民族自尊和经济问题，几乎没有人认为自由民主有办法解决这些问题，绝大多数人都把兴趣投入到威权主义的解决方案中去。有一些左翼知识分子反对建立保守的威权政体，但并不反对威权本身。许多右翼知识分子寄希望于强势国家的新模式，也有一些民主派知识分子想保存民主共和的政体，但他们的人数却越来越少。当时有一个现象我们不应当忘记，那就是学生群体几乎是一边倒地反对共和，倾向右翼。20世纪在整个欧洲发生的一个重要变化就是，到了1960年代，政治上活跃的学生又转而一边倒地倾向左翼。

徐贲：二战以后，哲学家雅斯贝斯（Karl Jaspers）发表了他的《德国罪过问题》，帮助德国社会反思在纳粹极权时代所犯下的不同性质的责任和罪过。还有哪些德国思想家也提出这个问题？

米勒：雅斯贝斯并不是唯一尝试从哲学角度讨论德国罪过问题的，但确实没有人像他那么细致地区别不同的责任和罪过。雅斯贝斯为德国人思考历史和历史影响提供了一套公共语言和概念工具。而且，他还特别把清晰的道德立场与政治建议结合在一起。这首先表现在对民族国家的道德沦丧进行批判思考。他同时还非常清楚地表达了这样的看法，那就是，不存在德国"集体道德罪过"的问题。他认为，德国人帮助纳粹掌权，犯下的是"政治罪过"，德国人帮助形成新的极权政治文化，需要担负的是集体的"道德责任"。我认为雅斯贝斯是对的。

徐贲：对于任何有过极权政治经历的国家，雅斯贝斯提供的公共语言和分析概念都仍然有用。是不是还有另外一些德国思想家对此也有所论述呢？

米勒：政治理论家施特恩贝格尔（Dolf Sternberger）在思想上与雅斯贝斯非常接近，他继续雅斯贝斯的反思，并且将这一反思与"宪法爱国主义"联系起来，宪法爱国主义持民主的反民族主义立场。我认为，哈贝马斯关于公共领域中人的自由交际和辩论的思想，也是深受雅斯贝斯的影响。哈贝马斯和雅斯贝斯一样，对民族国家和国家主义权力的危害性一直很警觉。我认为，在德国有一个思考纳粹极权的传统，一直延续至今。

徐贲：你也许了解，在中国现在有一些关于普世道德的讨论，其中的一个议题就是民族国家主权和人权的关系。雅斯贝斯积极主张普世道德和"世界公民"，这与他在纳粹极权时代的经历有些什么关系呢？

米勒：雅斯贝斯和许多其他德国知识分子都经历过二战，也了解纳粹对犹太人的大屠杀，对他们来说，人权从一开始就与传统的国家主权观念有所冲突。今天，人们对犹太人大屠杀邪恶的感受比雅斯贝斯那一代人更强烈。二战以后，人们曾对联合国在世界范围内推动人权普遍寄予厚望，提出了各种关于世界政府或全球邦联律法（人权）的构想。冷战破灭了这些希望，但是，人权仍然取得了重要的进步。可以从这两点来看：第一，西欧国家都通过了公民权利法案，这些权利法案都受到宪法法院的有效保护。一次和二次大战间的那种不设限的议会政治在许多方面都被抛弃了。（按：也就是说，议会不得通过限制或废除公民权利的律法。坚持人权原则的宪法法院不允许"人民代表"通过议会的立法程序来限制人民的公民权利。）第二，欧洲国家自愿接受赞同和保护人权的国际机构和协定（如欧洲议会）的约束。这样的国家机构和协定不只是说说而已，而且还有一些实施贯彻的权力。人权在1970年代由于一些国家（主要是美国和法国）的推动而得到发展。人权推动者包括那些对阶级斗争论和其他左派意识形态感到失望的知识分子。

徐贲：民族国家主义及其专制政权与普世道德之间又有哪些具体冲突呢？

米勒：很明显，纳粹公开反对启蒙思想关于所有人类在人性和尊严上平等的主张。纳粹主张的是种族等级论。但是，却不能因此就得出结论，说纳粹没有它自己的一套道德观。历史学家以前常说，纳粹是道德虚无主义，一切都只是为了权力，等等。但是后来的研究者，如孔芝（Claudia Koonz，研究纳粹历史的美国历史学家），证明纳粹有自己的道德主张，如团结、牺牲，尽管这些道德价值只适用于同一种族群体的成员之间。纳粹其实是要用他们自己那一套价值和目标来取代现代的自由主义价值和目标，取消自由现代性（liberal modernity）。

更重要的是，纳粹以自己的方式把他们那一套价值当成普世价值。这并不是说，他们要拿另一套价值与全人类成员平等地分享，而是说，他们和19世纪传统的民族主义者不同。纳粹追求的是一种更具世界性的目标，要超越传统的德国民族概念，尽量在全世界范围内为他们的政治和道德制度拓展疆域。当然可以说，这是一种帝国主义。但这是一种特殊的帝国主义。它把帝国本身变作一个巨大的种族化民族国家，用它来消灭其他民族、奴役其他民族。这与19世纪英、法帝国主义是不同的。哲学家亚历山大·科耶夫在二战时第一个提出纳粹帝国的这一特点，后来的历史学家，如马佐尔（Mark Mazower，英国历史学家）的实证研究证明了科耶夫是正确的。

徐贲：二战后德国发生了根本的政体变化，从政治极权转变为民主宪政。在这个转变过程中，宪法爱国主义的概念发挥了重要的作用。能否请你谈谈宪法爱国主义如何在政治上、文化上起到纠正民族主义的作用？宪法爱国主义又是如何重新表达共和主义和民主的呢？

米勒：宪法爱国主义的政治认同基础不是民族文化，而是自由民主的价值观。这些价值观大部分会体现在宪法之中。但是，宪法爱国主义中的"宪法"指的绝不只是纸上的宪法。宪法价值应当体现为宪政道德和更广义的宪政文化。因此，有成文宪法的国家可能并没有宪法爱国主义，而没有成文宪法的国家（如英国）则可能有宪法爱国主义。在德国，施特恩贝格尔最早提出宪法爱国主义，并得到响应。一个原因是，德国的民族历史遭到过纳粹的严重破坏，德国民族文化在相当程度上也遭到过纳粹破坏。另一个原因是，东、西两德处于分裂状态，不可能实现传统意义上的民族国家认同。

徐贲：你在《另一个国度：德国知识分子、两德统一及民族认同》中说道，首先正式提出"宪法爱国主义"这一说法的是德国思想家施特恩贝格尔，他援引了亚里士多德主义、阿伦特的共和主义，以及"公民举止"或"公民性"（Burgerlichkeit），提出最迟到18世纪末，所有的爱国主义都是"宪法爱国主义"，也就是对法律（宪法）和共同自由的热爱。宪法爱国主义的意义应该不只限于德国吧？

米勒：是的，我认为宪法爱国主义的概念超出了它的德国具体环境，应当成为我们思考一般多元文化社会中政治认同的重要概念。这个概念也为思考超越民族国家的政治认同指明了正确的方向。欧洲联盟就是一个例子，欧洲国家最近在欧洲宪法文件问题上没能达成协议，这并不表示关于宪法爱国主义的辩论已经结束，更不表示已经不再需要宪法爱国主义。

徐贲：德国传统的民族主义是否还在影响普通德国人对美国式自由民主政治的批评态度？我想知道你对这个问题的看法，因为在中国有人想借用像施米特那样对自由民主的批判，来证明自由民主在美、英世界之外并不受欢迎，也并不适用。

米勒：我并不认为传统的德国民族主义在德国还有多少残余，我也不认为有多少德国人对美、英自由民主抱否定的态度。其实，美、英自由民主差异很大，说"美英自由民主"未必合适。当然，在德国是有人反对美国的一些思想，如美、英式的经济新自由主义。但是，除了一些边缘派别和边缘知识分子，并没有谁会怀疑自由民主政治基本原则的正当性，如议会、受宪法保护神圣不可侵犯的人权、独立司法审查，等等。还有，中欧和英国在自由民主问题上的看法也已经越来越接近。

徐贲：二战后的一代德国人却比经历过二战的那一代在记忆纳粹历史时更具批判性，这是为什么呢？在第一、第二代人渐渐死亡消失后，这一历史记忆将如何传承呢？

米勒：1960年代初，不只是1968年，德国人，尤其是德国青年人就已经开始对纳粹和极权国家进行更为批判性的思考。对犹太人大屠杀的深入认识也是从这个时期开始的。此后，德国人对犹太人大屠杀的极端反道德性有了新的认识，不可能再把它简单地当作二战中的一个事件。能够有这样的发展，在时间上拉开了距离是一个原因。德国在政治和经济上都取得了很大的进步，也促进了这一改变。

但是，正如我在《另一个国度》中所讨论的，德国知识分子起到了非常重要的作用，他们坚持认为，民主公民必须诚实地面对历史，他们自己就是这么做的。诚实地对待历史，在德国已经深入人心，并成为德国政治文化官方立场的一部分。由于民间和官方能够一致诚实地对待历史,时间越久,集体记忆也就越得到加强。

当然,我们无法预估将来的发展,我自己的感觉是,1980年代和1990年代,都曾是德国集体记忆的高潮期,因为德国必须面对一些与记忆有关的重大问题,如官方对历史的立场中应当如何反映社会共识、应当修建和不应当修建什么样的公共纪念建筑、德国的历史应当与它在现今世界中的新角色之间有什么样的关系,等等。我不认为这种对历史的批判性思考会被逆转,我也不认为将来一代代的年轻人会彻底脱离这种主流记忆文化。这种记忆文化是健康的。德国人当然不需要对世界其他国家指手画脚,告诉他们如何诚实面对自己的历史。但是,有的国家确实存在着记忆文化匮缺的问题,俄罗斯就是一个例子。在缺乏记忆文化的国家里,政治文化明显地朝不自由的方向发展。

徐贲:维克多·克莱普勒(Victor Klemperer)在德国纳粹时期留下了日记《我会作见证》,能否谈谈你对克莱普勒日记的看法?

米勒:非常震撼。许多对纳粹极权社会有所了解的人,读到这部第一手材料的日记,会更了解发生在日常生活中的屈辱和愈演愈烈的歧视虐待、死亡威胁,也会有新的感受。这些日记还间接地向我们展示了那个一去不返的德国布尔乔亚世界,许多1945年后出生的德国人对那个中产阶级的市民社会世界已经不了解了。

徐贲:戈尔德哈根(Daniel Goldhagen)在《希特勒的志愿行刑者》一书中解释纳粹对犹太人的大屠杀,采用的是一种"国民性"或"国民文化"分析模式。德国的国民性是由特定的民族文化("反犹主义")形成的,既然德国国民性是所有德国人的国民性,那么某些德国人因国民性犯下的罪过便成为所有德国人的集体罪过。为了突出"国民性"的绝对重要作用,戈尔德哈根明确排斥其他能影响人们行为的因素：经济处境、国家制度、人的一般社会联系和心理特征，等等。对这部历史著作你怎么看呢？

米勒：历史学家们对这本书批评得很厉害。许多普通公众，尤其是青年人却很喜欢这本书和它的作者。很难弄清楚戈尔德哈根的年轻读者为什么那么喜欢这本书。但我想，他们也许从戈尔德哈根的书中找到这样一个他们自己想要的说法，那就是，1945年以后的德国变好了。我认为，戈尔德哈根把读者的注意力引向战时和屠杀犹太人中普通人的行为，而不仅仅关注政权制度结构或者某某主义，这是有益的，也因此提出了一些重要的问题。在戈尔德哈根之前，其他历史学家也作过这样的研究，如布朗宁（Christopher Browning），与布朗宁的研究相比，戈尔德哈根的研究方法和取向确实是存在一些问题。

徐贲：德国的宪政民主是在战后形成的，这样的宪政民主与美国相对悠久稳定的宪政民主之间有一些什么差异呢？

米勒：虽然德国在战后努力学习美国的民主经验，但两国之间仍存在着许多重要的差别。最大的差别是总统制和议会制的差别，另一个差别是美国的最高法院和德国的联邦宪法法院。德国的宪法法院是一个更加专门的机构，它的职责是确保违宪审查制度、确保宪法的正常实施（事实上，德国各个州均设有宪法法院。州宪法法院同样可进行宪法审判，其职责在于确保州宪法的正确实施）。联邦宪法法院在宪法审判中发挥着主要作用，是德国最受尊重的机构之一。今天，许多政治学家都认为，从原则上说，议会制比总统制更可取，1989年以后，许多中、东欧国家更愿意仿效德国的议会制模式，而不是美国的总统制模式，并不是偶然的。德、美两国间的一个重要的相似之处就是联邦制，但是，由于政治角力和缺乏透明性，德国的联邦主义一直被视为受机能障碍所累。最近，德国的两个最大政党已经通过了改革的方案,要解决这些问题。有意思的是,伊拉克的宪法准备委员会对德国联邦特别感兴趣,当然同时也参考瑞士、英国、加拿大和西班牙的联邦制度。

徐贲:德国在人权问题上的立场似乎比世界上许多其他国家都坚定,是民众的立场呢,还是民众与知识分子的共识?德国知识分子在人权问题上是不是有什么分歧呢?

米勒:人权是德国知识分子的共识立场,就人权本身而言,意见是一致的。当然,有一些道德哲学的辩论。但这与过去德国知识分子或现在一些其他国家中的知识分子怀疑或否定人权是不同的。一个原因是,德国的国家和宗教分离不像在有些国家中那么明显,宗教辩论会强烈地渗透到公共领域中。另一个原因是,人们对纳粹这段历史保有记忆,对反人权的问题更为敏感。再一个原因是,"9·11"事件以后,关于自由和安全的问题在西方国家中有许多辩论,在德国也是一样。德国知识分子是站在自由这一边的,宪法法院更是站在自由这一边。当然,这个辩论在许多方面并不准确。还需要追问,谁的安全?谁的自由?国家的安全措施并不对每一个人有同样的影响。

徐贲:你在《另一个国度》中谈到了阿伦特在德国的影响。近几年阿伦特在中国被介绍、翻译,她的共和主义政治和公民政治观影响了一些中国知识分子。阿伦特在德国有影响的原因又是什么?

米勒:这 20 年来,阿伦特受到很大关注。她无疑是 20 世纪的一位重要政治思想家。她的许多"欧洲"式的、非分析哲学的思想在德国都容易被接受,这与在英、美的情况不同。更具有特殊意义的是,德国左翼知识分子希望两德统一后能够出现更好的公民共和、更直接的公民参与、更多民众志愿投入到公共领域中去。在我看来,这些希望都还有待实现。

徐贲:你的两部著作《危险的心灵:战后欧洲思潮中的卡尔·施米特》和《另一个国度:德国知识分子、两德统一及民族认同》已经翻译成中文,你有什么特别要对中国读者说的吗?

米勒:将某一种历史经验和教训转换到另一种环境中去,总是一件不容易的事。尽管如此,我想中国读者可能对我的两本书有这样两个方面的兴趣。第一是《另一个国度》讨论的知识分子作用。知识分子在具体的历史环境下,尤其在威权或极权国家向自由国家转化的过程中,可以发挥积极作用。现在回想起来,德国知识分子以前做过许多蠢事,说过许多蠢话。但是,正如我在书中所表明的,他们也发挥过民主公民的作用。知识分子向德国民众说明,当民主公民是怎么一回事,并希望尽量多的民众能够成为民主公民。知识分子希望,随着越来越多的普通人成为民主公民,知识分子的政治作用不妨逐渐减弱。

第二是在《危险的心灵》中讨论到的施米特与自由民主的关系。施米特的影响时间持久(现在仍在持续)、情况复杂而充满矛盾,证明了反自由的力量可能会非常强大。有志于加强自由民主的人们,必须研究反自由的思想,并且特别需要对反自由思想所提出的自由民主政治问题有相应解决的方案。一个政治文化要摆脱威权主义的、反自由的政体,就特别不能小看反自由思想,这一点非常重要。反自由的思想工具可以用来建设自由民主,这是可以做到的,施米特就是一个例子。1945年以后德国取得民主和宪政的成就,并不是由于全面引进英美民主理论,而是由于采纳和改造了德国自己的传统。

附录：欧美学人剪影

萨义德轶事

爱德华·萨义德曾在《伦敦书评》发表过一篇文章，回忆了他与福柯和萨特相遇的经历。文章透露了这三位享誉世界的左翼知识分子在巴以冲突问题上的立场分歧。

1979年1月萨义德在纽约收到一份电报，法国《现代》杂志邀请他赴巴黎出席一个关于中东和平问题的研讨会，电报的落款人是波伏娃和萨特。他在惶恐之中竟然怀疑这是个玩笑，用他自己的话说，这就"如同收到艾略特和沃尔夫的邀请去《日规》杂志的办公室做客"。他用了两天的时间才确认这份电报的确属实，随即接受了邀请。萨义德那时已经44岁了，刚刚出版了《东方主义》，并由于积极介入中东政治问题而为人注目。为什么他仍然会为收到这份邀请而惶恐？因为在他心目中"萨特一直是20世纪最伟大的知识分子英雄之一。在我们时代的几乎每一个进步事业中，他的洞见与知性天才都发挥了作用"。

萨义德到达巴黎后，在下榻的宾馆中收到了一个神秘的通知："由于安全原因，讨论会改在福柯的家中举行。"第二天上午萨义德赶到了福柯的居所，几位与会者已经就座，波伏娃在谈论她去德黑兰组织示威的计划，却迟迟不见萨特露面。他对波伏娃的喋喋不休没有好感，而且觉得她虚荣得无以争辩。一个小时左右波伏娃就离开了。

在福柯的书架上,萨义德发现了自己的著作《开端》,这使他高兴。但福柯表示自己对这个研讨会无可贡献,一会儿就要去国家图书馆。福柯与萨义德之间的交往一直是友好而亲切的,但他从不愿对萨义德谈论中东政治问题。直到福柯去世之后,萨义德才渐渐明白其中的原委。他从福柯的传记中获知,1967年福柯在突尼斯目睹了反犹太主义的疯狂,便中断了在那里的教学工作返回巴黎。但后来突尼斯大学哲学系的一位教授告诉萨义德,福柯的离去是由于当时与一名学生的同性恋关系"败露",被大学当局驱逐。萨义德不知道哪一个版本的故事更为真确。后来他从德勒兹那里得知,在巴以冲突问题上福柯因为倾向于支持以色列而与德勒兹争执,这两位一度最亲密的朋友也渐渐疏远。

萨特终于到场了,被一群助理和翻译簇拥着。使萨义德深为吃惊的不只是萨特的苍老与憔悴,而是他在讨论中几乎一言不发,消极而冷漠。只有他的助理以权威口吻不断插话。萨义德打断了讨论,坚决要求听到萨特自己的发言。最后获得的是萨特事先准备好的两页文稿,其中只有对埃及总统萨达特陈腐而空洞的赞美,而对巴勒斯坦的诉求则不置一词。萨义德终于明白,自己一直被萨特在阿尔及利亚独立运动中的英雄故事所迷惑,其实萨特始终是一个犹太复国主义的同情者。萨义德带着对萨特的极度失望回到纽约,这是他们之间仅有的一次会面。次年,萨特的去世仍然使萨义德深为哀恸。

《爱这个世界:汉娜·阿伦特传》(*Hannah Arendt: For Love of the World*)是阿伦特传记作品中较有影响的一部。可以肯定的是,萨义德读过这本书,并引用了其中的一个"史料"。不幸的是,他所征引的"史料"是作者的一个"笔误"。美国《高教纪事》资深编辑作家麦克里米就此采写了一篇报道，透露了其来龙去脉。

这部传记在1982年由耶鲁大学出版社出版，经过修订在今年11月推出了第二版，其中作者伊丽莎白·杨-布吕尔更正了初版中的一个重要错误，涉及阿伦特与犹太恐怖主义组织的关系。传记第一版中提到，阿伦特曾在1967年和1973年两次捐款给"犹太保卫联盟"（Jewish Defense League, JDL）。"犹太保卫联盟"于1968年在美国建立，具有恐怖主义倾向，曾涉嫌策划几十起暗杀、爆炸和其他恐怖事件（在其攻击目标的"黑名单"中就包括萨义德）。"犹太保卫联盟"的行为甚至受到犹太人的批评。例如，著名的犹太组织"反诽谤联盟"（Anti-Defamation League）曾谴责"犹太保卫联盟"的"种族主义、暴力和政治极端主义"。但实际上，阿伦特从未对"犹太保卫联盟"捐款，她第一次捐款时"犹太保卫联盟"甚至还没有成立。杨-布吕尔在传记的第一版发表之后才发现，阿伦特所捐助的是一个和平主义组织——"犹太人联合呼声"（the United Jewish Appeal），对自己在匆忙之中造成了重大失误后悔不已。

在第二版的序言中，作者用一个注释特别指出了这个失误，同时也披露，萨义德曾引用这个误传，并对她更正的要求置之不顾。在1985年秋季号的《批判性探索》（Critical Inquiry）中，萨义德发表《差异的意识形态》一文。其中写道，"虽然阿伦特在战前帮助犹太人移居巴勒斯坦，但她始终批评犹太复国主义的主流……不过，她在1967年曾给"犹太保卫联盟"捐款，在1973年又捐了一次"。这篇文章发表时，"犹太保卫联盟"的创建者开始对以色列政治发生影响，鼓吹要将所有阿拉伯人从以色列驱逐出去。这个关于阿伦特的误传无疑对她构成了严重却不实的指控。

杨-布吕尔在读到萨义德的文章后大惊失色，立即写信给萨义德和《批判性探索》编辑部，解释这一错误的来由并表达了深切的歉意，她在信中恳求，如果文章结集重印请一定对此予以更正，"你可以对我说任何话，是我罪有应得,但请不要继续对阿伦特以讹传讹"。但是,萨义德从未给她回复,而且只字未改地将这篇文章收入在他1986年出版的文集中。杨-布吕尔在新版序言中说,"萨义德拒绝对此予以更正,使这个错误被更为广泛地流传"。

但问题在于,究竟是萨义德没有收到过杨-布吕尔的这封信,还是他不愿对此更正?杨-布吕尔认为,他收到了信,但"他选择不作更正"。杨-布吕尔近年也在萨义德生前任教的哥伦比亚大学工作,但从未就此与他进行当面交涉。对于去世不久的萨义德来说,这是否也构成了一个不实的指控呢?对此,我们大约需要萨义德的传记作者以后来澄清了。

德里达引发的争议

德里达去世后的两天，美国知识界的主要论坛《纽约时报》刊出一篇轻佻的"讣告"，引起轩然大波。这让人想起12年前关于德里达的另一次著名的争议。

1992年5月当剑桥大学决定授予德里达荣誉哲学博士学位的时候，以巴里·史密斯教授为首的18位著名哲学家联名致书剑桥大学表示反对。他们认为德里达的写作虽然具有原创性，或许在电影或文学等领域也有一定的意义，但作为"哲学家"，他的作品没有达到专业学术所要求的基本的"清晰与严谨"。剑桥大学最后不得不启动特殊的投票表决程序来解决这场争端，结果以336票对204票通过了荣誉学位的授予。

德里达注定是个充满争议的人物，身前死后都是如此。对于德里达来说，"一切都在文本之中"，而任何文本一旦遭遇"解构"便无法获得其确定的意义。那么，德里达自己的作品，甚至德里达之死本身也不能不是一个"文本事件"，也不得不引起多义性的阐释。也许，德里达自己很清楚，解构效应最终会指向他本人。于是，"解构德里达"将成为一种悖论性的阐释行动：既是对他的颠覆又是对他的肯定。

然而，对"解构"最流行的误解就是将它看作一种无可不为的"知识无政府主义"力量,可以任意滥用,达成任意的结论。但是,在最原初的意义上,解构只是一种批判性阅读的分析策略,它所激发与"邀请"的多重阐释并不支持"任意阐释"的正当性,它对形而上学绝对真理的颠覆也并不意味着我们将陷入彻底的虚无主义。实际上,彻底的虚无主义本身正是"解构"所要质疑的一种形而上学。在更为宽泛的意义上,解构是一种持续而积极的斗争,它所反抗的是唯理主义对生命真实复杂性与矛盾性的独断压制。也许就是在这个意义上,德里达说"解构是对生命的肯定"。

  2001年9月在香港中文大学,德里达在演讲之后的答问中,将我的提问看作一个可疑的挑衅而格外严肃。第二天的交谈中他变得谦和起来,也许是看到我手上的那本《撒播》(*Dissemination*)里面写满了旁注,他说自己最怕那种从不阅读而又肆意攻击的"批评者"。他愉快地在那本书的扉页上签了名。此刻,看着他的签名我在想:德里达死去了吗?"德里达之死"究竟是什么意思呢?

桑塔格之于我们这个时代

以"沉痛"之类的字眼与苏珊·桑塔格的名字相并置是不太适宜的，哪怕是用来凭吊她的逝去。她的一生是对生命最为热烈的礼赞。她的高傲、自信与坚定是摄人心魄的，她的博学、睿智和才华是夺目的，而她的激情、诙谐和热忱是感人至深的。面对令人哀伤的时刻，她的书写或格外沉静或极度义愤，但几乎从不流露伤感与悲痛。对于桑塔格来说，死亡如同疾病，不是"隐喻"而是一个质朴的事实。正如她在第一次被确诊身患癌症之后写到的那样，"每个人生来就持有双重公民身份，在健康的国度与疾病的国度"，而"疾病是生命的夜晚暗面，是更为费力的公民义务"。桑塔格的辞世是担当了自己最后的生命义务，从容走入永远的夜色。我们追忆她，心存敬意地寻访她走过的路程、寻求她赋予的启示。

早年

1933年1月16日桑塔格在纽约出生，童年在亚利桑那和洛杉矶度过。她的生父是犹太裔的皮货商人，主要在中国经商。在她5岁时，母亲独自从中国返回，告知父亲因患肺病在中国去世。家境贫困加上母亲酗酒，她很少感受到童年的温暖与欢乐。在桑塔格的回忆中，童年是"一场漫长的徒刑"，而唯一的避难所就是文学书籍。她从3岁开始阅读，8岁时候用所有积攒的零花钱买了一套文学丛书，其中有莎士比亚和雨果的作品。她回忆说，那时她躺在床上看着书架，如同看着自己的50位朋友，而每一本书都是通向一个世界的大门。桑塔格一生寻访各种书店购书，去世前将25000册个人收藏转交给加州大学图书馆。

在她15岁的时候，校长说她的水平已经超过学校的老师，决定提前3年让她毕业，送到加州大学伯克利分校读大学。不久后她转学到芝加哥大学，交往密切的教师中有著名批评家肯尼思·博克和政治哲学家利奥·施特劳斯。

在她大学二年级的时候，一天她走进教室听一个关于卡夫卡的讲座。演讲者是社会学教师菲利普·里夫，他在结束时问了她的名字。10天以后他们结婚了。那一年桑塔格17岁，丈夫年长她11岁。1951年她本科毕业后随同丈夫迁居波士顿，次年生下了儿子戴维。桑塔格在哈佛大学读研究生，其间哲学家马尔库塞曾在他们家住过一年。桑塔格回忆说，那时候她所接触的文化与当代毫无关系，"我的现代性观念是尼采所思考的现代性"。桑塔格在1954年和1955年分别获得哈佛大学英语和哲学两个硕士学位。然后在宗教哲学家保罗·蒂里希指导下攻读哲学博士，她修完了所有的课程，只差博士论文。1957年获得一笔奖学金到牛津大学学习，但不满于那里的男权主义习气，很快转到巴黎大学。巴黎的先锋文化艺术圈使她大开眼界。一年以后回到美国，丈夫开车到机场接她，还没等到打开车门，桑塔格就对丈夫提出了离婚。

这是1958年的苏珊·桑塔格，虽然还默默无名，但已经拥有两个硕士学位，领受了10年欧美最优秀的学院文化熏陶，见识了欧洲新锐的艺术探索。作为女人，她已经结婚 8 年，做了母亲，然后离婚。她经历了这一切，还不满 26 岁。此时的抉择成为她人生的一个转折点：放弃了唾手可得的博士学位，抛开了体制化的学术生涯，谢绝了丈夫的赡养费。用她自己的话说，就是执意要在大学世界的安稳生活之外"另起炉灶"。1959 年，她带着 7 岁的儿子、两只箱子和仅有的 70 美元，移居纽约。在一间狭小的公寓里，开始疯狂写作。她说自己像一名身披新甲的武士，开始了"一场对抗平庸、对抗伦理与美学上的浅薄与冷漠的战斗"。

智性

1960 年代，桑塔格在哥伦比亚大学有过短暂教学经历，此后是位一直独立的自由作家。她发表过 17 部著作，被翻译为 32 种语言。著作包括小说、诗歌、随笔评论文集、电影和舞台剧本。这在 40 多年的写作生涯中，并不算非常高产。许多人惊叹她的天赋才华，但她说自己是一个迟缓的作者，一篇几千字的文章常常需要六到八个月才能完成。30 页的文章会有几千页的草稿，因为每一页都要改几十遍。她一直梦想成为小说家，早期的小说创作并不特别成功，1990 年代以后的两部小说《火山情人》和《在美国》较为畅销并获奖。但她对知识界和公众的影响主要来自她的评论与随笔，许多重要篇章最早发表在《党派评论》与《纽约书评》等杂志上。

1964 年至 1965 年之间，桑塔格相继发表了《关于"坎普"的札记》《反对阐释》《论风格》和《一种文化与新感受力》等文章，使她几乎一夜成名，也使她成为争议的焦点。这并不是因为她开创或发现了一种离经叛道的"坎普"文化，而是她将潜伏已久的"高雅文化"与"流行文化"之间的冲突以最为锐利的方式挑明了、激化了。但还不只如此，桑塔格的独特之处在于她的"双重性"，她既是高雅古典的，又是时尚前卫的，或者说，她是来自精英文化阵营的"叛逆者"。她的文章旁征博引、论题广泛，从康德、尼采和莎士比亚到卢卡奇、卡夫卡、本雅明、艾略特、萨特、加缪、巴特、戈达尔和布勒松，不一而足。涉及领域从哲学、美学、文学、心理学到电影、美术、音乐、舞蹈、摄影和戏剧，几乎无所不包。以精英式的博学和睿智的写作反叛精英文化的等级观念，使她成为一个醒目的"偶像破坏者"（iconoclast），同时又是先锋文化的新偶像。这种双重身份对于桑塔格自己却并没有多少反讽的意味。因为她所抗拒的正是教条化的等级秩序，正是要打破"高雅与流行""理智与激情"和"思考与感受"等习惯的疆界，因为这类观念分野是"所有反智主义观点的基础"。

桑塔格的广泛声誉有一半是来自她作为公共知识分子的政治参与。从越战期间的"河内之旅"开始，她一直是美国知识界最为激越的异议之声。她的许多"政治警句"格外富有挑衅性，诸如"美国创立于种族灭绝"，"美国人的生活质量是对人类增长可能性的一种侮辱"以及"白色种族是人类历史的癌症"，等等。她将"9·11"事件称作是"对一个自称的世界超级强权的攻击，是特定的美国联盟及其行动所遭受的后果"。如此评论引起轩然大波，其中有《新共和》杂志刊登文章问道：拉登、萨达姆和桑塔格的共同之处是什么？答案是：他们都希望美国毁灭。桑塔格对美国政府一贯的激烈批判，以及她对古巴卡斯特罗革命的同情，使人们很容易给她贴上"左翼"的意识形态标签。但她在政治上和她在美学上的作为一样，依据的不是教条的类别标签而是听凭自己内心的感受与判断。1982年在纽约抗议波兰政府镇压团结工会的集会上，桑塔格公然批评共产主义，令其左翼盟友大惊失色。她反对美国的全球霸权，但在1993年她几乎是孤独地呼吁，美国和西方国家应该对南斯拉夫的种族冲突进行人道干预，为此她甚至在战火纷飞的萨拉热窝导演荒诞派戏剧《等待戈多》。在过去 30 年中，她为许多遭到政治迫害的流亡知识分子呐喊，从被霍梅尼通缉的《撒旦诗篇》的作者鲁西迪到苏联与东欧的流亡作家。

以"左"还是"右"的派系尺度来衡量桑塔格的政治倾向常常会陷入迷惑。桑塔格虽然调整过自己的立场，但她总的倾向是清晰一致的：她始终是独立的、批判性的人道主义者，持久地抗议一切全球的、国家的和地区性的霸权以及各种政治、经济和文化上的压迫。

启示

桑塔格在 43 岁时曾被诊断患有乳腺癌，只有四分之一存活的可能。但经过 3 年的强度化疗，医生宣布她治愈了。对疾病与生命关系的探索，以及对社会的疾病隐喻观念的批判，产生了她后来的两部优秀作品《疾病作为隐喻》(1978)以及《艾滋病及其隐喻》(1989)。2004 年 12 月 28 日，桑塔格在纽约因白血病去世，享年 71 岁。西方主要媒体纷纷发表讣告和悼念文章，予以各种名号和赞誉："唯一的明星知识分子""知识分子英雄"和"最后的知识分子"等等。BBC 称她是"美国先锋派的大祭司"。

桑塔格自己愿意接受这些名号吗？她生前曾有一位朋友在传媒中赞誉桑塔格是"美国最聪明的女人"。她却为这样一种形容感到"羞辱"。"首先，这是如此冒犯和侮辱性的，它如此强烈地预设了你所做的事情不适合它所命名的那种类别，即女人。其次，这是不真的，因为从不存在这样（最聪明）的人。"桑塔格并非无可挑剔。对她的批评与攻击中虽然许多出自偏见与误解，但也不乏正当的质疑。甚至在极端保守派学者的著作（如保罗·霍兰德的《政治朝圣者：寻求美好社会的西方知识分子》以及罗吉·金巴尔的《长征：1960年代的革命如何改变了美国》等）中，也存有值得认真对待的批评。

但桑塔格的文化批评最为重要的意义在于反对陈词滥调，反对教条的概念，反对类别标签式的见解。而这对于我们的时代如此至关重要。1960年代释放出的解放能量如今已经烟消云散，生机勃勃的"坎普"文化最终沦为枯竭的、可怜的流行名词。作为反对现代性教条的"后现代主义"在公共话语中成为一种新的观念教条。保守派失去了尊严，激情派失去了活力，这是何等的讽刺。

桑塔格的审慎早在1964年的文本中已经留下了印记。她在文章中特别提示了"坎普"与流行艺术的区别，甚至在结尾处关照："只有在某些情况下，才能这么说。"她曾一再表示，她并不是为了简单地鼓吹现代主义。"我所有的作品都是在说，要认真、要充满激情、要觉醒。"她批评美国传媒对"9·11"事件报道不仅是政治的，也是智识性的，甚至是美学的。她所憎恶的是电视评论员在"童智化"美国公众。"我只是在说，让我们一起哀悼，但别让我们一起愚蠢。"论及知识分子的身份，桑塔格说自己属于一种"过时的物种"，一种"老派的自由民主知识分子"，但却处在一个对自由和知识分子都没有多少热爱的国家。

桑塔格的政治与美学是一种镜像关系，其共同的追求是向着勇敢而持久的批判敞开无限的空间。她说："在我们生活的文化中，智性的意义在一种极端天真的追求中被否定，或者作为权威与压制的工具而得到辩护。在我看来，唯一值得捍卫的是批判的智性，是辨证的、怀疑的、反单一化的智性。"她还说一部值得阅读的小说是一种"心灵的教育"，"它扩展你的感觉：对于人性的可能性，对于什么是人的天性的，对于发生在世界上的事情。它是一种灵性的创造者"。

激发心灵的感受力、想象力和创造力，开启智性的敏锐、严谨与深广，她为此矢志不渝。也许这就是她留给世人的精神遗产：如此"激进"又如此传统，但却是格外珍贵的遗产。苏格拉底曾说"我一无所知"。桑塔格说她一生内在的动力就是"知道一切"。不同的表述或许是相似的寓意。

科拉科夫斯基与克鲁格奖

诺贝尔奖无疑是对学术成就的最高承认，但它所涵盖的学科领域不够全面因而一直令人感到缺憾。不仅数学家被拒之门外，人文与社会科学领域的学者，除了作家与经济学家之外，更无缘问鼎诺贝尔奖。在历史上西方学界曾有过不少构想与尝试，希望设立一项可与诺贝尔奖比肩的人文与社会科学的学术奖，但直到最近这一愿望才实现。

2003年11月5日美国国会图书馆宣布，将首届"克鲁格人文与社会科学终身成就奖"授予波兰出生的哲学家科拉科夫斯基，奖金为100万美元。该奖由商人与慈善家克鲁格资助，通过国会图书馆而设立，专门针对诺贝尔奖项中所缺失的学科领域，包括哲学、历史、政治学、人类学、社会学、宗教研究、语言学及艺术与文学批评等，并期望能在将来达到与诺贝尔奖同等的声誉与地位。本届候选人的产生与选拔过程持续了两年多之久，在世界范围内邀请了2000多名大学校长、高等研究机构的负责人及相关学科的著名学者提名推荐。评选标准有三条：其学术研究被同行公认为对本学科具有杰出贡献，对其他学科来说具有跨学科的意义，以及对公众生活产生过重要影响。终审评委会由五位著名学者组成，其中包括诺贝尔经济学奖得主阿马蒂亚·森。国会图书馆馆长、前普林斯顿大学历史学教授比林顿在颁奖词中说，科拉科夫斯基是一位罕见的深邃的思想家，具有广阔的探索领域并对同时代的重大政治事件具有影响。他由于"在创造性的一生中，以知性的真诚与深厚探讨重大问题"而荣获首届克鲁格奖。

科拉科夫斯基此前曾获得十多种不同国家授予的学术荣誉，在欧洲与北美享有广泛的声誉，但对中国知识界来说或许还是一个较为陌生的名字。他于1927年出生于波兰拉多姆（Radom），1953年在华沙大学获得哲学博士学位，毕业后留校任教。早在1950年代他就成为波兰引人注目的马克思主义理论新秀，曾被派往莫斯科学习，但正是在那里他意识到极权主义所造成的精神危机，随后立场转向人道主义的马克思主义。由于激烈和公开地反对斯大林主义，他成为知识界著名的"持不同政见者"，于1965年被开除党籍，1968年被革除教职，随后流亡国外。离开波兰后的最初两年，他在加拿大的麦吉尔（McGill）大学和美国加州大学（伯克利校区）任教。1970年起在牛津大学的众灵学院担任高级研究员直至1995年荣休。其间，于1974年在耶鲁大学、1981年到1994年在芝加哥大学的社会思想委员会与哲学系担任兼职教授。

科拉科夫斯基博学而多产，以波兰语、英语、法语和德语发表过30多部著作，以及大约400篇论文、剧作及评论等，既是学者又是公共知识分子。作为一名学者，他横跨人文科学的多种研究领域，很难将他的研究归类于某一专门学科，主要涉及哲学史、宗教哲学、思想史、政治哲学、现代性问题和欧洲文化研究等。

从1958年研究斯宾诺莎的专著《个人与无限》（*The Individual and Infinity*）开始，他发表了一系列论述欧洲哲学的著作，这包括《存在的哲学，存在的挫败》（*The Philosophy of Existence, the Defeat of Existence*，1965）、《实证主义哲学：从休谟到维也纳小组》（*Positivist Philosophy:*

From Hume to the Vienna Circle, 1966, 重印于 2003)、《胡塞尔与寻求确信》(*Husserl and the Search for Certitude*, 1975)、《柏格森》(*Bergson*, 1984), 以及《形而上学的恐怖》(*Metaphysical Horror*, 1988)。而在哲学领域中, 他最有影响的著作是三卷本的《马克思主义主潮》(*Main Currents of Marxism: Its Rise, Growth and Dissolution*, 1976—1978), 对马克思主义的起源、结构与发展的历史, 其主要观念和不同流派, 及其对20世纪人类的影响作出了极为清晰与全面的研究论述。

但总的来说, 科拉科夫斯基的哲学写作与当代学院派的专业哲学研究规范有相当的区别, 他更为注重提出和思考人类经验中的问题, 而不是陈述一种发现或定律, 这与他对哲学的基本看法有关。他在《哲学与哲学家》一文中写道, "多少世纪以来, 哲学的正当性在于询问和回答那些始于苏格拉底和前苏格拉底的问题: 如何识别现实与虚幻? 如何区分真与假? 如何辨别善与恶? 但最终, 哲学家不得不面对一个痛苦而无法否认的简单事实, 那就是, 这些问题在欧洲哲学中已经持续了2500年, 但没有任何一个得到了圆满的回答"。由此, 他认为哲学家需要一种知性上的自谦, "如果一个现代哲学家从未怀疑过自己是个吹牛者, 那他的思想一定极为浅薄, 以至于其著作可能不值一读"。那么, 哲学究竟何为? 他在文章《乌托邦之死的再思考》中对此作如是回答: "哲学的文化作用不是去陈述真理, 而是构建'真理的精神'。这意味着永远不让思想的探索沉睡, 永不停止追问那些看来是自明和确定的东西, 总是要挑战似乎完备的常识的根源, 总是要猜想我们视作天经地义的事物可能会有'另一面', 从不让自己忘记, 在科学划定的正当视野之外, 还存在着其他对人类生死攸关的问题。"

宗教是科拉科夫斯基学术研究中一个贯穿性的主题。起初, 由于对马克思主义的信奉, 他对波兰天主教的传统持敌视态度。但后来, 他逐渐对人类的宗教经验产生了浓厚的兴趣，尤其是欧洲文明的基督教根源基础问题。1965 年他在波兰出版了他历经七年研究的论著：《宗教意识与教会：17 世纪非教派基督教研究》(Religious Consciousness and the Church: Studies in 17th Century Non-denominational Christianity，后被译成法文出版)，讨论了许多鲜为人知的宗教思想家，他们信奉基督教但强烈拒绝从属于任何教会。此后，他更深入地研究神秘性的知识模式，并坚定了他对任何"体制化的真理"所持的批判立场，不论是国家化的马克思主义，还是教条化的天主教教义。在《上帝什么也不欠我们》(God Owes Us Nothing, 1995) 一书中，他分析了他称为"帕斯卡的糟糕宗教"问题。帕斯卡相信，我们不可能以理性获知"隐秘的上帝"，这使得帕斯卡对基督教的皈依，成为"对一个真正重要的问题永无止境的焦虑与疑问心态"。科拉科夫斯基在 1973 年主题为"神圣性对世俗文化的报复"的演讲中指出，神圣性对文化的秩序结构而言是基本性的。而他的宗教研究所得出的一个重要结论是，以绝对的确定性来回答超验问题在哲学上是不可获得的，而在政治上是危险的。

信念与自由的关系是他一生都关注的主题，也是他对现代性研究的一个重要哲学脉络。他坚持将每个个人看作理性和自由的主体，同时意识到生命精神具有信仰的需要与能力。但他在经验和超验层面上都否认绝对的确定性，指出动荡的人类文化的本质具有一种"矛盾性的怀疑论"(inconsistent scepticism) 特征：一面尊重人权等价值的普适性，但同时又接受价值之间的冲突和不断的自我质疑。他不相信人类文化的多样而互不兼容的成分可能达成一个完美的综合，认为文化的丰富性来自各种不兼容的成分，正是多种价值的冲突而不是和谐赋予我们的文化以活跃的生命。

对非确定性的深刻理解构成了科拉科夫斯基现代性研究的核心。在其代表作《现代性的无尽试验》(Modernity on Endless Trial, 1990)中，他阐明了一种对待世界和我们自身的非确定性与未完成性的立场：应当将非确定性看作人性与文化的基本属性来承受，而不是去征服。对于这种悬而未决的状态，宗教传统并没有提供完满的解决，至多提供了一种精神动力，使我们尽可能去理解非确定性、更好地在这种状态中行动，但宗教最终承认，克服非确定性的"完满"在于"此世"是无法企及的。我们在现代性中感受的非确定性以及获得的确定性成就，都昭示了西方文明起源于基督教。而西方的启蒙思潮发展过于迅疾，以至于人类相信自己已经掌握了某些确定无疑的真理。

在他看来，正是对确定性的迷恋与幻觉构成了现代性危险与野蛮的一面，这源自启蒙主义的信念。虽然他肯定启蒙运动的积极方面，包括宽容态度的形成，反对迷信，拒绝对传统无批判的崇拜，但他认为，即使是这些积极的启蒙思想，也有助于促成现代性一种危险的倾向，就是相信人类问题可以有一个人为的技术解决方案。但实际上人类生活的许多方面，人为干涉不仅无济于事，还可能导致灾难。他指出，从20世纪血腥的历史中，我们见证了每一种可能的激进试验，这些试验致力于极端的人类自由与社会完善，但结果发现，人完全自主的乌托邦以及对无尽完善的期望，恰恰是人类有史以来所发明的最有效的自杀工具。这种对进步主义的盲从与启蒙之后的神圣性丧生有关。神圣性的丧生产生了一种对文明的危险幻觉，以为人类生活可以无限制地改变以臻于完美，以为社会在原则上是可以任意构成的，并认为如果否认这种完美与任意性，就是对人的自主性的否认从而也否定了人本身。

但科拉科夫斯基在对确定性的质疑中并不接受虚无主义或相对主义的立场，他认为对不确定性的健康态度并不构成对真理的威胁，甚至主张我们可能也应当坚持某些基本的普适原则。他在论及"我们为什么需要康德"时说，我们看到了太多的西方知识分子，以多元文化主义和其他虚假的谦卑之词的名义抛弃所有普适价值，这是一种"道德自杀"，而且实际上也隐含着根深蒂固的文化傲慢与欧洲中心主义。他写道，"一个欧洲人言称所有文化都是平等的，通常并不意味着如果他自己在报税作假时败露就愿意被剁手，或者，如果与婚外伴侣做爱被抓获就愿意被公开处以鞭刑（或对于女人，被投以乱石）。在这种情形中，说这是《古兰经》的律法，而我们必须尊重有别于我们自己的传统，实质上是在说，如果那种情形发生在这儿是可怕的，而对于那些野蛮人就是理所当然的事。因此，这并不是对我们所讨论的其他文化传统的尊重态度而是侮辱，而所有文化都是平等的说法最不适于表达这种尊重态度"。他指出，我们骄傲于现代的开发性，对自由理想的承诺，对异族文化的同情理解，但是，如果没有对实质性价值的承诺，开放性将退化为虚空。以理性主义或泛泛而论的开放性原则出发来否定"绝对价值"，将最终破坏我们区别善与恶的能力。他相信，只有接受某些普适性观念，像康德对个人的神圣性核心的信念，才能防止我们陷于奴役和道德自杀。他虽然对社会主义存有疑虑，但认为只有接受康德的某些见解，社会主义才是可行的。

科拉科夫斯基对现代性和西方文化深刻而复杂的批判，在后现代主义及其对真理观念的解构大为盛行的今天成为一种有力的"另类声音"。正如一位评论者所指出的，他从现代的、批判性的西方思想传统内部获得资源，对人性的超验本能予以辩护，这对当今学术界随处可见的世俗主义已经构成了重要挑战。

作为一名公共知识分子，科拉科夫斯基对波兰的政治变迁发生过重要影响。在1956年波兰的政治动荡中，他成为新马克思主义的代表人物，发表了著名的《什么是社会主义？》一文，对斯大林主义提出尖锐批评，文章遭到查禁后仍在私下广为流传，次年在国外以英文发表。这些经历使他坚信,言论与出版的自由是其他所有自由赖以存在的条件。移居国外后,他的新作仍在波兰以"地下出版"的方式发行流通。1971年在巴黎发表的《论希望与绝望》提出"渐进革命"的理念,认为自发组织的社会团体有可能在极权体制中逐渐而和平地扩展市民社会的空间。这一理念对波兰团结工会和知识分子反对派运动产生了重要的思想启示和深远的政治影响。他也是团结工会非暴力斗争的顾问和积极支持者。波兰反对派的知识领袖盖雷梅克(Bronislaw Geremek)这样评论科拉科夫斯基,"这位启蒙思想的怀疑者,这位在知识上最为严谨的学者,这位所有幻觉的反对者,却在运动中担当了最为浪漫的普罗米修斯式的角色。他是人类希望的唤醒者"。

像古今中外所有评奖活动一样,学界对科拉科夫斯基获得首届克鲁格奖也存在争议。其中最为引人注目的是两位芝加哥大学的教授——著名政治理论家利维(Jacob Levy)与哲学家莱特——在网络论坛"沃洛克阴谋"(Volokh Conspiracy)上的辩论。

莱特激烈地抨击这次评选的公正性,认为这是一次具有明显政治倾向的活动。他指出,科拉科夫斯基是政治保守派所钟爱的少数几位著名人文知识分子之一。是他秉持的反共政治立场,而不是其学术成就,才使他赢得了100万美元。在莱特看来,科拉科夫斯基最有影响的哲学著作《马克思主义主潮》只是一部有用的参考书而已,在哲学上这是一部肤浅之作。而他的其他哲学著作,如论述休谟或胡塞尔的书,在哲学专业研究中少有讨论也鲜为人知。因此,以评选的第一条标准而论,他称不上被专业同行公认的对本学科作出杰出贡献的哲学家。如果以三条标准综合衡量,他列举了七位更有资格获奖的学者:乔姆斯基,霍布斯鲍姆,格尔茨,最近去世的沃尔海姆(Richard Wollheim),瑟尔(John Searle),萨义德以及斯金纳。他称这次评选是"赤裸裸的政治将哲学在公共舞台上廉价出卖"。对科拉科夫斯基的选择"已经使这个新近设立的奖项名誉扫地"。

利维在回应莱特的论辩中首先指出，科拉科夫斯基可能算不上激进左翼，但他并不是保守政治势力的同盟。他长期思考社会主义真理与基督教传统之间的辩证关系，也公开表明自己在政治上是一个社会民主主义者。他曾获得由学界左翼主导而学术声誉卓著的"麦克阿瑟学者奖"（MacArthur Prize），这至少证明他并不是因为受到右翼的青睐才获得克鲁格奖。而对于被莱特贬低的著作《马克思主义主潮》，利维引述了著名左翼理论家埃尔斯特（Jon Elster）盛赞此书的书评文章为证，来反驳莱特的抨击。他同时指出，由于科拉科夫斯基大量的著述是对宗教哲学、现代性与启蒙思想以及神话的研究，这些都是莱特完全不熟悉的学术领域，因此莱特也就无法客观地判断其整体学术成就。而在哲学研究中，科拉科夫斯基不属于莱特所信奉的那种英美分析哲学传统，莱特的不满也就不足为奇。而在莱特自己所开列的名单中，几乎排除了所有不属于激进左翼的著名学者，如罗尔斯、哈贝马斯、赫希曼和泰勒等，这清楚地暴露出莱特自己意识形态的偏见。利维也认为，科拉科夫斯基"不一定是最佳选择"，但他的这一种看法与莱特的政治指控大相径庭。

另一位熟悉科拉科夫斯基著作的学者彻尼斯（Josh Cherniss）随后加入了这场争论，认为就学术成就的卓越性而论，科拉科夫斯基获奖当之无愧。针对莱特在"哲学界同行评价"问题上的诘难，彻尼斯回应说，科拉科夫斯基不是狭隘专业意义上的哲学家而是广义的哲学家，或者说他是一位思想家，最为突出的特征就是他的跨学科性，在学术风格与样式上也极为独特。就此而言，他是"没有同行的"。说到底，这是一项"人文与社会科学奖"而不是"哲学奖"，在人文领域中的跨学科性正是评奖的一条标准，这也是他获奖的一个原因。彻尼斯虽然不同意科拉科夫斯基获奖是一个出于政治的选择，但也认为，他的反苏联政治立场可能在竞争中起了一定的作用，使他最后战胜了其他更为知名的候选人。

这类争议很难获得确切的结论或达成共识。但以科拉科夫斯基的写作中处处可见的机智、幽默与自嘲来看，他对这些是非大概会是一笑了之的。在获奖后接受的一次采访中，他曾回忆童年岁月中经历的二战时期纳粹对波兰的占领。在一个充满暴力、混乱与危险的境遇里生活长达数年，使他不禁在内心询问：另一种世界是否可能？60多年前这样的询问与沉思后来伴随了他整个一生。而在今天这个纷扰的世界里，他一定还有重大的问题要关心。

领略罗蒂

理查德·罗蒂最后一次访问中国已经73岁了,在20天里他跑了中国的六个城市,却看不出一丝倦容。无论是公开演讲、讨论对话,还是餐桌旁的闲聊,他的执着自信总是与亲切和蔼同在,一种从容不迫的风范浑然天成。这不仅来自博学、睿智和敏锐,不仅来自对生命的深切关怀与对常识的真实领悟,还蕴含着经由岁月洗练的坦然。而只有面对罗蒂,才能领略他这份独有的从容气质。

第一次知道理查德·罗蒂的名字是在17年前。当时买了《哲学和自然之镜》的中译本,那是三联书店出版的"现代西方学术文库"之一。定价3.65元在1987年已经是比较贵的书,况且基本没有读懂,于是十分沮丧,就此不愿问津。而且在当时流行的偏见中,罗蒂秉承的实用主义传统被看作二三流的哲学,不值得费工夫去研读。到美国读书时,正好遇到所谓"杜威的复兴",罗蒂是其中的核心人物。因为功课的缘故,不得不认真对待罗蒂的文本,才开始明白他的非同寻常之处,从此对他另眼相看。

无论就学术传统还是政治立场而言,罗蒂在当代西方思想的谱系中都是极为独特的。他对尼采、海德格尔的推崇以及对德里达和福柯等人的偏爱,使他有点像是欧陆思想界派到美国的一名"卧底"。而他对进步主义的热忱与信念，又让他显得像个天真的美国"爱国主义者"。所以，用他自己的话说就是，"我的哲学观点在多大程度上冒犯了右派，那么我的政治学观点就在多大程度上冒犯了左派"。

罗蒂这种"左右为难"的角色与他个人独特的思想成长经历有关。这位15岁进入芝加哥大学的"神童"，曾在以后的几年中信奉利奥·施特劳斯的教诲，和他的同学艾伦·布鲁姆一样，试图成为一个柏拉图主义者——以博学和智慧超越各种纷争，以抵达真理与道德的完美统一。但这种努力始终伴随着挥之不去的疑点，终于使这一梦想渐渐破灭。后来，与德里达的一次邂逅使他再度探索海德格尔的意义，并重新思考杜威的思想与当代哲学语境的关系。

还是在1987年，艾伦·布鲁姆出版的《封闭的美国心智》一书震撼全美，罗蒂一眼就看出其中的要害。这本书的副书名是"高等教育如何致使民主失败，并使今日的学生灵魂贫乏"。而罗蒂在评论文章中点破，这个副书名实际上是在说"民主如何致使哲学失败，并使学生不愿意再理会柏拉图"。而今他在上海说得更直截了当，"施特劳斯不是一个非常重要的哲学家"。大概也只有罗蒂才敢发出如此犀利的评论而不怕被嘲笑为不学无术。他和布鲁姆从15岁就开始一起在施特劳斯的指引下研修柏拉图了，还有什么玄奥神秘的哲学黑话能吓得倒罗蒂？

罗蒂是那个经典阵营的"变节者"，一个"叛徒"。但他坦诚而磊落，他就是执意要将背叛进行到底。因为他相信，与大多数哲学家的信念相反，我们的道德与政治生活并不需要一个普世的理性主义基础才可能改善。不是启蒙主义开启的民主与自由使人类面临所谓"虚无主义"的困境，而是执着于"柏拉图主义"和"康德主义"的说教才使职业哲学家自己误入歧途，如果继续执迷不悟，那么哲学的命运就是"持续增长的无关紧要（steadily increasing irrelevance）"。

在西方学界的政治谱系中，罗蒂的位置属于"自由左派"。在 7 月 19 日下午一个十多人参与的讨论会中，我第一次听到他明确地将自己的社会政治立场与哈贝马斯、罗尔斯、泰勒、德沃金以及沃尔泽等人等同起来。他说："我们这些人分享着基本相同的社会理想或者乌托邦。而我们之间的差别是微小的，这些差别只对哲学家才有意义。"他说的理想是"社会民主主义"的某种版本。在欧美存在着更为激进的学院左派，他们是法国激进理论的信奉者，对资本主义制度有更为彻底的批判。但在罗蒂看来，他们始终没有提出任何有效的政治方案。

罗蒂关怀的主要问题触及了现代性的基本困境：在传统的形而上学被根本动摇之后，一个社会如何可能达成对于普遍政治原则的共识？他的思想予以我们最重要的启示就是，哲学层面上的绝对主义与本质主义的瓦解并不必然导致社会层面上的政治与道德的虚无主义。人们对于普遍政治原则的共识是一种实际需要，但达成这种共识并不依赖于任何形而上学的一致，这不仅不可能，而且不必要也不可欲。在罗蒂看来，寻求政治原则的共识是一种永恒的实践，只能在不断面对实际问题的具体应对中才可能获得。而杜威的实用主义哲学为此提供了丰富的可能，这就是罗蒂所谓的"后形而上学希望"。

在当代西方哲学家中，罗蒂的"现实感"极为突出，他的哲学言说从来不离开"常识"（common sense），丝毫没有许多学院派哲学家那种装神弄鬼般的神秘玄奥，格外热忱地投身于社会与政治的公共论辩，而且总是带给人出乎意料的洞见与启示。他的中国之行也许同样如此。看着满头银发的罗蒂时而倾听、时而答辩，间或有短暂的沉思停顿，我一直在想：他在上海真的能遭遇什么新的挑战吗？还有什么可以使他出乎意料？他在欧美学术界最凶险的唇枪舌剑中已经厮杀了 50 年，而他自己秉持的"后形而上学主张"竟然存活下来。这种身经百战的履历使他从容，因为他明白各种修辞策略背后的用意或诡计。

罗蒂来过了,很快就走了。这个柏拉图主义的叛徒、不够"后"的后现代主义者、不够"左"的左派、反哲学的哲学家,令人意犹未尽。

麦金农与美国的反色情运动

凯瑟琳·麦金农是当今美国法学界叱咤风云的人物，她的著作《言词而已》(*Only Words*)最近出版了中译本（王笑红译，广西师范大学出版社），使我们有机会领略她敏锐犀利的思想和激情昂扬的篇章。

今年59岁的麦金农先后在耶鲁大学获得法学和政治学两个博士学位，曾在许多著名大学执教，目前是密歇根大学法学院讲座教授。但她不只是一位学院派教授，还是著名的律师和女权主义活动家，长期致力于有关性别平等和妇女人权的诉讼、立法和政策发展。她在1979年的著作中最早提出了"性骚扰"的概念和对此进行法律诉讼的主张，为这一领域的立法奠定了基础。近20年来，她还与女权主义作家安德烈娅·德沃金一起积极投入反对色情淫秽出版物的活动。

然而，麦金农及其同盟者遭遇着巨大的非难和阻力。其中的一个重要争议在于如何理解美国宪法第一修正案所保障的"言论出版自由"。从电影《性书大亨》(*The People vs. Larry Flynt*)以及最近的纪录片《深喉揭密》(*Inside Deep Throat*)中，我们都可以看到美国公众在这一问题上的激烈分歧。美国联邦法院认为，第一修正案并不保护纯粹的淫秽出版物，但在审理涉及淫秽品的案例时却十分谨慎，对"猥亵"的司法界定非常狭窄而严格（比如要通过所谓"米勒标准"）。麦金农采用了另一种方式，她认为在性骚扰和淫秽品问题的许多语境中，言词不只是言词，而是一种行动。因为那些参与淫秽电影和杂志制作过程的女性卷入了一种行动。同样，淫秽品也可能是强奸这一行动的激发因素之一。由此，麦金农试图否定淫秽品得以作为"言论"而获得第一修正案保护的依据。

麦金农与德沃金所动议的反色情法案并不寻求完全禁止淫秽品，但这一法案以诉诸"性歧视"的方式得以使女性为其受到的伤害而起诉淫秽品的制作人。在1985年的一次立法听证会上，麦金农安排了许多女性证人控诉她们在身体与精神上受到的伤害，其中有些是参与了淫秽品制作的女性，有些则是性侵犯的受害者（她们的侵犯者声称受到了淫秽品的"激发"），其中一位证人正是色情电影《深喉》（*Deep Throat*）的女主角琳达·洛夫莱斯（Linda Lovelace）。她们的法案曾在印第安纳波利斯市等地获得通过，但最近在明尼阿波利斯市、洛杉矶市和剑桥市遭到否定。

反色情运动使美国的意识形态谱系发生复杂的分化。像麦金农这样最为激进的左翼平权活动家，在反色情运动中被人指责为与最保守的右派原教旨主义者为伍（"in bed with"，字面意为"同床"）。对此麦金农反驳说，"我知道自己是在与谁同床。这种指控只是那些淫秽品制作人拿来吓唬自由派的，不值一提"。但是，也有其他一些女权主义者将色情物看作妇女挣脱男权行为与美感规范的解放工具。加州大学伯克利分校的著名理论家琳达·威廉姆斯（Linda Williams）认为，色情物可以创造一种丰富快乐的幻想，而没有人有资格控制我们性想象的方式。争论还会继续，而女权主义运动在反色情问题上的分裂似乎也难以弥合。

卡斯特利斯教授的风格

欧洲（尤其是具有法国或德国学术背景的）一些学者时常会流露出对美国主流知识范式的轻蔑或拒斥。欧陆与北美之间也时而发生大大小小的学术纷争。有时这也会推进学术发展。例如，1970年代中期德国学者腾布鲁等开始质疑经由帕森斯阐释的"美国化"的韦伯，激发了对韦伯研究的新近复兴。而1990年代由美国物理学家苏卡尔挑起的对后现代的批评，将"战火"从美国本土蔓延到法国，多少缓解了那种走火入魔式的"后现代狂飙"。

最近到上海访问的著名社会学家曼努埃尔·卡斯特利斯教授出生于西班牙，在法国完成学术训练并工作多年。他对美国虽然也有种种不满（比如，许多美国人会想当然地将他的名字读作"曼纽尔"），但他对美国的研究风格与学术体制却更为亲和。卡斯特利斯具有广阔的理论视野，但却极为注重经验证据。他说他从不为理念而讨论理念，也从不写一本针对另一本书的书。他关切的是发生在现实世界的事实，而理论是重要的思考与解释工具。对于中国学界当前理论与经验研究严重疏离的状况，卡斯特利斯的学术风格提供了颇有价值的启示。

为卡斯特利斯教授做翻译不免有些紧张。他的"信息时代三部曲"很有名，但我从未认真读过。事前曾要求得到他的演讲稿，但他固执地认为演讲与写作不同，无法预先写就而应该临场发挥，所以坚持不提供书面的演讲稿。他直到50岁才移居美国做教授，我担心他的英文会有口音。另外，卡斯特利斯的经历特殊。早年曾因为参加西班牙的政治运动而被捕入狱，后来又由于在巴黎积极投入1968年"五月风暴"的抗议活动而被驱逐到日内瓦。10年前他被诊断患了癌症，经过两次大手术才逃过死亡的威胁。我不知道有过这样经历的人身体状况会如何、说话会不会有气无力，也不知道他的性格是否会孤僻怪异而难以合作。

但在见到卡斯特利斯之后所有的疑虑都释然了。他面色红润、富有激情，言谈之间焕发着一种神采。他的幽默感似乎舒缓了他的决断风格，显得从容随和。第一天晚餐后我对他说："坦白地讲，我没有想到你会如此精力充沛。"他说："对不起，我刚刚坐了15小时的飞机而且还有时差，要说精力充沛，明天你就会领教了。"无论在公开演讲还是后来的小型讨论会中，他的思维与表达具有极为清晰的逻辑脉络，我几乎没有感到由于他的口音或者专业不同所造成的困难。后来他不厌其烦地感谢"出色的翻译工作"，我干脆开玩笑说："老实说，你又不懂中文，你完全不知道我说了什么。"他说："这是直觉告诉我的，从参与者的提问与评论中，我明白你做得怎么样。"

卡斯特利斯离开上海去了北京。这个巴塞罗那足球队的铁杆球迷，这个可以用筷子熟练地夹起豆腐和花生米的西班牙人，这个青年时代的左翼政治战士、如今信息社会的首席思想家，令人难以忘怀。

告别亨廷顿

圣诞前夜，塞缪尔·亨廷顿在玛撒葡萄园的别墅中与世长辞，享年81岁。亨廷顿1927年在纽约出生，父亲是通俗杂志的出版商，母亲是短篇小说作家。亨廷顿的资质聪慧是毋庸置疑的：16岁考入耶鲁大学，两年半之后以优异成绩提前毕业。在美国陆军短期服役之后，到芝加哥大学攻读政治学硕士，随后进入哈佛大学攻读博士。1951年，亨廷顿获得了哈佛大学博士学位，当时他还不到24岁。而从1950年开始，他在哈佛大学政治系任教，直到2007年荣休。在给哈佛大学校长的退休申请信中，亨廷顿表达了自己对教学生涯的钟爱："难以想象，对我来说还有什么样的生涯能比在这里教学更有价值或更令人愉快的了，尤其是对本科生的教学。"

在半个多世纪的学术生涯中，亨廷顿的主要研究领域是美国政治，比较政治学和政治发展理论，发表了17部著作和90多篇学术论文。代表作包括：《变化社会中的政治秩序》（1968）、《难以抉择：发展中国家的政治参与》（1976）、《第三波：20世纪后期的民主化浪潮》（1991）、《文明的冲突与世界秩序的重建》（1996）以及《我们是谁：对美国民族认同的挑战》（2004）。他的研究著述被广泛引用，引起许多争议，也时常受到误解。

在笔者看来,亨廷顿的学术研究中贯彻着一个核心的问题意识,就是文化与政治的关系。亨廷顿最有影响的论述是1993年提出的所谓"文明冲突论"(发表在《外交事务》上的一篇论文,后来在1996年扩展成书),认为在后冷战时代,世界政治的主导范式不再是意识形态的斗争,而将被(主要以宗教来界定的)文明之间的冲突所代替。"文明冲突论"在学界曾引起热烈的讨论,而在2001年"9·11"事件发生之后,受到全球性的关注,被看作某种"先知的预言"。但是,亨廷顿本人并不承认"9·11"事件应验了他的理论,在回答《纽约时报》记者采访时,他说"这不是文明的冲突,而是文明与野蛮的冲突"。当被问及是否宁愿相信福山的历史终结论——"西方文明将传布到全世界",他断然答道:"我当然宁愿相信如此,但这不会发生。"实际上,亨廷顿并不(像某些中国学者所误读的那样)是一个"普世价值"的鼓吹者。他在国际政治中的立场,是坚持文明(宗教)间的差异不可消除,因而主张要抛弃普世主义,在保持文化多样性的前提下展开"文明对话"来寻求共同性。

但是,在美国国内的政治问题上,亨廷顿持有相当不同的立场。在《我们是谁》一书中,他阐述了美国文化的核心是英国新教徒的价值观念,这种文化包括职业道德规范和个人主义,英国的语言、法律制度、社会制度和习俗。而目前大量的外来移民正在导致美国文化的分裂,对国家认同构成了严峻的挑战。他反对激进文化多元主义,坚持美国需要维系一个明确的文化传统,否则会陷入"国将不国"的境地。

在笔者看来,亨廷顿在学术上具有经典意义的贡献,也许并不是他晚年最著名的"文明冲突论",而是他早年的《变化社会中的政治秩序》。在此,亨廷顿对政治发展提出了一种独特的见解,认为对发展中国家而言,政治秩序远比政体形式(民主还是威权)更为重要。这本书1980年代末在中国翻译出版，激发和启迪了当时的"新权威主义"思潮。但是，如果深入阅读亨廷顿的文本，会发现他并非主张一切维持稳定和秩序的政治手段都是可取的，而是主张建设一种有效的制度化方案，来确立和维护政治权威，否则将导致两种负面的后果——"腐败"和"参与爆炸"。今天重读亨廷顿的著作，仍然对我们不无启示。

亨廷顿去世了，学界失去了一位杰出的教授和学者，这令人惋惜。但亨廷顿的生命是近乎完满的——他终其一生都致力于自己热爱和擅长的学术事业，并获得了卓著的成就。因此，他得以安息而无所抱憾，让人在哀悼之中感到一些慰藉，并继续思考他留下的学术遗产。